SELECTED WORKS OF
CHIEN WEI-ZANG

钱伟长文选

第三卷

1984—1986

上海大学出版社
·上海·

图书在版编目(CIP)数据

钱伟长文选. 第 3 卷/钱伟长著. —上海：上海大学出版社，
2012.9
　ISBN 978-7-5671-0379-5

　Ⅰ.①钱… Ⅱ.①钱… Ⅲ.①社会科学-文集②自然
科学-文集　Ⅳ.①Z427

中国版本图书馆 CIP 数据核字(2012)第 203783 号

责任编辑　傅玉芳　江振新　王悦生
装帧设计　柯国富
技术编辑　章　斐　金　鑫

钱伟长文选

第三卷

(1984—1986)

上海大学出版社出版发行
(上海市上大路 99 号　邮政编码 200444)
(http://www.shangdapress.com　发行热线 021-66135112)
出版人：郭纯生

*

南京展望文化发展有限公司排版
上海叶大印务发展有限公司印刷　各地新华书店经销
开本 787×960　1/16　印张 21.5　字数 270 000
2012 年 9 月第 1 版　2012 年 9 月第 1 次印刷
ISBN 978-7-5671-0379-5/Z・040　定价：68.00 元

本书编委会

主　　　任　于信汇　罗宏杰　周哲玮
常务副主任　李友梅
副　主　任　徐　旭　戴世强
委　　　员　钱泽红　余　洋　吴嘉彦
　　　　　　陈志宏　曾文彪　程昌钧
　　　　　　郭兴明　郭纯生

序

今年10月9日，是我国著名的科学家、教育家，伟大的爱国主义者钱伟长先生诞辰100周年的纪念日。全国政协、民盟中央以及钱老的家乡江苏省将会以多种形式来纪念钱先生。作为他度过生命中的最后时光的单位，上海大学将重新收集、整理并出版钱老的文选、学术论文集、博士学位论文等书籍，以纪念这位让广大师生尊敬的老校长，的确是一项极有意义、极具价值的工作，也是值得称道的事情。

钱老出生于江苏无锡的一个书香世家，早年随四叔钱穆研习文史，打下了扎实的国学基础。1931年，他以历史和国学的优异成绩考入清华大学文学院。入学后不久，九一八事变爆发。日本人的入侵，民族危机的严重，促使他在一夜之间改变了想法，立志弃文从理，走科学救国之路。在名师众多、学风严谨的清华物理系，钱伟长的学术能力得到很好的锤炼与提升。1940年，钱老负笈海外，赴加拿大多伦多大学留学，师从辛吉教授研究弹性力学，仅用两年时间就通过了博士学位论文答辩。他和导师合作的弹性板壳的内禀理论的论文，发表于世界导弹之父冯·卡门的60岁祝寿文集内，由此奠定了钱老在国际学术界的地位。1943年，钱老进入美国加州理工学院冯·卡门教授主持的喷射推进研究所工作，从事火箭弹道、火箭的气动及传热设计、人造卫星的轨道计算等研究，成为世界火箭、宇航工程的先行者之一。

1946年，钱老放弃在美国的优厚待遇和舒适的工作环境，毅然决然返回国内，在清华园从事教学和科研工作。20世纪的50年代中期,由周恩来总理亲自主持的"十二年科学规划"工作中,钱老、钱学森和钱三强这三位科学家因具有超前的战略眼光,被周总理赞誉为"中国的三钱"。作为享誉中外的著名科学家,钱老在奇异摄动理论、圆环壳的一般解、广义变分原理的研究及应用等方面贡献卓著;还根据国家的需求,研制出超过国际水平的锌-空气电池;研究高速撞击问题并出版专著《穿甲力学》。1984年,他提出汉字宏观字形编码,简称"钱码",对中文信息处理技术的发展起到了极大的推动作用。

钱老作为杰出的教育家,他非常注重人的全面成长,既重视科学基础知识的教育,同时又强调人文科学对学生教育的影响。主张大学教育应以打好基础,培养学生的自学能力为主;大学专业不应分得过细,科学教育应与人文教育相结合。1983年,他被任命为上海工业大学校长,在上海又延续了对人才培养的持续探索。上任伊始,他就提出并推进了一系列的教育教学改革措施,提出"拆除四堵墙"(学校和社会之间的墙,教学与科研之间的墙,各学院与各专业之间的墙,教与学之间的墙),强调学科交叉,夯实基础,拓宽专业,注重科学教育与人文教育的相互融合,培养全面发展的人。1994年,新上海大学组建,钱老的教育理念有了更加广阔的实践空间,他提出为学首先要学会做人,重视通识教育,强调道德、艺术和文化的基本素养,应是人人必备的;强调文理渗透,理工科学生要具备人文素质修养,注重科学素质教育与人文素质教育的融合,引导学生在专业学习的同时,奠定人文知识的基础,成为一个全面发展的人。他多次在不同的场合中指出,科学教育与人文教育是人类文明发展的双翼,缺一不可。

我个人与钱老有过共事、交往27个春秋的经历。多少年过去后,我依然清晰地记得我们当初交往和一起工作的点点滴滴。1983年初,他履任上海工业大学校长,随后他到各系科调研时和我有了初次见面,不久我便出国。1984年秋,钱老赴丹麦哥本哈根出席世界力学大会时，我们再次见面，白天我请他去我所在的公司参观考察，晚上彻夜长谈。他热切地敦促我早点回国，希望我能协助他推进上海工业大学的教育改革和提高师资的科研水平。钱老深情地对我说："国家和学校都需要你，我也需要你回去帮我一起管理学校。"我深感此话的分量，国家正在快速发展，教育科研岗位需要我。于是我尽快结束了在国外的研究工作，提前回国，回到我魂牵梦绕的大学校园。1986年，我从国外回来后不久就被任命为上海工业大学副校长，几个月以后又被任命为常务副校长。在协助钱老管理学校的那几年里，钱老和我经常为了学校建设的方方面面开展持续的调研和座谈交流工作。钱老总是十分关心与教学、科研和服务社会等密切相关的事。从师资队伍的建设、高端人才的引进，到与大型企业的对接、大型项目的承接；从学校图书馆的建设、原版资料的选购，到实验室仪器设备的配置；从教导学生正确的学习方法，到鼓励教师学计算机、学外语，开展国际学术交流；从学校行政管理改革，到育人环境和制度建设，钱老都密切关注。正是有钱老的关注和督促，才有了学校教育理念的不断更新，管理队伍思想观念的不断进步。

1994年由上海科技大学、上海工业大学、原来的上海大学以及上海科技高等专科学校等四校合并组建新上海大学，德高望重的钱老再次领命就任校长。老骥伏枥，志在千里，在钱校长的带领和广大师生的努力下，1996年新组建的上海大学跻身"211工程"，1998年新校区建成投入使用，一个更加宽广的舞台铺开了，学校的发展与改革跨跃新台阶的序幕再次拉开。这个时期，我已经到上海市政府工作，对钱老为推进学校跃升，审时度势、抓住机遇、顺势而上所起到的奠基性的、他人无法替代的作用是非常清楚的。这些往事给我和学校其他同事都留下了深刻的印象。

钱老曾说，回顾这一辈子，他是一个科学工作者、教育工作者，但更是一个爱国主义者。他一辈子投身祖国的科教事业，并取得了卓越的成就,他始终以国家和民族利益为重的高尚品质,已经很好地诠释了他的话。晚年高龄时,他更是积极地参政议政,与共产党人共商国是,积极地推动祖国的和平统一大业。没有对祖国的真挚感情,哪有他的人生动力和远大目标。每每回忆起这些事,我都深深地为钱老的人格魅力和爱国情怀所感动,也深深地觉得当代学界更应该像老一辈科学家一样,将爱国作为自己追求事业成功的唯一动力。

钱老不仅身体力行爱国,他更是重视通过教育来培养具有爱国精神的一代又一代的莘莘学子。他说上海大学的校训光有"自强不息"四个字还不够,还要加上"先天下之忧而忧,后天下之乐而乐"。"所谓'忧',就是要忧国之所忧、忧民之所忧,把个人价值的实现同国家的强盛、民族的发展和人民的利益结合起来",要把百姓之忧、国家之忧、民族之忧时刻放在心上。今天,上海大学的校训因含有"先天下之忧而忧,后天下之乐而乐"而独具特色,彰显了这位科学大师的胸怀与境界。

纪念钱老百年诞辰,就是要缅怀他的伟大成就,就是要继承和发扬他的爱国精神。上海大学拟出版《钱伟长文选》、《钱伟长学术论文集》和他的博士学位论文《弹性板壳的内禀理论》(英文版)等系列书籍来纪念这位科学巨匠、教育大家,这是方便年青后学很好地阅读大师、传承大师,从而继续钱老未竟的事业。其中,《钱伟长文选》精心收录了钱老从1949年至2008年半个多世纪间有关教育、教学、科研等方面的重要文章和讲话稿,共280篇,按时间顺序分六卷出版。这些文章和讲话稿,涉及哲学、历史学、文学、自然科学、工程技术、区域经济、城市建设、管理学、教育学等,反映了钱老对祖国的科学教育事业的真知灼见和热诚实践,对国家和民族在社会、经济、科技、文化发展等方面的关注和投入,其中有许多文章是他前瞻性的思考与探索的结晶,文章的字里行间洋溢着他和中国共产党肝胆相照之情,充分体现了他的拳拳爱国之心以及丰富的学识和坦荡的胸怀。《钱伟长学术论文集》共收录108篇学术论文，内容包括板壳内禀理论、薄板大挠度问题、环壳理论及其应用、广义变分原理、汉字计算机输入编码等。我想，这些书籍的出版，对于我们进一步了解钱老的学术成就和贡献、了解其爱国奉献的一生是极有帮助的。

是为序。

徐匡迪

2012年9月1日

目　录

1984

谈谈科技人员学英语 …………………………………………（ 1 ）
《应用力学论文集》序 …………………………………………（ 3 ）
《多学科学术讲座丛书》(第一辑)序言 ………………………（ 6 ）
对高等教育改革的一些意见 …………………………………（ 9 ）
科技人员的工作与进修 ………………………………………（ 16 ）
迎接新技术革命的挑战 ………………………………………（ 23 ）
新时期知识分子的地位和作用 ………………………………（ 27 ）
新的技术革命对我们的要求 …………………………………（ 37 ）
经典力学 ………………………………………………………（ 43 ）
谈教师培养问题 ………………………………………………（ 51 ）
科学技术的新时代 ……………………………………………（ 66 ）
中小学的重点学校重点班级应该取消 ………………………（ 76 ）
谈教学改革如何适应三个面向 ………………………………（ 78 ）
科技新发展对今后各方面的影响 ……………………………（ 93 ）
信息与学习 ……………………………………………………（105）
《穿甲力学》序 …………………………………………………（108）
新技术革命与几个社会问题 …………………………………（114）

1985

《多学科学术讲座丛书》(第二辑)序言 ………………………（135）
我对海洋开发的建议 …………………………………………（137）

机械工程师要懂力学,会用计算机 …………………… (141)
我国高等教育面临的挑战 …………………………… (144)
为高等教育界呼吁 …………………………………… (149)
高校学生与教师人数之比亟待提高 ………………… (154)
交叉科学与科学家的社会责任 ……………………… (157)
学科综合势在必行 …………………………………… (160)
智力开发和人才培养问题 …………………………… (163)
力学——《中国大百科全书·力学卷》词条 ……… (186)
理性力学——《中国大百科全书·力学卷》词条 … (194)
力——《中国大百科全书·力学卷》词条 ………… (200)
面向未来,进一步开创教学、科研新局面 ………… (205)
国际非线性力学会议开幕词 ………………………… (214)

1986

《多学科学术讲座丛书》(第三辑)序言 …………… (216)
20世纪末自然科学发展总趋势 ……………………… (219)
中、小学教育的目标是对公民进行"通识"教育 …… (223)
在全国汉字输入方法评测工作开幕式上的讲话 …… (226)
基础研究与应用开发必须宏观综合平衡 …………… (230)
从"七五"计划谈智力开发 ………………………… (234)
杜绝作弊要从端正教育思想入手 …………………… (269)
新技术革命与高级专门人才的培养 ………………… (272)
学习之路 ……………………………………………… (282)
在中文信息研究会全国会员代表大会上的开幕词 … (296)
培养全面发展的人 …………………………………… (298)
教学改革和实行聘任制 ……………………………… (304)
发展战略研究和系统工程 …………………………… (317)
《上海科技翻译》发刊词 …………………………… (326)

后记 …………………………………………………… (328)

1984

谈谈科技人员学英语[*]

  首先要明确学习目的。我认为科技人员学英语是为阅读国外的有关文献资料。我们承认在科学技术上还是落后的,但是,我们有志于站在别人的肩膀上攀登科技高峰。因此,一定要阅读文献资料,才能知道别人的肩膀在哪里。文献资料不可能都译成中文,特别是在这知识爆炸的时代;科技人员必须要有阅读外文资料的能力,才能不断更新自己的知识。当然同时能讲一些生活口语也好,但是在科技人员中能有机会出国的究竟是少数。因此,对口语的熟练和生活用语的发音标准等,不必苛求。即使不会讲口语或发音不准确也无关宏旨,关键是要有阅读能力。况且在国内的环境中学习外语的生活用语是不方便的;要耗费精力时间去学,不常用又易忘,事倍功半是不值得的。若是为了准备出国,学一些生活用语也是可以的。

  其次是方法。如何在现有环境中学习专业英语,我认为先要掌握你那个专业范围的词汇(如专用名词、专用动词等),一般地说对本专业掌握800~1 000个词汇,再加上两百个左右科技文献常

---

[*] 原载《科技英语学习》1984年第1期。

用词就足够了。此外要学一些基本语法,但是不要纠缠于文学型的语法修辞之中,科技专业用语的语法、句式,比生活用语和文学语言的语法、句式,在某种意义上说要简单得多。

在有导师的指导下,对专业英语的学习可以短期突击速成。速成之后必须再翻译一些有关资料,既使所学到的得以巩固,又可进一步地提高。这样的学习,对我们科技人员和党的"四化"建设是最有利的。在50年代初期,由于我国当时建设事业的需要,大批科技人员曾用这种方法学本专业俄语,取得了立竿见影的效果。

《应用力学论文集》*序

为适应"四化"建设的需要,推动应用数学和力学的学术发展,在《应用数学和力学》编辑部建议下,我刊编委刘先志教授在繁重的行政工作中,不辞辛劳,将新中国成立后发表的有关应用力学的部分论文,汇编成集,作为本刊主办的《应用数学和力学讲座丛书》之一出版,以供读者学习、查阅。

刘先志教授1931年毕业于北平燕京大学数学系;1939年毕业于德国柏林工业大学机械系,获得特许工程师证书;1945年获西欧著名学府德国哥廷根大学数理系科学博士学位;曾在德国柏林工业大学从事流体力学和理论力学的教学和科研工作达11年之久;后又在瑞士苏黎世约利康制造厂透平机研究所任研究工程师一年。他于新中国成立前夕返国,历任上海市工务局正工程师、无锡开源机器厂设计部主任、同济大学教务长兼教授、山东省工业厅副厅长和山东工学院副院长、教务长兼教授,并任第二、三、四、五届全国人大代表,1979年起任山东省副省长。刘先志教授在教学和行政工作十分繁忙的情况下,几十年来,长期坚持在力学研究的第一线,孜孜不倦地工作着。1978年荣任第一次全国科学大会代表,提交了9篇论文,20余万字,获大会个人奖。他现在以年逾古稀的

---

* 该书由刘先志著,1984年重庆出版社出版。

高龄，担负着山东省副省长的重任，仍一如既往，争夺时间，躬自投身科研工作，为我国"四化"建设，为我国科学事业的发展作出了贡献。

我国人民素有勤劳的优良传统。刘先志教授就在力学工作上发扬了这种传统，是我国力学工作者的学习榜样。从这26篇科学论文中就可以看到，刘先志教授数十年如一日，不论在什么情况下，都是坚持勤奋工作的。这是刘先志教授能获得如此丰硕成果的主要条件。

这里的26篇论文，涉及方面很广，但都有一个共同的特点，即理论联系实际。不论是连通管内液体自振、球磨机问题、半无限体的热应力问题、内燃机曲轴惯性力分析，以及楔形直杆振动问题等，都有明确的生产实践目的性，而且在研究过程中，都不断提高到理论水平的高度加以分析，力图达到一方面能解决实际问题，另一方面又能提高力学理论研究的目的。这是从科学实践的过程中体现理论联系实践，又以实践推动提高理论的可贵经验。

在这些论文中，也体现了刘先志教授认真严肃、精益求精的科学作风。以连通管内理想液柱的自主振动的工作为例，它是刘先志教授1952~1953年间的研究中心课题。从论文的情况看，可以说是已经达到了研究目标的工作。一般人在研究方向转变后，就可以把业已完成的工作束之高阁，不再过问了。但刘先志教授却在20年后（1980年）重新研究了这个问题，而对微分方程两种推导进行了比较，进一步阐明了一些实际问题。这正是刘先志教授对科学工作认真严肃、精益求精的具体表现。

1980年暑假，我曾于青岛会见刘先志教授，他正在省人民政府休养所疗养。但是，他以73岁的高龄，带着疾病，不顾盛夏酷暑，竟终日伏案，沉湎于非均匀直杆的自主振动问题的研究。在工作中，不论计算、作图、写稿、誊抄，事无巨细，都是亲自动手，而且抄写工整，公式清晰准确，这都充分说明了刘先志教授的治学精神。

我们刊出这本论文集,目的就在于用实际事例,有力地反映我国老一辈科学家所具有的优良品质:兢兢业业、严肃负责的科学精神;理论联系实际的科学作风;在繁重的社会活动、行政工作中,千方百计挤出时间,身体力行地把自己保持在真正的科学工作者的行列;锲而不舍地用一点一滴的科学工作成果来充实我国科学发展的内容。这些品质是值得我们学习的,这些事迹将会给我们以鼓舞,去为"四化"建设贡献力量。

《多学科学术讲座丛书》*
（第一辑）序言

  1982年冬，参加中国人民政治协商会议全国委员会五届五次会议的民盟小组委员，讨论如何开发盟内智力资源的问题，研究了由民盟中央发动盟内力量，筹备组织全国性的多学科学术讲座的倡议，深得与会委员的积极响应。随后中国民主同盟中央常务委员会决定从1983年暑期开始举办多学科学术讲座，并责成民盟中央文教委员会和科技委员会主持具体工作。经过半年的努力和筹备，讲座于1983年6月12日开学，开学典礼由民盟中央副主席楚图南同志主持，中共中央统战部杨静仁部长、李定副部长亲临指导。李定同志在讲话中肯定了民盟中央举办多学科学术讲座的重要意义，他指出，这不仅符合民盟盟员拥有大量学有专长的专家学者的智力集团的特点，而且也是民主党派工作中的一个创举，深得全国学术界的重视，是党的知识分子政策的胜利。知识分子通过讲座的形式，积极主动地把自己的智慧贡献给祖国的社会主义建设事业，反映了知识分子在党的教育下的又一次觉醒。

  民盟中央1983年举办的讲座，分十个专题，每题十讲，每一专题一般由主讲教授一人负责，也有少数专题由两位或三位主讲教

---

* 该丛书由钱伟长任主编，共三辑，20分册，1984～1986年上海知识出版社出版。

授共同负责。听讲者一千余人。他们来自全国各地,有不少人本身就是专家教授,有的已年逾花甲仍孜孜不倦为"四化"远涉千里来到北京,和中青年共同学习和进行学术交流。这是前所少见的现象,具体地反映了党中央自十一届三中全会以来的正确领导,动员了千百万知识分子,初步实现了团结奋斗的新局面。

1983年的讲座内容涉及人文科学、社会科学和自然科学的一些方面。人文科学方面有朱光潜、黄药眠、常任侠三位教授的"美学和中国美术史",吴组缃和张毕来教授的"谈红楼梦和红学四论",商承祚、陆宗达教授的"中国文字学和训诂学"。在社会科学方面,有关梦觉教授的"陈云同志的经济思想",千家驹教授的"中国经济问题"及徐铸成教授的"新闻艺术"。在自然科学方面,有马大猷教授的"语言通信",叶培大教授的"光纤理论",钱伟长教授的"广义变分原理"等。准备在1984年参加讲座的主讲教授有唐敖庆、余瑞璜、张文佑、费孝通、陶大镛等二十余位。

1983年主讲教授14人,平均年龄76岁,最高年龄86岁。他们以年逾古稀的高龄,冒着酷暑,一丝不苟地为学员认真讲解,亲切座谈,深受广大学员的欢迎和爱戴。

这次讲座贯彻了百家争鸣的学术方针,提倡严肃的学术民主。主讲教授都能在尊重不同意见的同时,深入透彻地讲解自己的学术观点。有些主讲教授对那些学术上的不正之风,进行了认真、严肃而又满腔热忱的批评和教育。这反映了老一辈学者对当前学术界不正之风的否定而又负责的态度,殷切期望我们的中青年学术接班人,发扬良好学风。有的主讲教授就在同一讲座上,以友好的态度各自讲解分析了双方不同学术观点的矛盾,而不以自己的观点强加给对方,更不以自己的观点来压制别人的不同观点。这样就能以人之长补己之短,就能达到不同观点的相互融合,逐步走上更高水平的学术境地,从而更有利于我国社会主义的建设。

讲座的讲解都是各主讲教授长期或毕生从事的学术工作,还有的是当前在"四化"建设第一线战斗岗位上总结出的主要贡献。主讲人对讲稿都做了充分的准备,在讲座中又通过听讲学者的学习讨论,再次进行增删修改,才最后定稿。现蒙知识出版社编为丛书,按讲题分别出版。希望本丛书对于我国的学术工作产生有益的影响。

对高等教育改革的一些意见[*]

高等学校必须是两个中心一支队伍。解放三十几年来,这个问题在高校一直存在着争论。1952年院系调整以后,强调的是教学第一,以后又强调以教学为主。50年代中期,当时的北大校长马寅初先生首先提出高校教师应当进行科学研究工作。这个正确意见,可惜当时未被采纳。直到1977年,邓小平同志重新出来工作并自告奋勇分管教育和科技战线的工作后,这个问题才算解决。小平同志提出:高等院校,特别是重点高等院校,应当是科研的一个重要方面军。但在执行这个方针的过程中,出现了一些问题,有些学校提出"两个中心、两支队伍",这实际上又是把教学与科研分裂开来了。

高等学校必须是两个中心、一支队伍,教学必须与科研结合。你不上课,就不是老师;你不搞科研,就不是好老师。教学是必要的要求,不是充分的要求,充分的要求是科研。科研反映你对本学科清楚不清楚。教学没有科研作为底子,就是一种没有观点的教育,没有灵魂的教育。

一个教师在大学里能否教好书,与他搞不搞科研关系很大。对教师的培养主要是通过科研。林家翘讲微积分讲得好,是因为

---

[*] 原载贵州大学《教育研究》1984年第1期。

他做了大量的力学科研工作，反复应用了数学这个工具。他晓得哪些数学知识是重要的，哪些是次要的；哪些微积分知识必须搞得很清楚，哪些则不需要那么清楚；他懂得如何联系实际地讲，联系他过去碰到过的钉子讲，他讲"奇点"就比别人讲得好，举出来的例子都是现实中存在的。而一般教师讲"奇点"，尽管描写得很神奇，却不能落到实际上面。工科院校的学生要拿数学这个工具去处理实际问题，你只告诉他这个工具，却不告诉他怎样去处理实际问题，那是不行的。

教师讲课要有自己的见解，不能都照书讲，讲完书就算数。教师对教学内容要理解，这要建立在深厚的基础上。讲好课有两条，一要有学问，二要有好口才。有学问比好口才更重要。因此，教师必须搞科研，这是培养教师的根本途径。教师的提高，主要不是靠听课进修，主要靠做研究工作，边研究边学习，缺什么学什么，边干边学，这是主要的方法。社会主义建设也不是先学好了才干的。我们过去习惯搞系统听课进修，把它作为主要的培养方法，这是不对的。外国的教师有休假制度，他们不是去休息，也不是去听课进修，而是到条件较好的研究部门工作，获得新的提高。我国派出的进修教师总想系统听课，外国朋友对此有看法，不大理解。要明确，培养教师主要搞科研。科研要从小题目做起，对国家建设有利的题目都可以做，不要先定科研方向。多做科研，方向自然形成，不是人为规定的。科研题目多得很，科研做出成绩并不难，也不神秘。我们的许多教师长期只搞教学，不搞科研，没有进步，以为科研很难，其实不是。教师要既搞教学又搞科研，双肩挑。许多教师还不习惯，要赶鸭子上架，现在就起步，不然没有办法提高。青年教师培养的途径主要是搞科研、掌握外语和计算机，而不要忙着捧一本书上讲台。不搞科研，忙着捧书本上讲台是上不好课的。因为你没有自己的观点，不会选择内容。

我们应请有经验的教师上基础课。要合班上大课，派最好的教师上课,也可以腾出部分力量搞科研。基础课教师不应该是单纯教书主义,也要参加科研。搞科研可以帮助教师扩大眼界,使他晓得一项科学技术的来龙去脉,晓得当代这个专业在发展中所存在的问题,丰富这个学科的内容,使之不断地往前发展。这对于一个教师提高自己的水平,教好自己这门课,指导好学生学习,都非常重要。同时,学校搞好科研,可以解决国家经济建设中急需解决的许多科学技术问题,这对国家也是很有好处的。有条件的可实行基础教师与专业教师轮换。

大学教育的过程,就是要把一个需要教师才能获得知识的人,培养成在他毕业时不需要教师也能获得知识、无师自通的人。这就要改革传统的教学方法,培养学生获取知识的能力。不教不会,说明你办教育的失败。教师的教主要不是把知识教给学生,而是要把获取与处理知识的能力教给学生。教学大纲不是规定教师必须讲的内容,而是规定学生必须懂的内容。教师的工作就是引导学生。比如物理课要引导学生通过实验来鉴定一些定律,数学课要引导学生学会严格的推理。讲课不应该只讲具体的知识,具体的知识学生是很容易懂的,而是应该讲重大的概念,讲当前和过去发展的情况,讲你的看法。吴有训先生讲牛顿三定律,就讲它在不同时期发展的过程,在这个过程中有什么误解,以后又是怎样辨明了的,正确的看法是什么,它有个适用范围,怎样使用才恰当,以后又发生了什么争论,等等。

现在,知识发展很快,永远也学不完,最好的办法是不要教师讲,由学生自己去学习,这就是培养学生的自学能力。大学教育应该重视学生自学,大学教育就是要教会学生自学。培养学生自己学习新知识的能力,将来干什么,他就能学什么。我现在干的过去都没学过,什么原子能,计算机,学校里的教师当时没有教过,甚至未听说过,现在我不是也在干么!所以,要减少必修课程,减少学时,减少习题数量,让学生有时间自学。我校要全面推行学分制,照老样子下去,没有出路,难以因材施教。

加强基础,不是增加学时,而是要减少讲课时数,加强训练。课要少讲些,多做些实验,实验之后要提问,看学生懂了没有,要严格要求。专业课要大大削减,专业课学那么多,那么深,将来工作难以对口。我们可以先把专业课都改成选修课,让学生选修一些外系的课程,以后再逐步把专业课改为专题课,教师把科研成果与心得总结成专题,给学生讲课。特别是青年教师更应该这样做。减少了总学时,减少了习题量,教师也可以腾出时间多搞些科研。现在的专业课内容,学生也应学习,可以结合课程设计、毕业设计等环节去自学。

我不主张搞五年制大学。只要好好地指导学生自学,四年足够了。我们的国家当前经济还比较困难,搞五年制,全国每年就要少招四分之一学生。如果还要维持现在的招生额的话,搞五年制,国家就要增加四分之一的投资,这是困难的。

我们要活跃学术空气,推动学科建设。

第一,开设学科前沿动态专题课。这门课不是百科全书性质的、手册性质的专业课,而是你搞了科研,读了很多科技文献,对一个问题的来龙去脉、发生发展、矛盾有了了解,有了自己的观点,形成了专题课的内容。前一部分是文献综述,包括这个问题是在什么样的情况下提出来的,在过去历史发展过程中有过什么争论,使用什么办法解决才又前进的,现在还遗留多少争论,现在有多少个人、多少个机构在研究这个问题,有哪几种不同的观点,哪一个地方最有希望;后一部分讲自己的观点,讲自己的研究成果和研究方法。这种专题课对师生帮助极大,师生都能培养出两种关键性的能力:一是在技术发展过程中寻找题目的能力,另一个是寻找完成这个题目的途径的能力。

高等学校要让教师在他专长的领域里讲这种专题课,又让他在专长的范围里去做科研。一个人这样做上几年,便慢慢地、一个一个地在这方面解决这一问题,那么在全国,他就不会落后了,就会有发言权了。

第二,副教授和教授应该做到基础课、专题课都讲。因为搞科研的人对基础课中的一些基本概念的认识,要比一般不做科研工作的人深刻,因为他有自己的观点,而且有许多新的发展,晓得这些观点怎样使用,因此能讲得深刻。吴有训先生就是这样。他既讲大学普通物理的基础课,讲得到家,又讲X光专题课,一周讲两次,讲得很少,但材料很多,让学生自己去看。李政道也是既讲大学普通物理基础课,又讲粒子物理场论的专题课。林家翘既讲微积分基础课,又讲星云学说的密度波理论的专题课。

第三,大力开展研讨会,活跃学术思想,增强学术空气。一种新的科学思想往往是在浓厚的学术气氛中相互讨论、相互启发、突然爆发出来的。这往往是许多新发展、新发现的先导。研讨会就是由一个或几个人谈某一问题的来龙去脉,多种学术观点及其局限,然后谈自己的观点,听的人一道讨论。教师要搞科研,要扩大知识面,不能搞得太专太窄。教理论力学的不关心教材料力学,教无机化学的对有机化学不感兴趣,这是不成的。我们从下学期起,每周都举办研讨会,大家都作准备,都要去听,听完后还要讨论,谈看法。学术观点不同不是冤家,自由讨论才会进步。

我们必须实行开放式的办学。

一是加强学校与社会的联系,为适应上海新的工业结构的需要,改造和发展专业;和企业订合同,开发科技服务;为工厂企业工程师以上的专家开设最近五年科技发展动态和方向讲座,等等。二是与国外进行人才和学术交流,迅速引进适合国情的新科学、新技术。

关于人才流动的问题,我经过两年多的考虑,综合了全国政协六届二次会议会内会外各方面的意见,参照了清华、上海交大的一些已行办法,也提出一个设想。目的是打破"大锅饭",充分发挥人才的作用，打破"部门所有制"，促成人才的合理流动和人才调节，同时保持"铁饭碗"的优越性。这个设想的要点为：一是定编，二是实行聘任制，三是建立"人才库"，四是改进大学生分配办法。实行这四条，得有一个先决条件，就是建立校（院）长、系主任（所长）负责制。

校（院）长、系主任（所长）由上级任命，选拔条件是德才兼备，即跟党中央保持一致，德高望重，在该单位做过专业（教学与科研）工作10～20年。"长"在编制内实行一任制，多出的人上交，建立人才库，用以储蓄人才和调节人才流动。第一，给所属单位上交的人发原定工资，保持"铁饭碗"的优越性。第二，分别情况安排这些人：业务水平未达到要求的，给予进修、补习的机会，等他在一定时期达到要求时再介绍给用人单位。

学校各类人员都要定编（这里仅指从事某项专业工作的知识分子的编制）。学校按学生人数定编，科研单位按课题定编。对知识分子实行教授（研究员）、副教授（副研究员）、讲师（助研）、助教（研究学习员）四级制。其人员比例为1∶3∶5∶7，16个人一套，组成一个梯队。比如有1万名学生的学校，可有2 000名教师，其中教授120人，副教授360人，讲师600人，助教840人。按目前情况，严格定编尚有难处，可照顾两种情况，但不叫编外人员，可叫非编制人员。一种是社会地位较高、社会活动较多、不一定担任具体的业务和行政领导工作的"高知"，他们仍保持原有名义、级别，但不在1、3、5、7的比例中；另一种是资格不够但由于某种特殊情况需要照顾的人，包括政治上必须安排的人员，这类非编制人员不得超过定编人员的千分之五。

"长"按编制和比例聘任专业人员。① 资格：助教应当是大学毕业或相当的资格，讲师应当是硕士或相当的资格，副教授以上至少是博士或相当的资格。② 聘任权的行使：可先交某个委员会，如清华过去有个教授会，可由它议决聘、退事宜，但最后认可或否决,权在校长。③ 聘与被聘的是对等的关系:聘者可聘、可不聘、可停聘;被聘者可受聘、可拒聘、可退聘(辞职)。聘方若停聘,须在一年前通知对方;被聘者若退聘,须干完聘期或自提出退聘之日起继续干一年。

附带说明一下,要允许各单位公开招聘,包括允许聘任外单位在职人员。国家重点工程临时需要人,可向外单位借调,但必须有个期限,到时归还。若要正式调,要征得本人同意,并要一年前通知原单位。

工资不要管得太死太细,可按各单位定编给一个工资总额,由单位自己掌握,便于按1、3、5、7聘任专业人员。定薪不必一律,除地区差额外,为吸引人才,可把月薪定得高一些。四级人员的水平无须全国一致,因此,晋升的事由各单位自己管。各单位按定编和四级人员的比例来聘任、提升,全国工资总额不变,只是领钱者由此地换到了彼地。例如北大、清华的讲师,到边远地区有的可当教授、副教授。

最后,我感到必须改进大学生分配办法,实行"产销"见面,允许人才竞争。分配不出去的,也交给人才库处理。

科技人员的工作与进修*

我们处在一个信息化的时代，一个所谓知识爆炸的时代。在这个时代里知识的发展是飞速的，日新月异的，一天一个样子。我们在工作中不断遇到新问题，我们的工作就是不断处理和解决新问题的过程。我们时常发现过去学习得不够，时常发现新的问题来了。这样就提出一个科技人员的工作与进修的问题。

有些人对知识不重视，对科学的发展更是茫然，好像一个人上了大学，他的知识就够了，五花八门的事情他样样都该懂，所以向上级要人没有别的要求："我要个大学生。"而恰恰我们的教育是专业化教育，学轧钢的不一定懂炼钢，学栽桑的不一定懂养蚕。使用的时候，把大学毕业生随便放一个什么地方，该做的事他不知道给你做，不该做的工作却派给你。要解决这个问题，我们一方面要积极地宣传，另一方面要把工作与进修紧密地结合起来。

社会上有一股风，认为进修就是听课。其实，听课应在不得已的情况下才安排：荒废得太多了，去听听课。我们的讲课往往是照本宣科，照课本、讲义念，让学生死记硬背，因此听课往往没有多少实际效果。

下面，我从三个方面谈谈科技人员的工作与进修。

---

* 原载《大自然探索》1984年第4期。

一、进修的必要性

有人认为大学毕业就不需要学习了,我觉得这个问题很容易讲清楚。1982年有人做过调查,人类的知识现在每四年增加1倍,即使你在大学把所有的东西学懂学通了,四年以后还会有一半的东西你不懂,许多新的知识、许多新的工艺,甚至许多新的思想,你都不懂,何况我们大学里学的东西没有那么活,那么好。我们大学里的许多专业课是手册上的东西,不是活的,是死的。不知道新的发展,不知道历史过程,而是平铺直叙,只了解一条线、一个平面的东西。大学里,我们在这上面花的时间太多了,如果以为以后再不要学习了,这明明是和自己过不去。

解决这个问题的唯一办法是边工作、边学习,并不一定非要有一年的脱产时间去进修。我在大学时学物理,出国学的是应用数学,我若只靠这两样,就无法做什么实际工作。因为我工作后第一个任务是研究雷达,接下去是搞火箭,以后是搞导弹,这些都是新东西,如果非要学完了才能工作,怎么行!回国后在清华大学教力学,七弄八弄我又成了力学专家,过去我从未想过我会成为力学家。如果我不学习,我的知识一定非常老化了,但我认为我没有老化,因为我每天要学习几个小时。有限元法是60年代才出现的,我学会了这种方法,而且参加了工作。当你把自己同某一工作的发展结合在一起,这个发展中有你的一份贡献,你就不会老化。有人靠一本书过了一辈子,他可以用一本书教30年、50年,这是念经的和尚,不是一个称职的科技工作者。我们科技工作者应该跟着时代的步伐前进,而且这个时代是我们自己创造的。我们要做前人没有做过的工作,要超越时代的水平。

二、怎样进修

牛顿说过:"如果我比笛卡儿看得远些,那是因为我站在巨人们的肩膀上的缘故。"方毅同志也引过这句话，鼓励我们站在别人的肩膀上向上攀登。

人家的肩膀在哪儿？过去的知识范围有多大？人家的同类研究达到了什么水平？这些都是我们在开始自己的研究工作之前首先应该知道的。人家的肩膀有多高你都不知道，你的工作必然是瞎搞。人家已经走过的路，你还要自己在黑暗中摸索，就要走弯路，多费许多力气和时间。而这些不可能在学校学到，要靠工作中的学习进修。学校应该不只教会学生听讲，还要教会学生自己看书，自己学懂新的知识。

我赞成自学成才。一切真正成才的人，都是自学成才的，华罗庚就完全是自学成才的。不能只强调先生讲学生听这种学习方法，要提倡自学。

科技人员在工作中要从两方面进修。

（1）大范围地学习。根据工作的专业，读一些有关的专著，不一定是针对工作中的具体问题，主要是把知识面扩大一点。要不要补微积分？不要。有人动辄要补基础理论，这是搞理论研究的人需要的，除非基础理论有了新的进展，否则大学里学的那一些，对多数科技人员就够用了，也用不着把它记得清清楚楚，用的时候翻翻书就行了。

（2）阅读学术报告和期刊。这是最重要的进修，因为你阅读的是第一线的工作成果。

怎样找文章？在与自己专业有关的国内外期刊上找。查看人名索引是经常用的办法，因为一个人一段时间内主要是做一项工作，按这种线索找到的文章，可以让你知道这个研究人员工作的进展、工作的路线。另一个办法是按科目查找，一般是查阅从现在起上推到前五年的。再前面的可不必查了，因为每篇文章后面都有参考文献，从中可以找到以前的文章。按这种办法可以使你知道全世界的同行是如何对待你着手研究的课题的。

说到查阅人名索引,我想顺便谈谈文章署名的问题。过去有一种很"左"的作风,写文章不署个人的名字,而署某某研究组。我看到一篇文章有错误曾写信去问,回信说某某研究组已解散,无法答复。可见这种署名是不负责任的。一个科研人员写了文章自己署名是为了负责,而不是为了名利,署了名要一辈子负责,到了什么地方都要负责,头发白了也要负责。现在还有人问我40年代写的文章,这我都要据实答复。现在写一篇文章署名的人越来越多,有一篇文章署了13个人的名,应该只署主要工作者的名字。有的是学生部下做的工作,他连文章都没有看过,也要把名字署在前面,要公开批评这种情况。

怎样读文章?

你这样找到的文章可能很多,一般总有一百多篇,加上外文不太精通,会觉得很难读。这些文章都是从半腰讲起,提到的许多方法、许多仪器、许多药剂你可能不知道,会感到面对一大堆文献无从下手。

我觉得,看文章要首先了解作者,从作者简介、其他文章的介绍中可以知道谁是署名作者中的领导人,他在哪个研究所、哪个学校工作,时间久了,你可以知道有多少人、多少学派在做这个工作,了解到主要人员的变化。

文章的摘要一定要看,看过可以知道这篇文章重要不重要。有的是用旧理论、旧方法、旧工具处理了一个旧问题,取得了一个很小的成果,这篇文章就不必看了。你觉得这篇文章或者有新思想,或者有新方法,或者使用了新工具,或者处理了新问题,抑或是全新的,那么这篇文章应该看。

看文章的引论,可以了解是在什么场合下提出了什么问题,何人在何时何处用何方法得到了什么结果,留下了什么问题,本文作者用什么方法解决什么问题。引论告诉人们历史上这一问题是怎样发展的,现状如何。

看完这些，对于有些内容但又不多的文章，就只看它的结论，定性的结论和数据表，如果结果与别人不同，再看看是为什么？可以浏览一下是谁委托他、资助他做的。至于中间如何推导、如何实验不必花时间看。

如果看过摘要、引论、结论，你觉得文章很重要，就花时间仔细钻研一下，这往往是转折性文章或者你的工艺要用的。这样的文章100篇中有四五篇就不错了。

读文章要记笔记，要用一个本子专门记你不懂的、产生疑问的东西。不一定所有的东西都懂了再往下看，可以暂时绕开。当你看到其他文章又谈这个问题，就可以检验你关于这个的想法是否正确。错了，想想为什么；懂了，就把这一条划掉。你本子上划掉的东西越来越多，你懂得的东西也越来越多。我的本子里还有不少40年前记下的至今没有解决的问题。

以上讲的是我自己进修的体会。通过这种学习，我们才知道全世界的进展情况，才知道人家的肩膀在哪儿。

林家翘先生在《大自然探索》1984年第1期上发表了很好的意见，我劝大家都读一读。林家翘先生是研究应用数学的，参加了导弹实验，后来到麻省理工学院当副教授，教流体力学，讲流动的稳定性。数学系有八位教授，都教微积分，一次有位教授生病，请林先生代课。由于教学方法不同，大受学生欢迎，听他课的学生越来越多，最后全体学生都来听他讲微积分，从此林家翘先生成为首席教授。当他看到原来研究的流动的稳定性局面很难展开，便改行另选课题，第五年，他写出一篇划时代的文章——《星云学说的密度波理论》，找到了许多过去观察不到的星系。由于林家翘先生不断在工作中进修，使他在广泛的科学领域都有建树，成为美国科学院院士、麻省理工学院七位特级教授之一。正如他所主张的，他也是"活到老，学到老"。

三、关于外语学习

现在要留学就要考外语,考 EPT、TOEFL,这种考法对外交人员、对在市场上买菜也许有用,对专业科技人员不一定必要。我不懂为什么规定科技人员要像外交人员一样训练外语? 我认为科技人员学外语应主要要求能看科技文献。现在我们的参考文献主要用美国的,欧洲许多科技文章用英语发表,苏联的期刊都有英文索引,而且美国把所有的苏联期刊用计算机翻译出来公开出版,因此我们多学英语没有错,当然可以再学一些日语和德语。

我们科技人员是为了摸人家肩膀,了解外国科技发展才学外语,而不是为了同人家进行社交活动学外语。要求不同,学习方法也不一样,科技人员学外语应主要解决阅读的问题。50 年代初我在清华大学和我当时的助教抓过速成俄语。对此有褒有贬,表扬我的都是科技人员,批评我的是俄语教师和苏联专家。1952 年 5 月我们接到通知,从 9 月起全部改用苏联教学大纲和教科书,当时懂俄语的人很少,怎么办? 我的助教懂俄语,我要他教数学教研组的全体老师,一个月内教会 1 000 个单词,七种语法,结果三个星期就办到了。然后全体动手分章翻译俄文教科书。这个办法在全校推广,到 9 月份,全校的课都开出来了,后来这些翻译课本都正式出版了。当然用这种速成法,发音不准,变格往往是错的,但与苏联专家对话,他们全都能听懂。我们说的俄文比他们说的中文准多了。

我学英语也有类似的体会。我中学的英语没学好,大学里教科书、讲课都用英文,我只有抱着字典一个字一个字地查,自己看书,英语老师勉强给我 60 分,但我靠自学,英文书都能看。当年出国留学,要坐一个月轮船,日常用语我全不懂,吃第一顿饭时,我看不懂英文菜单,就选了前五个菜,服务员看了哈哈大笑,给我送了五碗汤来。吃了亏就学乖了,拿了菜单回去查字典就会了。要学生活上的英语，在中国再学也学不好，到美国只要一个月，你就全会了。到美国半年以后，我就用英语讲课了，这主要是因为我的专业英语还是可以的。

我们中华民族是善于学习的，我们现在的科学技术总的来说是落后了，我们要摸准外国人的肩膀，站在他们的肩膀上向上攀登。等我们比外国人站得更高时，让他们来学汉语。

我们不要以为自己不行，但是要善于学习。学习是一辈子的事情，不要以为大学毕业以后就不要学了。我们的行政领导应理解科技人员需要不断学习，需要结合自己的工作进修。科技人员在厂房里，在实验室里，在办公室里抓紧时间看一点书，不能算是什么过错。党中央号召要重视知识，理解知识分子，但"左"倾思想的流毒还很普遍，有些人就是认为知识越多的越坏、越靠不住。我们要面对这个现实，为四个现代化、为党的事业而斗争，在这个问题上不要有丝毫让步。

迎接新技术革命的挑战*

我们如何做好思想、物质上的准备,迎接这场新技术革命的挑战?我想就这一问题谈几点看法。

首先是我们的思想必须适应新技术发展的要求。

现在,一场新技术革命正在世界范围内兴起,势如破竹。这是历史发展的必然结果,是客观规律。对此,我们不应缺乏思想准备,更不该阻拦科学技术的前进。

第一次工业革命时期,机器生产代替了手工作坊,手工业者认为打破了他们的饭碗,就起来进行抵制,砸毁机器;大批劳动力涌向城市,引起农场主的极力反对。每次工业革命都存在着进步与保守的斗争,我想这次技术革命也不会例外。

纵观历史,内燃机的兴起历经了80年,原子能也达40年,但这次技术革命来势迅猛,只有十几年就发展起来了。现在许多人的思想还停留在过去的水平上,难以适应这一新形势。落后的思想意识必定会与先进的生产力发生矛盾,成为历史的阻力。因而,我们对于新技术革命要作好充分的思想准备。

第二,发展我国新的科学技术,是否还要按部就班,从头搞起呢?

---

* 原载《现代化》1984年2月25日,《新华文摘》1984年第4期转载。

我认为，可以跨越一些阶段，缩短技术革命的过程。

去年10月，我到江浙一带八个县走了一趟，农村面貌变化之快是我们未曾预料到的。这些地区首先抓了工农结合问题。过去农村只重视粮食增产，现在每家有一个工业户口，同时种责任田，收入大大提高。以前农村的机械化程度很低，现在农民有钱购买农业机械，从育秧、插秧、灌溉、施肥到收割、脱粒基本上全都用机械操作。他们兴办小型加工厂，不但解决了购置农业机械的资金来源问题，还帮助大城市工厂发展了生产。例如，上海要扩大自行车生产，用不着自己盖厂房，只要把零件送到常熟去加工就行了。南通有个中兴大队，农民都盖起了两层楼的农舍，购置了成套家具，还要安装空调设备。他们就是靠帮助上海加工产品，使自己富裕起来的。机床安在家里，随时可以进行生产。生活富裕了，就要求提高文化教育水平，不但盖校舍，办图书馆，普及中小学教育，而且还委托上海帮助他们培养大学生，基本上消除了城乡差别、工农差别。谁能想象得到仅有几年时间就发生了这样大的变化，可以说，这就是我们将来的发展速度。

搞这次技术革命，要采取能跳就跳的方法，借鉴发达国家的已有经验，跨越某些传统工业的发展阶段，直接采用较先进的科学技术成果，绝不能墨守成规。比如硅单晶，我们只有10厘米左右的，国外则搞出50多厘米的。我们完全可以一步登天，搞出50多厘米的来，不要在别人后面爬行。"跳"的关键是人才，技术可以买进，人才要靠我们自己培养，应该相信自己的力量。当然，并不是所有阶段都可跨越，也并不需要在所有各方面都要最现代化的。美国就是这样，它的钢铁生产就不是很现代化的。

第三，新的科学技术领域进展很快，要发展科学技术，教育必须走在前面。

抓教育要从两方面着手。一是中、小学教育水平必须普遍提高。我这里所说的"提高"并不是指把大学的课本放到中学去讲，增加知识难度,而是要提高教学水平,可能还要降低教材难度,使学生真正掌握所学到的知识。现在一说到提高教育水平,就提出很高的知识要求,事实上学多了是不行的。也有人一讲到这个问题,就伸手要钱,我不认为如此。提高教育水平最好的方法是整顿教师队伍。现在有些教师只能按书本上规定的程式教学生,也就是"死教"。如果学生按照自己的思路解题,和书本上的程式不同,答案即使正确了,教师仍不以为然。小学教师必须懂得儿童心理学、教育心理学。惩罚式的教育只能压制儿童的健康发展。我们要采用引导的方法,鼓励儿童的创新精神,发展他们的思维能力。科学技术在突飞猛进,过多的条条框框会束缚我们的手脚,将来新的社会中的儿童应该是很开放的。

大学教学存在着过分专业化的问题,这只能适应比较停顿的社会。以为大学专业教学中学到的知识可以用一辈子,这是错误的。其实,生产在不断发展,知识需要更新,边缘学科大量出现,新技术往往也是多部门协作的结果。因此,窄狭的专业化教育是要不得的。

二是忽视了生命科学的教育。生命科学包括分子生物学、生物化学、生物物理学、遗传工程等。它在技术革命中占有非常重要的地位。使用生物过程进行生产比用化学过程更有利,可以避免环境污染,减少能源消耗,节省不能再生的原料。然而,某些生命科学领域在我国还是空白,应该急起直追。

材料科学也是如此。它是"少数派",得不到应有的重视。国外在这方面发展非常快,高强度的复合材料、光导纤维以及激光器中使用的材料都已研制成功。国家应该大力扶持材料科学的研究,尤其是再生原材料的研究。

我国的信息技术还很落后,大部分人员还在搞硬件,软件与国际水平差距很大。你可以花钱买硬件,但软件则不易买到。在美国有人估计大学生中有七分之一的学生是学软件的。我们应当重视软件人才的培养。

总之,要赶上世界发展的速度,教育是首要问题。现在高等院校的学生不是过剩了,而是远远不够。

现有的科技人员要合理地安排使用,必须珍惜他们,尽量发挥他们的特长。国外科学技术发展得快,一个重要经验是人才流动与自动调节。人才难得嘛,技术设备可以引进,人才则主要靠我们自己培养。要想在世界潮流中站得住脚,科学技术有重大突破,使社会生产力有新的飞跃,人才是最基本的条件。

新时期知识分子的地位和作用*

一、新时期知识分子究竟起了什么作用,地位有什么变化

十一届三中全会以来,我们知识分子的地位确实起了根本性的变化。新中国成立后知识分子一直被认为是改造的对象、批判的对象,是"资产阶级知识分子"。因此,30年来知识分子是在运动中过日子的。"四人帮"横行的时候,更是达到了登峰造极的程度,知识分子被称为"臭老九"。在"文化大革命"期间,不是把所有的人都变成有知识的人,而是要把中国仅有的这些知识分子改造成为没有知识的人,说知识分子成堆是坏事,要掺沙子。十一届三中全会以来,党中央所有的领导同志对知识分子的问题都讲了话,这在历史上是没有过的。为什么?因为现在要建设社会主义,要搞物质文明和精神文明的建设,要建设一个现代化的社会。

目前,知识分子有一个特殊的任务。解放战争时期,主力是解放军。现在枪杆子仍然非常重要,担负着保卫祖国的任务。但要建设现代化的国家,就更需要有知识。主力军要以知识为标准。我们不能相信,文盲充斥的国家能够建设现代化的社会主义强国。因此,必然要把知识分子的地位问题提出来。宪法上规定知识分

---

* 原载《科学·经济·社会》第2卷第1期,1984年3月。

子是一个依靠的力量,是工人阶级的一部分。这样的情况在全世界也是少见的。知识分子的地位写得这样明确,其中有七八条,都提到知识分子的任务。这些任务都很重,因此,知识分子的地位有了彻底的、非常深刻的变化。可是,有一些人的思想落后于时代。因此,党中央多次反复号召,要进一步落实知识分子政策。

我认为落实知识分子政策,决不仅仅是分了点房子,或者是加了两级工资,而主要是能使他们安心工作。拿房子来说吧,四五口人挤在12平方米的住房中,当然对知识分子的工作是有影响的。很多知识分子的工作有个特点,就是不分昼夜,别人都睡觉了,他还在突击。什么时候才算落实了知识分子政策呢?就是充分发挥了知识分子应该起的作用,自觉地积极地发挥这个作用,这个政策就落实好了。

当然,我们不能说知识分子个个都是没有问题的。有些知识分子的思想中,还有很多不健康的东西。不仅是知识分子如此,不是知识分子的也有不健康的思想。这不全是知识分子的特点,而是整个社会现象中的一部分。对边远地区知识分子"向东流"的问题,要具体分析。1983年7月份,北京大学毕业生分配的时候,曾经动员大家到边疆去,结果有许多人志愿报名到边疆,那不是"向西流"吗?!情况就是这样,有向东的,也有向西的,不能要求各个人都一样。人与人是不一样的。所以,各有各的情况,不要把这样的帽子戴在整个知识分子头上。应该看到,更多的知识分子在努力工作,在建设我们祖国的大西北。祖国的大西北很有前途,而且最近几年是大跃进,应该看到这些。我曾在新疆讲过美国加利福尼亚州的情况,那里建设得比较好。我们应该把重心放在西北的建设上,建成像加利福尼亚州一样的重点地区。甘肃有丰富的资源,什么东西都有,为什么就不能开发它?现在是智力开发,我们一定要在这方面花很大的力量。党中央号召开发大西北,用什么开发?当然,要靠劳动,可是只靠体力劳动能行吗?还要靠知识。

因此，知识分子在开发大西北的过程中，是有重大责任的。在这样一个广大的地区里，我们不来开发，谁来开发？！我们的知识分子不在这里努力，谁来努力？！因此，新时期的知识分子，要把开发祖国大西北作为己任。

二、知识分子地位和作用的变化究竟稳定不稳定，会不会反复

十一届三中全会以后，知识分子的地位越来越提高了。可是，不少知识分子的脑子里还存在一个问题，就是会不会反复呀？有些同志害怕反复，所以，我们要认真地研究一下，为什么会有这种思想？

三十多年来，我们的确反复了许多次，知识分子有亲身经历。一次是1957年，一次是1962年，以后是"四清"，再就是"文化大革命"。这几次，知识分子都是革命的对象。"文化大革命"中，知识分子跟老干部一起关在"牛棚"里。这种情况也有一个好处，许多知识分子跟老干部交了朋友。我们的意见是一致的，过去是个误会。所以，在"四人帮"打倒以后，老干部与知识分子的关系特别好。

经过新中国成立三十多年来的几次反复，的确使一些知识分子会这样想：有没有可能还要反复？这不能怪他们。但我认为是不会反复的。因为今天是建设物质文明和精神文明的时期，与过去以阶级斗争为纲的时期不一样了，不能搬用老经验。理由有三：第一，现在党中央的领导是一致的。所有党中央的领导、政治局委员，都明确讲过并一再强调，而且，我们国家的根本大法——宪法对此也作了明确规定，这是过去所没有的。第二，今天知识分子地位和作用的变化，是通过正反两方面的经验教训总结出来的，也总结了知识分子在现代化建设过程中所起作用的国际经验。根据国内外的经验，得出了知识分子的地位必须改变的结论。认识到要

建设，就得靠知识分子。不仅不能轻视知识分子，而且还要提高广大人民群众的知识水平，才能建设我们的社会主义。第三，人们对这个问题有了正确的认识。过去很多人是认识不足的。现在不是经常发生农民抢"财神"的事吗？"财神"是谁呀？"财神"是农业技术干部。这说明人民现在懂得科技是财宝！他们自己给这桩事起了个名字，叫"抢财神"。现在各地的农业技术干部忙得不得了，农民需要科学技术干部。他们知道，科学技术是命根子。所以，非常重视、尊重科学技术人员。

上面说的可总结成：第一，人民觉醒了，需要知识分子；第二，党总结了经验，正反两方面的经验，国际国内的经验；第三，党的政策已经更加明确了。我很有信心，这三条足以保证不会反复。

三、知识分子的任务究竟是什么

简单地说，新时期知识分子的任务，就是建设我们的国家。精神文明和物质文明的建设，都需要知识分子。我们在许多不同的岗位上工作，把各自的本职工作做好。这都是很明确的任务，也是建设"四化"的具体任务。我们应该负责，党也创造了条件，让我们把工作做好。

三中全会以来，对各方面提出意见和建议最多的一类人是谁？是知识分子。这在领导岗位上的人都晓得，知识分子在这五年里，提了千千万万条意见、建议，非常积极。一份一份的资料写得工工整整，希望党能重视这些问题。一方面，在工作岗位上做好本职工作；另一方面，当看到问题时，便积极地向党提出来，供党参考。我们的意见，不一定是全面的，可能是局限在某一个方面的，可是，大部分都在不同的形式之下被党接受了，贯彻到某些方面。所以，我们应该把看到的问题向党提出来，不要放弃这个责任。这是第一条。

第二，现在知识分子有一个很突出的问题，就是时间不够用。

我国科学技术远离世界科学技术的发展,要赶上去,就要看许多资料。有的人却认为看资料是理论脱离实际,要知识分子向生产学习,向从事生产的工人、劳动大众学习,不仅学他们的品质,还学他们的技术。我认为,这个主张与当代科学技术的发展是不太一致的。在两三百年以前,这是完全对的,因为当时生产发展非常慢,很多生产技术都是劳动人民在生产中积累下来的经验。一个蒸汽机,搞了一百多年才搞成。那是应该勤勤恳恳地去向工人、劳动大众学习的,这是对的。现在不是这样了,科学技术发展很快。最近50年来,有许多科学技术是从实验室里出来的,以后才推广到生产中去。如原子能,人类先在实验室里理解它,进行实验,以后逐步推广到生产中去。计算机也是如此。工厂里要没有实验室的结果,就做不出计算机来。半导体也是这样,不是生产中先有半导体,而是实验室里先有半导体。越往前发展,这个比例越大。现在实验室的工作非常重要。可是"四人帮"怎么说呢?说"实验室是培养修正主义的温床",那就是不要我们发展生产。现在党和国家号召我们要积极地、尽快地把新的实验成果、科学成果转移到生产中去。我们要有科学研究,要有科学成果,并及时地转移到生产中去,让这些成果产生效益!

现在,有一个很严重的情况:我们多年来与世隔绝,很多人已经有十几年没有看过国外的资料。这些研究资料,是我们搞科学技术的知识来源。现在的知识分子比以前艰苦,艰苦在于怎样使知识不老化。这个问题,不是知识分子的人不理解,很多做领导工作的人、做行政工作的人不理解,总觉得知识分子已经上了50岁年纪,还在学什么、看什么东西,这不是个人主义嘛!我说的科学技术是一个广义的概念。现在各门学科的发展都非常快,因此,知识分子要去接触这些最近发展的东西,就要看书,就要花工夫。所以,他们到晚上12点还睡不了觉。可是很多人不理解。在40年代,全世界的科技刊物只有两千多种,现在全世界的科技刊物是八万多种，增加了40倍。这就是知识量的增加。刊物上登的都是最现代化的、最新的知识。很多过去天经地义的东西，现在早已经被否定掉了。很多过去想都没想到过的问题，现在都提出来了。像遗传工程、分子生物学等等，过去我们念书时连名字都没有。现在，要搞科学技术，若不会用计算机，就是自己给自己找麻烦。可是我们上大学时连计算机的名字都没有哩！我们怎么办呢？再到大学里去补课？那是不可能的。要靠自己一边工作，一边学习。现在，知识分子和过去不一样，不是学好了再用，而是一边学一边用，因为发展得太快了。知识分子的学习是一个最大的问题。学习技术，学习他的本行，不是学习外行。当然，也还要学一些政治、经济等各方面的知识，当工程师不懂得经济，那是很难过关的。因此，知识分子的第二个任务就是学习。不但大学毕业了还要学，当了教授同样也要学。大学教授如果不学，只是拿老皇历来念的话，估计时间不长，就会被学生撵下讲台的。

第三，是急需培养一批接班人。我国的知识分子现在分三代：一代是老了，像我这种人，七八十岁了，没有那么多精力，跟不上现代技术的发展了。我一直和青年人讲，你们得用功，要做知识分子，那是艰苦的，尤其是做现代的知识分子，是很难很难的。要非常用功，超出常人的用功，才能做好一个现代的知识分子。要不断地学习，这是祖国、人民的期望。我们这些人虽然很用功，还在放出光和热，毕竟已不是我们队伍里的中坚分子。我们的中坚分子，是中年的知识分子，年龄在40～60岁，他们是我们事业的中坚骨干。这一批人生活很苦，住房紧张。而这些人中，很多人有病。为什么有病呢？就是因为他们的工资收入太低，连吃都舍不得。吃的一省，工作又很繁重，时间长了，身体就会不好。老头子的病倒不多，像我这样，身体很不错，因为收入毕竟还多一点。而中年这一代人是我们的骨干，也是当前我们的希望。我们现在讲的很多话，是针对这一代知识分子说的。我们要求他们很努力，要保持一股劲,要兢兢业业,要在各自的工作岗位上努力,为国家的建设贡献力量。同时他们还要培养年轻力量,这个是最艰巨的了。因为,他们底下的一代拖了十年。当然工农兵学员中也有好的。我那里有个研究生,是工农兵学员,很不错,可这是个别的。多数人是"四人帮"把他们害了。我们对他们应当寄予很大的同情。他们自己如果要真正虚心学习的话,大概要花七八年才能补到大学毕业的水平。所以我们的责任是热情地培养、帮助这一批人。他们中至少有一半能够挽救过来。让他们刻苦努力,再过五年、十年以后,就能接我们的班。

说到培养,还有一批现在 20 岁左右在大学里学习的学生,这是我们当前的任务。这个任务也不好做,因为现在的中小学教育是不正常的,为了考大学,很多东西是背下来的。他们不懂,要搞科学,光靠背是不行的。科学技术有大量的公式、定理,这些都不仅是背,更主要的是要懂得,是很费劲的。有些人学习不努力,认为一进大学就有了铁饭碗,反正我保证能大学毕业。现在我们高等学校的确不太争气,就不敢给一个学生不及格,总是给 90 分、100 分。好的是 100 分,差的是 90 分,就差 10 分!

培养年轻人,还有很多事情要做,包括业务上的培养和精神文明的培养。我们与国家的要求,与党的要求,还有很大的差距。我们应该人人努力来做,我们有三个重大的任务,这个担子不轻。

四、知识分子能不能担负起历史的重任

有不少人对这个问题有怀疑,认为中国的知识分子不行,靠我们的知识分子,现代化建设不起来。我这么说是有根据的,为什么外国人来作报告,大家都听得津津有味,而同样一个中国知识分子作报告,听的人就不多?为什么?现在有一种社会现象,就是不相信我们自己的知识分子能够完成任务。有了困难,没有首先想到我们自己的力量。那么,中国有没有人才?行不行呢?事实说明,

人才是有的，也是行的。他们不仅很负责任，而且是可以信赖的，是靠得住的。他们是非常爱国的，愿意出力气改变我们国家贫穷落后的面貌。这是知识分子的特点，也是根本上的特点。在100年以前，中国的知识分子就决心要解决我们国家的大事，有建设国家的志向。这是我们国家知识分子优良的历史传统。他们始终站在社会改革的第一线。在历次革命战争中，有多少知识分子牺牲了；在解放战争中，又有多少知识分子参加了革命。现在，我们有不少留学生在国外，他们的成绩很好，那些国家都想把他们留下来，他们二话不说，按期回来，很多嘛！有个别的，要求延长，那是因为他的工作没有做完，要求过一段时间，工作做完后再回来。

政治上他们是这样，业务上怎么样？业务上，他们荒废了十年，可并不是所有的人都荒废了。也还有一批人，关在那里，他们照样还在搞科研。陈景润就是这么一个人，把他关在一个厕所里，什么条件也没有，他还不是一样搞他那个"猜想"。开大会斗这个"白专典型"，斗了好几次，他连听都没听，而是在想这个题目怎样证明更清楚。有一回斗得他笑了，这一下可让斗他的人恼火了。原来，他把"猜想"中的一道题证明出来了，豁然开朗，所以他笑了。

知识分子就是这样，他们就是在艰苦的条件下，一样为祖国学习、工作，要不然我们的国家早垮了。有人说，知识分子中大多数都是傻瓜。我看，这种"傻瓜"是英雄。我们的人民需要"傻瓜"，他们是为祖国而"傻"，有什么关系？现在的知识分子，都是在党的教育下成长起来的一代新人，能力上比新中国成立前学校毕业的要好。在新疆有个县，叫哈巴河，县里有个搞水利的，那里所有的灌溉工程都是他一手搞的。"文化大革命"中把他斗了个半死，原因就是他技术高。我还碰到过一位新疆大学历史系的副教授，他是搞哈萨克族历史的。他对中苏边界和中蒙边界，对阿尔泰，都非常熟悉。50年代，就被打成了右派，现在改正了。他已60岁了，还带学生骑着马沿着中蒙边界，在山区中走了两个半月，继续研究。这样好的知识分子,我们国家多得很,他们勤勤恳恳、兢兢业业地在本职工作中作出贡献。

还有人说,他们只会搞旧的,不会搞新的。不是,我们现在有很多知识分子对新技术掌握得很好。我举几个例子,在去年二三月份,我到美国去了,在洛杉矶,碰到一位搞计算机的美籍华人。这个人发表了一篇论文,为软件开辟了一个新天地。他的报告惊动了全美国搞软件的专家,这个人才35岁,还是个工农兵学员。所以,工农兵学员中并不是没有能人。1981年5月,在纽约开过一个金属学年会,会上一共有五十多篇论文,有两个中国小伙子,宣读了1981年世界上最好的两篇有关金属学的论文。香港是在世界上数得上的一个现代化的城市,近20年来,有许多现代化的建筑水平很高,而那里的科技人员大多是我们的学校培养的,现在他们回大陆,常给我们讲学,所以,中国是有能人的。我们有能力的中年、青年知识分子多得很!怎样发现和培养是一个大问题。

当然,现在还有一个"墙内开花墙外香"的问题。许多单位经常发生这样的事,看不起自己的知识分子,一定要从"墙外"拉个知识分子来帮助,虽然"墙内"的知识分子比"墙外"的知识分子高明得多,可是有些人就是相信"墙外"的,墙内的知识分子不香,到了墙外就香了,怪就怪在这里。我们的知识分子是有能力的,要信任他们,充分发挥他们的积极性。

五、对知识分子的希望

在我们这支知识分子队伍中,不能说个个都是好的。我们今天也有一些不像话的知识分子,善于抬轿子,善于溜须拍马。你说亩产15万公斤,他可以说成亩产25万公斤。有这样的知识分子,不应忽视。我们有没有资产阶级意识?我说有。我们现在的确要考虑到自己的很多问题,但要有古代中国人的牺牲精神,像张骞这个知识分子就是好样的,完全不考虑个人的利益。范仲淹、苏东坡也是好样的。我们应该向这些人学习。当然,作为领导,应该关心知识分子。作为知识分子自己,也应该考虑到当前国家还是艰苦的、困难的、资金不够的,不应该提出过多的要求。当然,最起码的要求,大多数是应当满足的。

知识分子应该做社会的主人,做党的好助手,做我们时代冲锋陷阵的战士,完成党交给的各项任务。我相信,我们是能够完成时代赋予知识分子的伟大历史使命的。

新的技术革命对我们的要求*

从20世纪60年代起,世界进入了一个新的时代,信息化的时代。计算机技术越来越成熟,它不仅可以用来计算,而主要是用来处理信息,使各方面工作、特别是科技工作有了飞速的发展。信息大大开发了人脑的功能,扩展了人的社会活动,使人的生产和生活发生了很大的变化。

新的时代来临,必然在人们的思想上引起反应。新的时代对我们的思想会有若干要求,必然产生若干新的矛盾。有些问题我们现在可以看得到,有些问题要以后才能逐步看清。要解决这些矛盾,使我们的思想适应新时代的要求,使我们自觉地按客观规律办事,才能少徘徊、少摇摆、少走弯路,让我们国家快一点赶上去。

一、要改革

我们所处的时代,是飞速变化的时代。工程技术在变、科学在变,从而引起了生产面貌和社会各方面的急速变化。进行科学观察的手段大大加强了。在30年代,人类知识的总和每30年增加1倍,到了1982年,人类的知识四年就要翻一番。人的宇宙观也在变。这变化是客观的,谁也抗拒不了。更何况我们国家还有一个

---

* 原载《大自然探索》1984年第3期。

赶上去的任务。变得快,就赶得快。因此,改革的思想是当前最重要的思想。

当然,有时改革也会出现错误,改革之中有许多风险。有的改革之初,还不如原来的好,但它克服了困难,健全完善之后,会比原来的东西好得多。宾夕法尼亚大学的科学家们,干了3年,于1946年造出第一台电子计算机,用了一万多个二极管,占的体积相当于一幢大楼,而且经常须排除故障,效率很低。但就是这台机器带来了划时代的革命,计算机技术在不断改革中逐步成熟了。改革是科学中最关键的东西,科学总是在首先肯定成绩的基础上,承认有缺点,承认要进步。科学是在不断克服缺点、发挥优点的过程中成长的。

江苏、山东农村的变化多大啊!这种变化是以前谁都梦想不到的,却在两三年时间内实现了。现在江苏一个县工农业总产值达到22亿元,其中只有5%是农业、手工业产品,95%是工业特别是轻工业产品。我每年回老家去看看,看到那里一步步地迅速地变化,许多农民家里八大件齐全,而且有的正在安装空调设备,许多小镇请了搞建筑的专家帮助设计,改造老镇,重建新镇。

但现在有些人嫌变得太快了,想歇一下,变回去,不要变,或者以不变应万变。这是不行的。变是时代的要求,变就是"运动",是符合辩证唯物主义的。新的时代的核心是改革。我们要通过改革,达到具有更高物质文化水平的时代,再不是吃土豆、窝窝头,把有知识的人变成无知识的人的时代。我们不要隐讳现实存在的东西,反对改革的思想是存在的。那种反对改革、原地踏步的思想,无论他背诵多少语录,都不是马列主义的。

二、要诚实

在我们现行的管理办法中,收集信息主要靠开会、交材料、交表格,然后由领导决策。在上报数字时,比如申请建房指标,实际需要 5 000 平方米,往往就报他 1 万平方米。而领导熟悉这种谎报数字的情况,就给你砍一刀,只批 5 000。这种谎报太多,太普遍,叫做"头戴三尺帽,不怕砍一刀"。如果你依实际需要只报 5 000 平方米,就会被砍剩 2 500,你说了实话,反而会遇到麻烦,被骂成傻瓜、笨蛋。

现在学校里分数贬值,就是谎报的结果。现在上重点中学,语文、数学两门考试要 197 分才行。我上中学的时候得 70 多分不简单,最好的亦不过 80 多分,现在分数贬值了。在学校里老师为打分数感到头痛,学生得了 90 分还不满意,非得 100 分不可。在招收研究生工作中,报上来的在校成绩都是 90 多分、100 分,结果考下来 80% 的人不及格,看来分数也得砍一半。现在到处都看得见不诚实的情况,你让他出点力,他就先讲困难,你要调他单位上的人,他就喊他很缺人,不给。有人甚至认为先要把良心藏起来才能搞行政工作,这真是个大问题。

在打仗时,谎报军情是要杀头的。做工作,你可以完不成任务,也可以把某件事做糟了,这说明你能力不够,还可以帮助你。但如果你谎报,就应该只有撤职一条,因为你不诚实,谎报就无希望。

谎报是一种落后的、非信息社会的现象。信息社会是机器收集信息、处理信息、做出判断、提供决策,机器不懂你是否"头戴三尺帽",还要给你"砍一刀"。计算机决策的社会要求情况诚实、准确。诚实的问题是当前我国、我们社会的一个大问题,这是很大的矛盾。

三、要重视知识

落实知识分子政策是个大难题,种种情况使这个政策真正落实很困难。

知识有没有用,对许多人来说这个问题没有解决。我国 10 亿人口,有20%的文盲,文盲遍地的国家是难以在短时间内现代化的。

我国知识分子数量不够,但又有许多知识分子用非所学,不能发挥聪明才智。不少知识分子在国内一无所成,出国后很快成为一个大权威,但回国一两年很快又恢复原样,这是为什么?中国人有聪明的头脑,但缺乏先进的得力的工具,这是原因之一。而不重视知识的作用,也是一个重要原因。

在劳动密集的工业部门中,工人与技术人员的比例大约是10∶1,建筑、采矿等部门大约为20∶1。在知识密集的计算机工业中,这个比例倒过来了,是1∶7,7个技术人员,1个工人,这个工人还要大学文化水平。1972年我专门调查过IBM(国际商业机器公司),它聘用50万~60万人,都是技术人员。1982年我到美国再问,比例又变了,变为1∶8,1∶9。生物工程也是以技术人员为主。

王麻子的剪刀,300年不变样,可以不要技术人员。我们有些产品30年不变,技术人员在那里没用,还不如一个工人,因为工人比他手艺好。但这些几十年不变样的产品,有不少不是卖给市场,而是卖给国家的仓库。不变的工业是没有出路的。

我们有些单位急需技术人员,但却没有指标,许多技术人员的岗位被非技术人员占据着,名义上客满了,但实际上不能适应工作的需要,不能适应改革的需要。

这些都说明知识还没有受到足够的重视,信息社会的前途还有较大的困难。

四、要研究关系学

关系学这个词,被走后门、不正之风抹黑了,我这里讲的关系学与走后门的关系学是两码事。

我们的体系现在都是垂直领导,体系之间没有横向联系,这有许多弊病,将来按系统工程的要求还是垂直领导,但强调横向联系,是网络式领导。新的信息社会里,一发牵动全身,各部门之间必须密切合作。领导应研究各系统之间的关系,而不是砍断它们的关系。有人说系统工程应研究关系学,我说完全正确。我是搞力学的,力学就是研究两个物体运动中的相互关系。把各系统、各部门的关系研究通了,以一种最有利的方式协同工作,那就好了。

垂直领导与网络领导的矛盾是长期的。我们要认真研究这个客观存在的关系学,讲这个关系学,不然互相干扰、互相扯皮,谁也别想前进。

现在国内有个争论。有人认为现在到了信息社会了,应把主要资金用于发展计算机。有人说不行,我们的工业还不过关,主张先工业化了再搞计算机,动辄提出几百亿元一项的工程。这两种主张有斗争,主要涉及如何分配我国有限的资金。

我认为这两种想法都有片面性。我主张齐头并进,两手一齐抓;既搞工业化,又搞信息化。

信息技术如果再不抓,我们就太落后了,很难跟上了。现在计算机发展很快,一年一个样。我们至少要把微型机、单板机搞起来,先不搞网络。现在香港的中学生都在自己装单板计算机,香港有200多家商行,专卖各种计算机元件,价钱很便宜。香港的中学生装微型计算机就像50年代我们的中学生装矿石收音机一样普遍,许多小孩在干,有各种各样线路,微型机在香港应用很普遍。美国的小学生都在搞,而我们许多大学教师对单板机还一无所知。

另一方面,我们现在的企业还要发展,因为我们的工业化还没完成,先进技术还没全部用上,我们的火车还有不少是用蒸汽机的,我们的工业自动化水平低,机械手、机器人使用不多,还是老式的工业。我们的工业还不是由交通联系在一起的、小型多样化的工业。小型多样化的工业才能使其产品不断变化,以适应市场需要的变化。工业品必须不断地变化,否则过两年就没人要了。

进入信息社会的标志是计算机的大规模推广应用,而计算机的关键问题是软件。国际上有七分之一的大学生学软件,有七分之一的技术人员搞软件。中国人的脑子灵,中国人的软件从来都是很厉害的。第一个提出把二进制用于计算机的冯·诺依曼说过,二进制是三千年前中国人发明的,八卦就是二进制。美国的软件权威大多是中国人。1981年在美国洛杉矶开了一个国际软件会议,我国青年科学家洪加威的论文被认为对计算机具有划时代意义,许多外国公司出高薪聘请他,但洪加威说:"我的事业在北京。"1979年在香港开过一个国际中文信息化技术会议,有些国际上的大计算机公司傲慢地说,你们不要搞了,你们发展太慢,等我们搞好,你们来买就是了。去年我国开了一个会,把这些高大的洋人都请来了,会上我们有中文信息处理的几百种方案,几十种机器,外国人服了。去年王安公司花了几百万在武汉建起一个流水线,按我们武汉一位教授的方案生产中文信息处理机。

外国人的硬件比我们强,但他们的软件不如我们。硬件是人造出来的。我国知识分子数量不足,可以通过落实政策,调动积极性的办法得到解决,如果不落实政策,我国3 000万知识分子只能当500万用,甚或更少,这就打了很大的折扣。钱不够,可以借一点外汇,人却不那么好借。自己的人不起作用,借来的人也起不了作用。

要迎接新产业革命挑战,使我国迎头赶上去。不让江青那种人物再现,不让"三种人"上台,是必要条件。如果再加上重视知识,这就是充分条件了。

我们面临的变化是客观规律,要承认它、熟悉它,让自己加入这个行列,促成这个变化,我们的国家将很容易进入一个新的时代。我们要有自尊心,也要教育自己的孩子有自尊心,不要妄自菲薄。我们要有信心,也要有干劲,用我们的行动迎接这个时代。

经 典 力 学*

经典力学（Classical mechanics） 通称力学，是物理学的一个分支学科。它研究通常尺寸的物体在受力状态下以远低于光速的速度运动的过程。它和量子力学不同，量子力学是研究普朗克常数起作用的那些过程，即微观过程的力学；它和相对论力学也不同，相对论力学是研究物体以接近光速的速度运动的力学。

经典力学也称牛顿力学，是物理学、天文学和许多工程学的基础。机械、建筑结构、飞机、航天器、船舰的合理设计都以经典力学为依据，同时，力学在其发展过程中，也推动了许多数学分支的发展。像微积分、微分方程、复变函数和晚近的有限元法、奇异摄动理论等，就是由于力学的发展需要才发明的，因此，不少数学家同时也是力学家。

力学分类 力学按所研究对象的力学特性又分为三个分支：刚体力学、变形体力学和流体力学。

刚体力学 刚体是一种理想物体，在外力作用下，刚体运动且能保持其形状不变。研究刚体在受力状态下运动（包括静止）的力学称为刚体力学。一般物体在受力状态下只有微小的变形，而且

---

* 《中国大百科全书·物理学》卷试写条目。原载中国人民大学书报资料社《复印报刊资料（科学技术）》1984年第3期。

这种微小变形不影响物体的运动或对运动的影响可以略去不计时,研究它的运动就可以用刚体力学原理。按运动状态不同,刚体力学可以分为刚体静力学和刚体动力学。当刚体尺寸很小,在运动中其转动又可以略去不计,这个刚体可以当作质点处理。质点也是一种理想物体,它是没有尺寸,但却是有一定质量的一个点。研究质点受力运动的力学称为质点力学。

变形体力学 研究物体在受力状态下既有运动又有形变的力学称为变形体力学。所受荷载不大,释去荷载后,即恢复原状的变形体,称为弹性体。研究弹性体的受力状态和弹性变形的力学称为弹性力学。当变形体所受荷载超过某一极限时产生永久变形,释去荷载后,并不能恢复原状,这一极限称为屈服极限,这种永久变形称为塑性变形。研究变形体的塑性变形的力学称为塑性力学。塑性体在实际加载过程中都是先经弹性区,然后进入塑性区的;而且当变形体在出现局部塑性变形后,弹性区和塑性区经常是分区同时并存的。研究这种既有弹性又有塑性的力学称为弹塑性力学。在一般情况下,塑性变形远远超出弹性变形,这时我们可以略去弹性变形,把弹性区当作是刚性的,这种近似处理的塑性力学称为刚塑性力学。有些物体在加载后既有弹性变形或塑性变形,而在长期维持荷载不变的条件下,又有缓慢的黏性变形。研究这一类变形体的力学称为黏弹性力学或黏塑性力学。它们在研究高温金属制品和玻璃制品的变形中是很重要的。

流体力学 流体是一种连续介质,它不能承受剪应力,或只能承受很小的剪应力。因此,流体一般不能保持其体形,其运动是一种流动的过程。流体按其力学特性可以分为不可压缩的液体(或压缩性可以略去的液体)和可压缩的气体。前者的代表是水,后者的代表是空气。流体力学按其研究的对象可以分为水力学(包括水动力学和水静力学)和气体力学(包括气体动力学和空气动力学等)。水力学是设计水工结构物、水力机械、输水输油管道和船型的理论基础,也是研究江河湖海的流动和波动的基础。气体力学是设计飞机、导弹和一切弹体以及气轮机等的理论基础,把它用于研究地球大气流动的部分,称为气象动力学。近年来,人们还发展了化学空气动力学,处理流动和化学反应同时进行的气体力学;也发展了等离子体力学或磁流体力学,处理带电流体如等离子体等的流体力学。

变形体和流体都是连续介质。所以,变形体力学和流体力学合在一起的力学也称连续介质力学。

力学发展史 力学的发展和人们的生产实践是密切结合的。人类早期社会中,就有了斜面、杠杆等作为提升和搬运重物的工具。在建筑和各种简易机械的制造中,人们积累了相当丰富的经验,开始出现静力学理论。中国墨翟(公元前463～前376)在《墨经》中就明确提出了杠杆原理、重心和力的概念。这本书可以认为是世界上最早的静力学的论述。古希腊的亚里士多德(Aristotle,公元前384～前322)、阿基米德(Archimedes,公元前287～前212)等人也总结了不少有关杠杆平衡、流体静力学、重心等力学规律。当然,在这样早的年代里,所有这些静力学的理论认识都只局限于平行力系。非平行力系的静力学理论,是在两千年后荷兰数学家斯蒂文(S. Stevin,1548～1620)认识到力是一个矢量以后,才建立起来的。

古希腊以后,欧洲和西亚、南亚地区由于农奴制或宗教的束缚,约两千年中生产停滞不前,但我国古代力学的发展则代有所得,不绝如缕。万里长城、大运河、都江堰、灵渠、赵州桥及历代的大规模宫殿、寺庙、墓塔等建设,无不反映着人民在力学知识方面的发展。东汉张衡(公元78～139年)的候风地动仪,反映了张衡对于惯性的理解和应用;杜诗(?～38)的水排(以水轮带动的风箱)、华风(公元103～129年)的翻车(即水车)和渴乌(即唧筒)都反映了人们对于水力和压缩空气转换为气流动能的理解和实践;

马钧(公元235年左右)的指南车和南朝宋燕肃的记里鼓车反映了他们都已掌握了复杂齿轮传动的运动学计算方法,马钧的离心抛石机反映了人们对惯性原理的成功应用,等等。中国人民也有不少总结性的力学的理论认识。例如,墨翟在《墨经》上曾提出:"力,形之所以奋也。"即"力是物体运动的原因"。西汉末年的《尚书纬·考灵曜》记载着"地恒动而人不知,譬如闭舟而行不觉舟之运也"。这表明当时对运动的相对性已有认识。宋代的火箭表明人们已经懂得了反推力或反作用力。当时的走马灯和现代气轮机的原理基本相似。宋朝李诚(明仲)的《营造法式》、明朝王徵的《诸器图说》、明朝宋应星的《天工开物》等著作,也都有许多内容涉及力学的各个方面。但是,所有这些,都是人们从生产活动中总结出来的经验,对现象和规律的认识都比较零星和粗糙。力学作为一门"精确"科学,则是由牛顿(I. Newton,1643~1727)奠基的。牛顿在他的名著《自然哲学的数学原理》中,总结了那时所了解到的力学规律。在牛顿以后的三百年间,力学有了很大的发展,并逐步发展成为一门精确学科。

应该指出,首先系统地研究动力学的人是伽利略(Galileo Galilei,1564~1642)。在伽利略以前,人们一方面因缺乏较为准确的计时器,无法用实验来校核其理论,另一方面因受着希腊人对力的错误认识的约束,使动力学长期得不到发展。伽利略开创了用研究简单的典型问题来阐明重大科学规律的自然科学的新方法。他通过对自由落体和抛射弹体这样简单问题的研究,发展了足以描述质点加速运动的数学理论,同时他还认识到用实验观测来验证理论结果的必要性。他的这种把严谨的理论分析和实验观测结合起来的治学方法,长期以来,一直是人们从事科学工作的表率。

牛顿差不多是在伽利略去世的那一年出生的。牛顿总结、阐明和推广了伽利略的动力学原理。他在前人研究成果的基础上建立了著名的牛顿运动三定律作为研究力学的逻辑基础。根据牛顿力学的看法,一切物体在相互作用着,这种相互作用称为力,而这些力又决定这些物体的运动状态或静止状态。牛顿的第一、第二定律就是根据作用在质点上的力来决定质点的运动的定律。用现代语言讲,第一定律指出:当质点不受力作用时,静者恒静,动者恒循原来方向顺直线作等速运动。第二定律说:质点的质量和加速度的乘积等于质点上所受的作用力。加速度包括方向变化和速率变化在内的速度变化的时率。根据牛顿的运动定律来求解物体的运动问题时,涉及各种变化的时率这样的数学工具。牛顿和莱布尼兹(G. W. Leibniz,1646~1716)提供了这种数学工具,称为微积分。近两百多年来,许多数学家为了求解动力学问题而发展了微积分和一系列有关的数学方法。牛顿的第一、第二定律是从伽利略对弹体运动研究中所得的动力学定理的推广。第三定律说明作用在运动的物体上的力所必须满足的条件,它说:一物体作用在另一物体上的力,必和第二物体作用在第一物体上的力(亦称反作用力)大小相等,方向相反。最容易理解的这种相互作用力是接触物体间的力。研究固体材料接触面上的力及其引起的变形的是弹性力学的问题。研究运动的流体对固体表面接触力的是流体力学的问题。但所有这些相互作用的力都可以归纳为原子或分子间的相互作用。

万有引力是第一种用数学简化处理的相互作用力,长期以来,人们猜想行星是由太阳发生的力维持其在轨道内运行的,这种力和地球对物体的引力性质类似。开普勒(J. Kepler,1571~1630)详细分析了哥白尼(N. Copernieus,1473~1543)和第谷·布拉赫(Tycho Brahe,1546~1601)等长期积累的天文观测资料,归纳出来了现在称之为开普勒三定律的行星轨道运动规律。牛顿利用这些定律和他们的数据计算了行星的加速度,证明了这些加速度都是指向太阳的。加速度和行星离日距离的平方成反比,而且和行星的质量无关。牛顿的第二定律给出了行星受到太阳的引力,第三定律又指出了各行星对太阳作用着大小相等方向相反的反作用力。这样,就导致了万有引力定律的发现:任意两个质点必相互吸引,其引力的大小和这两个质点的质量乘积成正比,和它们之间的距离的平方成反比。为了验证这个定理,牛顿从观测资料计算了月球的运动,证明了地球和月球之间也存在着相同的万有引力。法国青年科学家勒威耶(U. J. J. Le Verrier,1811~1877)根据当时的观测资料,运用万有引力定律和微分方程,经过计算发现太阳系中除了七大行星外,还应该有一颗当时尚未发现的大行星。1846年他公布了这个结果。过后不久,伽勒(J. G. Galle,1812~1910)观测到了海王星,这就通过反复实践进一步肯定了牛顿的万有引力定律的正确性。

经过著名科学家高斯(C. F. Gauss,1777~1855)、拉普拉斯(P. S. Laplace,1749~1827)、拉格朗日(J. L. Lagrange,1736~1813)、哈密顿(W. R. Hamilton,1805~1865)等人几十年的努力,大大提高了力学的解题能力,力学定律也得到了更一般的表达形式。由于选用了更合理和更一般的变量来表示力学系统中各部分的位置和速度,力学问题表达形式得到极大的改善。拉格朗日和哈密顿发现了表达力学定律的新方法,从而使人们在选用这些变量时获得更大的自由。这些方法提供了发现运动中常量的方法。这些常量既是所选变量的函数,又是运动过程中的守恒量,既有最一般的重要意义,在解题中又特别有用。哈密顿的方法也适用于物理学的其他理论领域,它的巨大价值在于,它特别适宜于作普遍的讨论,如统计力学中的刘维定理、量子力学中的薛定谔方程的表述等等,成为物理学中普遍表达基本物理定律的共有财富。因此,哈密顿表达形式是20世纪从古典物理过渡到近代物理的重要工具。

刚体力学的发展在20世纪初期达到了高峰,不少数学家如庞加莱(H. Poincare,1854~1912)等人对此作出了贡献,有不少问题获得了满意的解决。迄今为止，还有不少难题仍无解决办法。例如，太阳系的三体和多体在相互作用下运行的长期稳定性问题。这类问题可以很精确地计算预测体系在很长一段时间内的运动情况，但并不知道是否能永远这样运行下去，也不知是否能永远保持稳定不变，也就是说，不能知道行星会不会在一定时间以后跳到完全不同的轨道上去。

最近，由于地球人造卫星和空间探索飞船的出现，空间轨道计算吸引着广大科学家。粒子加速器的发展提出了带电粒子群的循环运动稳定性问题。有的粒子在加速过程中要运转 10^9 周之多，所以稳定性的计算是一个有重要实用意义的问题。当然，由于带电粒子运动速度较高，人们必须采用相对论力学的研究方法。

变形体力学和流体力学的发展简史，参阅弹性力学、塑性力学、流体力学各条。

力学方法　在研究力学的过程中，重视力学研究对象的模型化很重要。一般讲来，实际的研究对象都是很复杂的，但对力学工作者处理这种力学问题而言，往往只需抓住一些带有本质性的主要因素，略去一些影响很小的次要因素，提炼建立有效的力学模型作为研究对象。例如质点、刚体、弹性体等都是力学模型。

对于一个真实的物体应当采用什么样的力学模型需根据问题的性质而定。以地球为例，在考虑地球作为行星在太阳系中运动轨道时，地球的半径远小于轨道的半径，我们就可以把地球理想化为质点。在研究地球人造卫星时，地球的大小和卫星轨道的大小相近，地球的大小就不能略去，但可以略去其变形，把地球理想化为刚体。当研究地震波的传播时，人们把地球看作一种连续介质的模型来处理。又如，研究子弹在空气中运动时，对于低速运动的子弹而言，子弹运动时对空气的干扰即时由空气中的声波传递出去。由于声速远远超过子弹速度，子弹对空气的压缩作用不在子弹周围累积起来，在这种条件下，我们可以略去空气的可压缩性，采用不可压缩的液体模型来研究空气对子弹的阻力。但在子弹速度提高后,特别当子弹速度接近声速时,子弹对空气的压缩作用就来不及传播出去,这时就不能略去空气的压缩作用,而只能采用可压缩的气体模型来研究空气对子弹的阻力了。

从伽利略、牛顿等人建立经典力学的过程中,人们累积了一套处理力学问题的科学方法,即实践、理论、再实践、再提高理论的不断深化的科学认识和实践过程。伽利略在前人的生产实践经验和对自然现象的观察的基础上,建立了质点这样的模型和质点在外力作用下的运动原理。而且他还用简单的典型实验,即自由落体和抛射弹体的运动来校核了他的运动原理。牛顿在总结伽利略的工作以及他对作用和反作用的理论认识的基础上,归纳出了经典力学的三大运动定律,然后再用他们处理二体问题,和天体观测的结果相校核,进一步提高了理论的深度和广度。但在数学上处理三体和多体问题时,计算上遇到很大的困难。为此,人们发展了现代计算机技术,从而使航天器的轨道计算得到成功。这样的工作方法保证了力学工作在几百年来的不断进展。

谈教师培养问题[*]

　　教师的培养决不是大学一毕业，学会教一门课的就是教师了。这种教师我们30年来有，大多是失败的。原因就在于这样的教师讲课没有深度，只会照一本书来教，对学生不起作用。念书式的讲课我主张不上，可以让学生自己念。我一辈子有许多使我受益最深最大的教师，他们都很有名，如叶企孙、吴有训、萨本栋、熊庆来等，他们从来不按教科书讲，教科书只是参考书。曾经有一位教师用一本教科书给我们讲了两堂课以后，我们要求不要讲，自己看，他就同意了，一年以后就考。这位开明的老师是郑桐荪教授，是数学界的老前辈。既然按教科书讲，那就不用讲了，我们自己能看，交习题就行了。那些按教科书讲，又不愿意让学生自己学的教师，我一点印象也没有，连名字也记不得。在学校里我就受到这样的教育，就是不按书本讲的。以教科书作为教师讲课的要求是错误的。50年代我在清华大学任教务长，有个苏联专家叫巴波夫来清华，他的讲义是他老师的，自己并不懂，只是拿来念，这种教学方法不应该学习，因为他没有深度，讲不出来龙去脉，讲不出自己的观点，这种教师不是学校的好教师，对学校没有好处，对学生毫无好处。在这个基础上看问题，怎样培养教师就清楚了。教师，不是大

---

[*] 1984年4月7日在上海工业大学，与国家教育部干部司师资处同志的谈话。

学毕业后留在教研组里跟老教师学会教一门课。这样培养出来的决不是一个好教师，他知道的一定比老教师少，理解深度一定打折扣，这样三代下来，折扣打得一塌糊涂，怎么能当好教师呢？

现在学校有些问题，这是30年留下来的困难，就是基础课的教学一般来讲都不好，因为基础课教师大多数是这样来的。要说完成教学任务是可以的，要说学生得到很大益处，未必。现在功课都很重，想延长学制搞五年制，我是反对的，这不符合我们国家的经济状况，教学经费那么紧。我们要提高质量，但不是提高教学质量就要增加学时，高质量应该压缩学时，不然高在哪里？无非是多讲些东西，多讲是否学生都明白了？不一定！所以教师的培养是一个大问题。现在教师只注重教学法上的培养，教学法还都学得不错，讨论教学大纲各有一套。讨论来讨论去，争论不休，这只是教学法，教学法需要研究，我不反对。但最根本的要把教的东西懂透、深入，才能讲出来。老是按书本教也不过是剪刀加浆糊，颠来倒去的，怎么行？因此，高等学校的教师决不是这样培养的，中学教师可能是，实际上好的中学教师也不是那样培养的。我中学时有几个好的教师，如：教历史的吕叔湘，现在是中国社会科学院语言研究所所长；还有我的叔父钱穆，很有名，现在台湾；沈同洽现在是南京大学英语系主任，他自己编高中英语。这样的教师就是好的，对学生的影响最深，影响学生往前走，使学生自己动脑筋，而不是先生讲学生听。所以培养什么样的教师，要搞清楚。许多国家培养教师比我们快、质量也高。现在从美国回来的，都有一套，别看是小青年，我们教授也顶不住他们。他们是从研究生培养的。一般说来，国外助教是没有的，讲师是助教授。过去是硕士研究生毕业当助教授，现在要博士生才能当助教授，和我们的要求不一样。要求助教授只讲一门专题课，这很有意思。专题课不是我们的专业课，我们的专业课是从百科全书中抄来的，我对了好几本教材，连章节、目录都一样。这样的专业课不用讲，自己查一查就可以了。所讲专题课的内容是当博士生时从事科研工作的范围,一边做科研,一边看别人做,然后综合起来成为一份报告,作为专题课的内容。今年讲这个,明年还讲这个,因为他还在做科研,边做边不断充实新的内容,不断完善。因此,他们的科研和教学是相结合的。现在我们是两套人马,一批专搞科研,一批专搞教学。本来,提两个中心的意思是既搞科研又要搞教学,现在我们分开了,这对教师没有培养作用。清华有的人搞了三十多年科研,没有什么成果,30年来只搞科研不搞教学,我不赞成。国际上,助教授讲的专题课,就是他科研题目的范围,往往这个题目是世界上这个行当里最热门的,是这个学科的最前沿的问题。这种课是研究生和四年级本科生的选修课。我们现在从国外请来的教师大部分都是讲这样的专题课,是二十几岁至三十几岁的人,到他40岁的时候就是这方面的权威了,因为他就是搞这个课题的,他们拿得出东西来。他们是边做科研、边补充讲义、边讲课,所以讲义越来越好,用这个讲义整理出书,就是专著。现在我们翻译的许多书就是这一类,叫某某专著。专著一出来,当然这个人就成名了,有的留下,有的被别的学校请去,升级成了副教授。副教授一定得教一门必修课,这是副教授的要求。二、三年级的必修课由副教授讲,四年级的选修课则由助教授讲。例如:一个系有30名助教授,就开30门选修课,每位助教授讲一门,其他的工作就是搞科研和带研究生。助教授可以带研究生,为什么不能带?做研究的就能带研究生,历来如此。选修的专题课开出来后,学生也不是所有专业选修课都修,而是在系主任指导下,按专业分别主修自己专业的课。同时也规定,必须选修一到两门不是本专业的课,挑比较好的。有的系还规定:必须选修一至两门外系的课,一般选该系的重点课,使学生的学习面不要太窄。副教授上必修课,面就广了,但他不放弃选修课,即专题课。因为这是他的命根子,他还在做科研,招研究生,研究生还在听他的课。这样工作范围就广了,往往开的必修课,就是他从事研究的专题的一个更大范围,专题课就在里头。这样,学校里开同一门必修课,各个教师讲得就会不太一样。如教机械零件的,有的专长于齿轮,有的专长于轴承,各讲各的,方面多,有竞争。所以国外的教材是不统一的,因为有竞争,有发展嘛。副教授必修课教得好,科研有成果,有的升为正教授,而大多数是被聘到其他学校任教授。教授一般讲基础课。你看,他们的基础课教师是这么来的。当然教授的科研工作不会停,专题课还照样讲。

这可以林家翘教授的情况来说明。我和林家翘是同学,在加拿大是同一个教授带的,后来他先去美国,我在加拿大念完博士后才到美国的。我们同在钱学森的老师冯·卡门教授指导下工作。他比我晚毕业两年,因为换了一个学校。毕业后又同在喷射推进研究所工作。工作两年后,我们得到了两份聘书,去 Brown 大学当助教授,只指定教一门,是我们的毕业论文,他是"流动的稳定性",我是"板壳理论"。他就去了,我因当时在研究所负责一个部分,所以走不了,没有去,隔了两年就回国了。他在那儿当了三年助教授,专讲这门课,并做科研。后来,麻省理工学院请他去讲必修课,讲"流体力学",比"流动的稳定性"范围更大,讲了三年,任副教授。以后升了,原因是偶然的,麻省理工学院数学系共有八个教授,每个都讲微积分,并讲其他专题课。其中有一个老教授病了,没有人替,就请林家翘代,讲微积分,讲得很成功,因为他从应用数学的角度讲,与从纯粹数学角度讲不一样,这在工学院当然很受欢迎。同时,他的"流动的稳定性"还在开,这门课讲了差不多 20 年。在麻省理工学院,八个教授的微积分课是排开的,随学生选哪个教师的课,各教授的教学大纲也可以不太一样。结果,学生选林家翘的越来越多,本来他的班是几十个人,后来增加到三百多人,他没有办法了,就把他的得博士学位的留校任助教授的研究生也调来数学系教微积分,两人分担。以后所有的学生都包给他们了,其他教授不行了。由于其他几位教授年纪都较大,学校对数学系迁就了,保留了这八位搞纯粹数学的教授,又另外拨了八个教授名额给数学系,完全由林家翘请,林家翘自己也升了教授。麻省理工学院数学系现在有16名教授,就是这个原因。林家翘成了数学系的元老,后来,又改行了,研究天体,搞星云学。搞了四年,第一篇论文出来,就受到国际上重视。现在他是天体学中密度波理论在国际上的学术权威。他成为麻省理工学院院聘教授。美国的一般教授都是系聘的,麻省理工学院的院聘教授只有七个,林家翘是其中一个。他们的成长过程是这样的。不是像我们现在那样,微积分教师从一年级当助教开始的,这样不行,培养不出来的。必然从上面下来,才晓得微积分怎样用,才有观点。杨振宁、李政道都是大学普通物理教授,同时又讲专题课,杨振宁讲规范场论,李政道讲核结构物理,这都是他们的专长。但他们都讲大学普通物理,李政道讲大学普通物理讲得非常好,非常有名,有自己的观点。所以,我觉得教师的培养有观点问题。现在我们的教师是老死在一个学校,老死在一门课程,甚至老死在一本书中。

某大学有一个教授,大家都不同意他提升,后来说他的优点是板书很好,作为提升教授的理由。这个人和我的关系很好,但我觉得他不应该升。他没有任何学术观点,任何科研工作都没做,就是教一本书。当然,如果能创造很好的条件,他也能做些科研工作。可我们又是辅导又是答疑,把人家忙得一塌糊涂。结果当然还是升了,年龄也很大了。所以单纯教书的教师要教好书是不可能的。升级的标准,不应该是教学,而应该是科研的成绩。假如这个问题解决了,就好办。教书是必修课,科研是选修课,好不好,不看必修课,看选修课,证明你的学问成长了,才能升级,不是教的口才好不好的问题。现在有些学问好的人不容易升级,而口才好的才容易升,这是个大问题。我是要挑学问好的人而不是单纯口才好的人,当然,学问好口才也好是最好不过了,这不太容易。现实是我们很多学校的教学和科研是分开的,有人专搞科研,有人专搞教学。教师必须上课这是基本要求,但作为唯一的要求是不合适的,还要搞科研,两个要求一定要结合。讲课时要以身作则,教书育人,不是上完课就行了,要对学生施加影响,对自己的言行要检查。我不是要求教师对学生一定得讲很多马列主义,那些为人之道总要讲,对国家、对人民的责任感你总要讲。所以教师对学生有品质上、业务上两方面的影响。最后真正对学生在学业上有影响的必须有科研工作。我这里提教学与科研相结合,不是两批人马。现在一提出成立研究所,搞科研,就要有编制,这样必然造成两批人,搞科研的就不教书了吗?我们学校有这个倾向,所以我正在号召:所有的研究人员都必须讲一门课,不管是做什么研究工作的。我只要有时间就自己来做,今天我开个头,下午做 Seminar,所有上课的教师都要搞科研,哪怕是最小的课题,哪怕什么研究也谈不上,只是在工业里推行现有的办法,这也很好。现在的科研工作有几种内容,一种是用现成的办法解决工业上的实际问题,影响工业生产,促进工业发展;第二种是这些办法技术上成熟了,但在工艺上还不成熟,这叫技术开发工作,也算科研;第三种是技术上还未搞明白,还在深化和发展。我们鼓励不同的人搞不同的科研,请各系都组织,使每个教师都参加一些课题。教学工作量怎么办?请你们回去请求有关部门,不要硬性规定,没有意义。我想,年轻人必须开一门课,最好是选修课;有经验的教师开必修课;那些年纪较大,比较成熟的教师,希望开两门课,其中一门必须是必修课。所谓必修课、选修课,可以大体地划分为三年级以下都是必修课,四年级、研究生都是选修课,当然可以分得更具体些。一定要分必修课和选修课,否则照现在这样下去,别说五年制、六年制,就是七年制也解决不了问题。不是所有要学的东西都得上课,主要教会学生自学,将来他们出去都得碰到新问题。你不能设想教完出去就不用学了,这种思想是很成问题的。学校并不是开设课程越多越好,也不可能将所有的课程都开出来。这是一点。第二,是鼓励教师参加外系的 Seminar,现在教师有个很坏的习惯,专业化思想太严重,隔一门课,他完全不懂,也没兴趣。不少工学院的力学教研室,分工过细过死,搞材料力学的不会教理论力学,搞理论力学的不会教材料力学,没有共同的语言。学问哪是这样的?这是个大问题,这样下去不得了。因此,我想组织几个集团,搞 Seminar,轮流上讲台,搞理论力学的也得听材料力学,你搞你的专长可以,但你要听得懂人家的话。最近我招博士研究生,出的考题是应用弹性力学和应用流体力学任择一门,你考弹性力学进来的,我逼你上流体力学,你考流体力学的,我逼你上弹性力学。这样培养对研究生有好处,太专业化的人是没有用处的,也很难跟别人协作。所以搞 Seminar 是先把教师专业化思想打开。现在还有个别教研室把教研室的成员看成自己的财富,别的教研室不能碰他,也要打开这个局面。我们想组织仪器仪表教研室的一些教师,与应用数学和力学研究所的流体力学研究室协作,搞一些流体力学、导航等方面的现代化测试技术。还准备请进两个物理教授,放在物理教研室,把科研工作带上来,我想的就是这两个措施,一个是推广 Seminar,另一个是逐步把教师推上科研工作。这就不能按教育部规定的教学工作量制度了。我这是革命了,没有办法,条条框框太多。

现在要搞助教进修班,可以办,但不是解决根本问题的办法。现在的青年教师是本科生留校的,这种是近亲繁殖,我是不赞成的,我主张各方面的人来,他们各有不同作风,互相竞争,学校就有生气,会出好成果。自己培养的人全是一个模子,学校很难有生气。当然,要搞"不漏气的发动机"最好是留校的,但我是反对这个的。学校为什么要不漏气呢?学校应该开门,面向社会,不能不漏气。这样培养人是培养不出来的。研究生有严格的考试制度,留助教是没有考试的,现在搞助教进修班是好的,是要补救这批人,但要有淘汰,而不是读了几门课就过关了。是不是补充这一条,助教进修班一定要强调淘汰,不然有的不会好好念书。现在大学生就不是好好念书，因为不强调淘汰。我校去年抓了一下，退学了20名，但议论很多，还有九人没了结。社会上已没有这个习惯了，好像进了大学都得毕业的。可别搞成进了这个进修班就都及格，都是90分。教务部门应该抓抓这个分数贬值，这是欺骗人的，是欺骗国家的。社会风气也是学校的风气，现在从小学起就分数贬值，小学考初中，两门课198分才能进重点中学，每门99分，真是不得了，那么多天才啊！这个不抓，对培养教师是不利的。要有这样的概念：培养是有失败的，不是一定都成功的，这是客观规律。现在没有这个概念，好像进了大学一定毕业，当了助教一定升讲师，做了讲师一定升副教授，没有优劣的。我们绝不能搞成这样，应该严格把关，不及格就是不及格，不要都弄及格。我们按上海市高教局的精神，办四个助教进修班，但说明白，是严格的，不允许混的。因为学校花这么多钱，不严格是害人的。将来宁可完不成数量的任务也要保证质量。现在的助教进修班也只是过渡的办法，无可奈何的办法。有的人明摆着无法做教师，再进修也是这个样。

我有另外一个意见，请你们考虑，以后是不是不从本科生中留助教，不搞近亲繁殖，扩大招研究生，招研究生的清规戒律拿掉一批。去年审查研究生授予点，紧得过分了，全国搞力学的39个点申请招博士研究生，只有三个通过，对吗？就那么难？我觉得这是过分的。剩下36位教授就不算教授？当了教授还不能招收研究生？那当初就根本不应该升他们做教授，况且中间的确有很好的。没有通过，要等两年。有的人有宗派，我不愿说名字，有的强调整体条件，这很厉害。那我们小学校怎么办？永远没有整体条件了？我去年申请博士生授予权，九个人投票，两票反对，说是钱伟长本人条件没法说了，但是整体条件不够。这没有道理！我刚回国时就培养了研究生，那是解放前，有什么整体条件？回到国内我一个人讲力学，国内连书都没有，是我带回来几本。现在北京大学流体力学教研室主任是我的研究生，兰州大学力学教研室主任是我的研究生,中科院力学研究所所长郑哲敏是我的研究生,还有三机部研究所的所长等都是我的研究生。可见条件是人创造的。清华大学研究经费多,我们地方性院校没有多少经费,强调整体条件,是不是让清华、北大教授老死在清华、北大?还要不要搞智力扩散工作?好的教师应该扩散,不应该集中。我们国家博士生不是多了,而是少了,我正是抱着扩散的眼光才跑到这里的。来了给我搬"整体条件不够",亏得上海市委支持,成立了研究所,我调了五个人来,还是整体条件不够?我觉得这样是阻碍了真正能带研究生的力量的扩散。我认为扩散有好处,过分集中没有好处,底下的人上不来,这不是培养教师的一条路。还有,带博士生为什么那么严?硕士点为什么那么严?设备是人创造的,梯队也是人创造的,你不给他条件,他无法创造。这样强调是舍本逐末。我有一个想法,既然要搞梯队,要讲整体条件,我建议不要由教育部来分重点学校行不行?而是按竞争的办法。美国把所有学科合成36个。如生物工程、土木工程等,每学科搞一个学会,由学会组织选500人进行投票,对各学校的该门学科进行排队,然后像体育团体赛一样,将各门学科的得分加起来,分数最高的学校为第一名。公布头20名,为第一类;21~50名是第二类的,不排名次;50名以下的无名次。每年公布一次,使他们竞争,不人为分重点。这样,也可能清华、北大排在第一,也可能他们有几个系排不上,麻省理工学院就是这样,它的化学系、管理系没上名次。我建议试一试,容易得很,通过学会开名单,多少学科放在一起投票。英国的教育70年代有个革命,原来英国的高等学院老得很,基础理论都很好,但不能解决工业实际问题。1970年,英国的教育大臣针对工业落后的状况,提出成立35所美国式的新型的工学院。师资怎么来?和我们的办法不一样。他们第一年没有招生,而是委托一个校长在全欧洲物色教授,从法国、德国,尤其是联邦德国请来一批较好的权威学者,请他们来招研究生,每个人带3~5名学生,然后利用研究生的人力,在他们指导下,成立研究室。1972年我去那里,是第二年,学生只有研究生。你看,一个学校开始只有研究生,办学是从招研究生开始的,我们就没有这个思想,相反是限制招研究生,他们两年后,学者们有的回去了,因为研究生已培养出来了,有的留下继续招研究生。第三年开始招本科生,就是这样,他们先招研究生,再招本科生;先找学科带头人,每个新专业有几个就行了,每年招2~3个博士生,几年后,形成师资队伍,再招本科生,搞了35个工学院。这十几年英国工业有发展,就是靠这些学校培养出来的人。上星期一来我校的英国西格拉摩根郡高等教育学院,就是这些学校中的一个。他们要和我们合作,提出许多项目都是很好的。所以,这些问题与我们不一样,并不是只有权威学校才能招研究生。我们这样不是扩散,而是收缩的。那么大家当然都愿意上北京,这有什么好处呢?当然,完全照国外的办法我们有困难,但招研究生总可以扩大一些,现在太紧了,限制太多。现在电力工业部、五机部都委托我招研究生,却不允许,只许招两名,我保证质量不就行了吗?为什么不允许招呢?

我去年从清华大学调到上海,原以为我的研究生跟导师走就行了,却也不许转,理由是我在上海没有博士授予点,结果等了一年才转过来。这些都是限制智力扩散,是违反当前的党中央政策的。如果没有这些规定,我相信北京有很多能招研究生的导师愿意出来,现在不行啊,限制住了,这对国家是不利的。这些不合理的章程是某些人订的,因为他们自己没做过什么科研工作,不能招很多。当然他们有的名气很大,有别人给他们带学生。现在国家缺教师,教师就是应从研究生培养出来的,这肯定要比本科生好得多。教师培养制度,要把培养研究生作为一个台阶,总比现在好。所以,研究生培养数量应该大大扩大,扩大到将来成立新学校就由毕业的研究生去建立师资队伍。掌握规定不应那么严。我们学校的冶金系在我国高等院校中还算有基础有影响的,可是第一批硕士生授予权就没批准。去年第二批才好不容易批准我校冶金系的一个学科招硕士研究生。这没道理。不是要审查吗？我建议，应该详细地检查一下各校现有的研究生够不够标准，而不是检查学校的整体条件。老实说，并不是重点学校的研究生个个都好，也不是别的学校没有好学生。这和封重点大学一样，也是人为封的。我对学位审查委员会的意见是：国务院和教育部的学位审查委员会把力学归属于工程力学，这是完全错误的。是力学范围大，还是工程力学范围大？将来综合大学力学系毕业的大学生都得工学士，对不对？是不是得力学学位的研究生该称工程博士？这根本是错的。我知道，这个工程力学的审查委员会里不少是土木工程出身的人，主要从事结构力学的工作，又怎么能审查流体力学？怎么审查天体力学？怎么审查地球物理力学？现在却在审查！谁创造这套章程的呢？力学界对这件事意见很大。将来必然迫使很多人不向这个审查组申请，现在已经开始了，兵工的人回去向兵工部申请，兵工里有很多搞力学的，不到这里申请，他去申请兵工的博士了，搞流体力学的将来到水利组去申请，搞空气动力学的到航空部去申请，搞理论力学的人到数学组去申请应用数学，搞生物力学的去生物医学工程中申请。工程力学是个很狭窄的范围，不能包办一切力学，美国就是在土木工程学会里有个工程力学组。这种把持的局面必须打破。

所以，我觉得研究生的政策要放宽些。所谓放宽，不是降低对学生的要求，而是去掉一些不必要的限制。我认为研究生的导师要分散，越分散越好，不然各学校上不去。重点学校只是少数，而且是否重点学校都办好了？我也有怀疑。我是重点大学出来的，我清楚，里面有很多好的学科，但也有很差的学科，不要重点大学一切都重点，东西是发展变化的，我希望学位审查委员会开放一点，没什么大不了的事。当然怎样开放可以商量，不要垄断！我反对垄断。所以，我有个意见，审查研究生学位授予点，不应该过分强调审查梯队,而应该着重审查导师本人,一辈子写了几篇论文,这不是指报纸杂志上的文章,不是通俗讲演,也不是宣传品,而是指真正的科技论文写了几篇?哪几篇是有水平的?被多少人引用过?因为我们写论文总有人引用的,越是好的论文被人引用得越多。如果有的人一辈子只写了一篇论文,还是当时的博士毕业论文,可能还没有通过,又从未被人引用,这样的人就不能做研究生的导师,不管名气多大。作为一个研究生的导师,总要会做科学研究工作,有的人一辈子没有做过,你要他带研究生,怎么带?只能交给底下人带。所以,对研究生导师的评价,要有个标准,就是看工作,而不是看名气,有的名气是靠不适当的宣传得来的,与真实水平不一致。这些,我们科技界的老一辈互相之间清楚得很。现在一些中年人工作不错,可老上不来,他们做了许多工作,结果名气都让一些老年人带去了。我还晓得,有的人对别人做的论文,都要带他的名字,这没道理!是你的工作带你的名字,不是你的工作,为什么一定要带你的名字?所以我说要放宽,放宽是指这个意思,放宽了,一大批中年人就可以上来,现在上不来,他们在受审查嘛,或者建议审查组换一批人,换一批中年的上来,有了任期,不要再换老年人了。中年人的推荐,要有个业务标准,不要那些能说会道、吹牛拍马的。我主张这样,给了年龄限制,审查组只审查论文,别的不谈,可以吗?老年人有力量,可以多搞点科研,多带点研究生,使我们国家的教育、科研工作真正上去。

  关于教学工作量制度,我是反对的。它是只提教学工作量,其实一个教师在学校的工作哪里只是教学?科研工作量就不谈了?还有教师的进修呢?这还是没有把教学和科研作为两个中心来看,还是教学第一。其实,这教学工作量制度是50年代从苏联学来的,现在人家早改掉了。老实说,教师真干起来,不是你这个工作量可以控制的,人家是12小时、14小时那么干的。假如有些人不想搞教学,那就可请他离开,当然,有的属于体制改革的问题,有一定困难。

我还有个设想,高等学校的教师是不是可以流动,全部自由流动。愿者留,不愿者去,是他本人的权利。要者留,不要的就请你走,这是校长的职责。这样当然有些问题啰,首先要给编制,是不是编制不要太紧。譬如,规定一个学校有多少教授、副教授、讲师等等,助教可不可以不要,助教的工作怎么办?能不能免了?现在这套办法是抱着走的办法,学生不欢迎,教师也要命。譬如,教师到学生宿舍去答疑辅导,你物理教师一坐,弄得本来在做数学、外语的学生只能停下来,拿出物理书来"侍候"你——学生称这为"侍候"老师,还有什么意义?而我们现在还在执行,还在鼓励。不该那样。因此,我们可以按学生的人数,规定教师的比例,学校自己留。多出来的人怎么办?我主张全部给教育部人事部门管,成立人才库,里面有讲师,也有教授,工资不变,职称不动。将来要办新学院,就到人才库里找师资,教授、讲师都有。有的学校缺教授,也可到这里来要。有的人不愿离开北京、上海怎么办?有办法,例如:第一年请你去安徽某大学任职,你不愿去,工资给你打个9折;第二年介绍的地方又不去,再打一个9折,一直打下去,打到走为止,这样就扩散了。你有本事,可以自己与其他学校联系,使他们请你去。这样教育部办学就方便了,现在调一个人真难,偏僻地方谁也不愿去,都拼命向北京和上海挤。现在应该按编制办事,部属院校由教育部设人才库,上海地方院校由上海高教局设立人才库。譬如,苏州要办工学院,教师就从江苏、浙江、上海几个人才库里聘,教师问题立即能解决了,比现在好得多。我们国家人才不缺,是质量问题。有的质量也不差,只是与领导弄僵了,领导不喜欢他。若能人才流动,就没有落实政策的问题了,政策落实不好他就走了。我认为不能落实政策的原因,是因为你能管他,你对他有这个权力。现在他可以换个地方,也就无所谓落实政策了,这样也用不着教育部整天查知识分子政策落实了没有。譬如,我到上海来落实了嘛,就是这样。我估计,现在我国教师的数量还可以办100所大学,只要有钱,而人头费一个不多,这样就促成所有学校的行政工作上去,避免了许多多余的项目。例如,清华大学现在是每个系一个分党委,相当于一个学校,好几百人呢,有教师,也有职工,拼命盖房子,清华的宿舍到现在还在盖,我们这里盖一座宿舍就很难很难。若能人才流动,这些就都是多余的。所以,要允许人才流动,或者只在教育部内流动,不往外流,这一点总可以了吧?同时,也一定要开放研究生导师的规定,否则,流动就受阻碍。现在,清华、北大的教授很多,听说清华是100个教授、600个副教授,定编制怎么也定不了六七百个教授。人才流动后,多余的就可以放在教育部人才库。将来,一个教授要走,你不可以不让走,走了人不够可以到人才库里去找,也可以到别的学校去挖。可能名气大的学校,谁都愿意去,它的师资队伍就越来越好。若办得不好,教师都走了,师资队伍就会越来越差。这样有竞争,我们的学校就能普遍办好。现在这样毫无压力,好、坏都无所谓,捆在那里,死水一潭。这不行的。这是我的建议,请考虑。

还有一个问题,是关于教师评定职称的事。现在评教师职称,下面花的力量很大,到头来上面一定,矛盾很大。教育部想要全国统一标准,要使中华人民共和国的教授到处都是一样的,这实际上办不到。我提一个建议,教育部可以在全国聘400个教授,工资高一些,由教育部定。剩下的按编制定。譬如,我们编制是十个教授,已有一个部聘教授,剩下九个教育部甭管,我们自己聘就行。国外就是这样,一般教授是系里聘的,校长同意就行了。一个学校只有几个教授是学校聘的,称院聘教授。如麻省理工学院的院聘教授只有七个。院聘教授一般是终身制,没有退休,工资比系聘的高一级;系聘教授是五年一聘,到年龄就退休,这样就方便得多。不搞统一标准,但有比较,麻省理工学院的教授,总比什么卡拉里大学的教授要好;清华大学的教授和上海工业大学的教授比,当然是清华大学教授高明,名牌大学一直会有的,用不着一样。当然也可能某个大学有一门专业特别好,有好的教授。所以,我主张教育部少管些,就管400个部聘教授,缺一个,补一个,挑好的聘。教育部很多地方可以依靠他们。其他的,把编制拨下去,由学校自己解决,这样就可以避免许多麻烦事,人事制度好办得多。现在教育部这样管不行,教育部怎么管得了这个教授比那个教授好?别管那么细,人事上放宽些。搞一个标准,部聘教授就是标准,可以吗?应该用引导的办法办学,而不是用管的办法。现在我们在教学上是用管的方法,很糟!教书最重要的是引导,是鼓励,学生自然就上去。教师也是一样,你不能把他们管得不能动。总之,一条原则,教育部要多引导,多在政策研究上花工夫,不要管得太具体,放松点没有错。

今天,我谈这些话,可能相当激烈,因为我很着急,关心我国教育事业的发展。激烈也许有好处,可以促动促动。我是不太愿意对教育部谈这些的,今天谈的这些,也不一定都正确,请大家讨论。

谢谢!

科学技术的新时代*

当前,世界已经进入一个以微电子、生物工程、新型材料、激光技术为代表的科学技术的新时代,其发展之迅猛,可以说是万马奔腾。它正在显著地改变着社会的生产和生活的面貌。这种情况是15年前开始的,那时我们正热衷于武斗。粉碎"四人帮"后,我们回头一看,差距已经很大了。现在我们必须迎头赶上。

第一、第二、第三次的产业革命都是建立在科学技术新发展的基础上的。

第一次产业革命,一般说来就是指从游牧社会进入农业社会的过程。它是发生在人类的生产经验逐步积累的基础之上的。这个过程,在很多民族中经历了几百年甚至上千年的时间。我国的农业社会持续了3 000年之久。

第二次产业革命距今已有200年,它的主要标志是蒸汽机的出现,所以也称为动力革命。从此,原有的工场手工业逐步为近代的机器工业所取代。进入19世纪以后,英国人首先用蒸汽机来改革交通工具,造出了蒸汽火车,修建了铁路。英国人还把蒸汽机装到轮船上,使其成为船舶的巨大动力,并以这种轮船为基础,建立

---

* 原载《社会科学》1984年第6期,为"新技术革命知识讲座"第五讲。

起一支强大的海军。蒸汽机的应用,在英国还促成了高度发展的纺织业,产生了向外倾销商品和占领国外市场的要求。在各种条件的促使下,英国就成了世界上第一个帝国主义国家。随后,欧洲一些国家也相继走上这条道路。可见科学技术的发展对社会制度的影响是很大的。那时的中国是个老大的封建帝国,在西方帝国主义列强的侵略面前吃了许多亏。后来虽有戊戌维新运动,但慈禧太后是很反动、很守旧的人,她始终不愿变革社会。而旧的封建社会不加以改变,就很难实现以建立近代机器工业为目标的第二次产业革命。

1900年以后,发生了第三次产业革命,它的主要标志是内燃机的出现。有了内燃机,就可以有飞机。起初是螺旋桨飞机,30年后,开始搞喷气推进的飞机,同时还有大规模的汽车生产。随着航空工业和汽车工业的兴起,产生了通讯手段和原材料的革命。在第二次产业革命时期,主要的原材料是钢,到后期,建筑材料方面,产生了混凝土。第三次产业革命开始以后,原材料方面的第一个变化就是航空工业的原料——铝的应用;第二个变化是新燃料——石油的应用;第三个变化是塑料和人造纤维的发明和应用,等等。有了新材料,火车时代就进入了飞机时代,并揭开了宇航时代的序幕。随着交通事业的发展,信息跟不上是不行的。因此,发明了无线电。有了新的交通工具和信息传播的新手段,工业生产已逐步走向自动化的大规模生产的阶段。非常可惜,这个时代刚开始的时候,我们又错过去了。虽有民国革命,但接着是军阀混战和割据,国家也没能够工业化。只是到了新中国诞生以后,我们才有条件认真地进行工业化建设。可是由于错过了机会和错过了许多时间,直到现在为止,我们的蒸汽机还没有全部停止使用,航空工业只处于开始阶段,汽车工业也还没有赶上先进国家。我们现在要努力追赶,补上这第三次产业革命的课。这个课要不要补?非补不行!

现在我们又面临一个新的时代。这个新时代是以计算机的广泛使用为标志的。

计算机发明于1946年。大约在1940～1942年间,在研制导弹的过程中,急需要有一种能迅速计算的工具,以便对导弹的飞行进行控制。在它偏离人所预测的轨道时,把它拉回到轨道上来。这样就产生了能在1/10秒或1/100秒的时间内计算出导弹运行轨迹同预定轨道的偏差的电子计算机。电子计算机不以十进位制进行计算,而是用二进位制计算的。它的出现是当代世界上最大的发明之一。第一台计算机的发明者是一位名叫冯·诺伊曼的数学家。他被希特勒撵出来,到了美国的哈佛,于1948年用了2.4万多个真空管装成了第一台计算机。可是它太大了,无法搬动。到了1953年,物理学家发明了半导体。半导体一出现,立刻就有人用它来代替真空管。于是,在1958～1959年出现了第三代计算机,即用集成电路做出来的计算机。我们的第三代计算机在60年代也搞出来了,可见那时差距并不太大。可是我们接下去搞"文化大革命"。就在这期间,别人取得了长足的进步,从集成度很小的集成电路发展成密集的大规模集成电路,进入了第四代。我们从仅仅落后一年,一下子变成了落后十年。直到十一届三中全会以后,我们才又取得了较大进展。

计算机一出现,生产的整个面貌发生了巨大的变化。每道工序到整个劳动过程,都可以用计算机来指挥,使很多机器自动化了。现在,自动化的水平越来越高,计算机已成了改变我们时代的生产技术的一个最核心的产品。

在计算机逐步推广应用的基础上,信息传播的新手段大大地发展起来了。在这几年里,我们的电视事业发展很快,还搞起了卫星通信。在国外,已大规模地发展电视电话。我们现在开电话会议,只是一个人讲,其他人听,看不到对方。而用电视电话,互相都能看得见,国外已大量使用在管理上。厂长办公室中有分管各车间的电视电话,通过它来指挥各个车间的生产。厂长要和哪个车间的人讲话,用不着叫来;哪个车间的人缺了,他立刻知道。国外现在也不用我们这样的电话线,而是用光导纤维。一根光导纤维非常细,载机量却比铜线要高得多。一条光导纤维组成的电话电缆,可载八九千个电话机。城市里家家有电话,很便宜。如今在美国,电话是全国通用的,可以不通过长途电话局直接拨号;长途电话则通过卫星来通话,既方便,又快速。

科学技术的新成就、新发展,正在迅速地、大量地改造着原有的生产设备。当然,也有相对来说改造得慢的。例如美国的钢铁工业改造得就很慢,现在已不如日本。日本新兴的钢铁工业用上了现代化的计算机和机器人,美国还没有。美国的汽车工业,开始也是不肯改,现在逼得非改不可了,因为搞不过日本。可是美国想走另一条路。他们把工业分成两类,一类叫劳务集中的工业,像机械工业、建筑工业、冶金工业等;另一类叫智力集中的工业,像电子工业、计算机工业、化学工业等。他们的趋向是要大力发展智力集中的工业,把劳务集中的工业弄到第三世界去。目前,计算机工业是世界上最大的工业,尤其是以大规模集成电路为基础的微型计算机产生以后,它的发展很快。每一部机器都有不同的用法,不同的目标,不同的服务对象。甚至在很多家庭里,记账、记来往信件、记各种各样的家庭事务,都用上了微型计算机。小孩子都会搞这种计算机,有点像我们50年代搞矿石收音机那样。大规模集成电路在最近的一两年里可能会出现第五代。第六代也已开始研制了。

人类使用的能源,最近大概也会有很大的变化。过去主要是用不能再生的燃料,像煤和石油。这些资源我们还没有充分开发,但别人差不多开发完了,在考虑能源不足的问题了。原子能发电虽然是新的能源,效率也很高,但它也是不能再生的,世界上的核资源又不多。所以,现在的趋势是要采用可再生的能源,主要是太阳能。太阳能的利用,虽然目前成本高,但是很有希望,它是一种发展方向。还有用潮汐能、用地热能发电等等。这些可再生的能源的好处,就是不污染环境,还可以把宝贵的化学材料保留下来,供进一步发展化学工业用。这一发展已为期不远,十年内可能实现。

将来还会有很多新的材料产生。任何一种技术的进步,都要有它所特需的材料才行。计算机的进步就是靠半导体的产生。由于计算机制造成功了,我们才有导弹这一类新技术的发展。再如石油的管道运输,有许多技术问题,尤其在寒冷地带,石油凝固性很大,流不过去怎么办?加热。我们在东北的输油管道每隔50公里建个加热炉。现在外国有一种材料,叫添加剂,只要在石油中加上一点点,就再也凝不起来,也用不着建那么多的加热炉了。添加剂现在有好几百种,都是人工合成的新材料。国外现在正在开发稀有元素。我国稀有元素最丰富,最有名的一种叫稀土金属,有12种这样的材料,在外国是很少的。过去很少有人研究它,现在国外发现这些材料有多种多样的用途,日本人正在收集我们这种材料。而我们自己,在稀有元素的提取和应用上的研究工作,进展还不够大。

激光技术现在发展的方向,是搞出更高功率的激光。我国也搞激光技术,但都是低功率的,开始只有几个毫瓦,现在能做几十瓦、上百瓦的。国外已能够做几千瓦的激光。激光技术对医疗、军事、加工工业都很有用。我国这方面很薄弱。

微观生物学近几年也发展起来了。十几年前,国外搞清楚了,遗传的染色体是由一个长形的分子构成的,上面有很多支叉,这种叉叫核糖核酸。不同物种的染色体的叉,长在不同位置上,按不同的规律排列,携带着不同的遗传信息。这种叉可拿开,装到染色体长分子的另一位置上,来改变它的遗传信息,改变这种生物体的属性。这种技术,叫做"遗传工程"。目前世界上正在用遗传工程的方法大搞农作物的品种改良,高产的品种越来越多。现在还在研究如何用遗传工程的方法培育出自身能产生肥料的品种,像自然界中有根瘤的豆类那样,将来作物可以不施肥。微观生物学的新发展的另一方面,是生物加工。我国传统的酿造技术就是生物加工。但国外搞的不只是对食物的生物加工,而且也搞一般工业生产上的生物加工,来造出很多材料,估计将来的纤维工业将大量采用生物加工。

人的智慧是无限的,现在有了计算机,我们科学技术人员的工作效率高了,科学研究的成果就出得快,知识的积累也比从前高得多、快得多了。四五十年前,大学生学了几门课,毕业后反复用的就是这些知识,一辈子吃不完。因为那时候知识增长慢,知识量30年才增长1倍。现在不一样了,进入了知识爆炸的时代,科技成果每年有成千上万种。1982年有个统计,世界上的知识每三年或四年就增加1倍。因此,我们学校原来的学习方法也要来个大改变,不能要求什么都在学校里教会。就是全教会了,隔四年也就剩一半了,而很多新知识却没有学过,必须在工作中不断学习。这就要求我们的学校应当尽快教会学生们怎么学,教会他们高效率的学习方法,使他们能够边工作、边学习。已经走上工作岗位的也要安排他们兼顾学习。现在我们对干部是只重使用,不重培养。这种方法,在知识增长得慢的社会里还算过得去,在新时代里就很不适应了。它将造成我们干部的知识严重老化,无法适应新时代的要求。我们必须大大重视发展教育事业,提高全民族的文化水平,因为将来很多是智力密集的工业,它的工程技术人员与工人的比例,在计算机工业里是7∶1,在一般电子工业里是3∶1。即使是劳动密集的工业的人员比例,也是工程技术人员为1,工人为7~9,假如达不到这个比例,就不能保证质量。我国现在的产品质量、建筑工程质量差,与没有达到这个比例是有关系的。这里说的工人也都必须有一定文化。

过去搞工业化，工厂都办在城市里，人口越来越集中到城市，农村人口大幅度减少。在美国，农业人口只占8%，92%是城市人口。进入信息时代，就不需要人口密集，例如计算机工业中最主要的是软件，就不需要很多人集中在一起，而是可以拿回家去做。他们认为，这样效率高。此外在建筑设计中，实际上大量的工作也是在家里做的。在信息交流快的国家，趋向于在家里做活，把办公时间缩短。我国是每周工作48小时，而有些工业化国家是工作37小时，一星期工作5天，每天7.5小时。他们的工作时间虽然缩短了，但劳动强度高，工作效率高。我们的现状和他们不一样，工作的时间聊天、喝茶。他们现在趋向于缩短工作时间，因为他们要学习，不学习就会落伍、失业。有人说，他们要改6小时工作制。好像有的计算机行业就已经改了，还有的计算机行业则让工人把活拿回家去做。这样，生活将会变成另一种形态，人员可以分散，不需要集中在大城市里。有人预测，将来又要逐步恢复大家庭，家里的人都是帮手，一个家庭就是一个加工场，七八个、十来个人的家庭最有利。这样，人口就会分散到农村去，因为农村空气好、污染小。现在美国、英国都有这个趋势。

我国现在人口还在向城市集中，城市还要大起来，因为我们还基本上处于第三次产业革命的过程中，新的工业才刚刚起步。但我们的眼光需要看得远一点，现在日、美、德等国家都在考虑工业体制的改变，从劳动密集型工业转移到知识密集型工业，甚至连香港、南朝鲜和一些发展中国家也在考虑这些问题。我们要看到这个趋势，要有所准备，有所规划。

应当怎样迎接这个崭新的时代呢？

我认为不能把现有的工业都停下来，都去搞知识密集型工业。我国幅员辽阔，人口众多，劳动密集型工业还得要有，不可设想把它转移到别国去。就是美国也还存在劳动密集型工业，如钢铁工业、汽车工业、飞机工业、建筑工业。美国钢铁工业还不如我们宝钢那么现代化。它只有几个区才全用电子计算机控制生产过程，像加利福尼亚南部洛杉矶附近的硅谷。所以，都搞知识密集型工业的想法不现实。

不过，劳动密集型工业要逐步走向自动化。现在我国大量的劳动密集型工业没有实现自动化，有的甚至连机械化都没达到。我们的产品质量差，主要因为许多关键部件还依靠手工劳动。凡是使用人手过多的工厂，工作时间长，工人太累，集中不了精力，产品质量就不高，而且还容易造成工伤事故。像这种工作，将来可以全部改用机械手来完成。自动生产线，全部是机械手，它的成品率很高。将来，相当多的劳动密集型工业要实现自动化。这一点我们已经感觉到了，也做了，不过可形成整个生产线的，国内自己制造的还不多。我们应当朝这个方向努力。

我们的文化水平需要大大提高。过去一段时间，我们忽视了学校教育和社会教育，现在虽然重视了社会教育，可对学校教育还关心不够。目前中小学教学质量很低，首先要提高中小学师资水平和教育质量。根据几个地区调查的情况看，中小学大约 $1/5$ 的教师是合格的，$2/5$ 的教师是可以培养的，剩下的 $2/5$ 是无法培养的。所谓合格或不合格，就是把教师给学生做的习题让教师自己做，得 60 分就算合格。按理说，教这门课的教师，课本中的习题至少会做 90%，可实际是 $1/5$ 的人只能拿 60 分，$2/5$ 的人只能拿 20 分。不仅这样，现在绝大部分教师还没学过儿童心理学。儿童心理发展在各时期有不同特点，教七八岁的小孩和教十一二岁的小孩不同，他们在智力上有差别。儿童教育重在引导，不能体罚。可现在很多学校还是以压制为主。中小学要立刻抓一下，对教师进行儿童心理学教育。其次，我们还必须注重发展在将来社会中将发挥重大作用的一些学科的教育。现在我们对生物学非常不重视，在高等学校里设生物系的很少，学生物的人很少，学生物化学和遗传工程的更少。而恰恰是这种人才将来大量需要。计算机的制造和更新十分重要,我们现在有很多计算机,将来大量需要软件,软件人才的需要量大得很,而且软件技术对所有学科学技术的人来说都很重要。但现在我们对软件不大重视,只按一般专业来考虑,这是眼光还看得不远的缘故。材料问题仍被忽视,我们的教育计划里很少有材料科学这类专业。这也是个大问题。一切技术的发明,都要靠材料,没有新材料就没有新技术。最后是专业对口问题。现在毕业生有20％的专业对口就不错了,有80％是专业不对口的。当然专业不可能绝对对口,因为实际情况变化太大,而我们的专业分得太细。如果我们的专业人员能懂得和自己专业有关的多方面知识,那就更好了。

科技在发展,我们要不断地学习。一切科技工作人员都要把学习放在首位,在工作中学习,学习的时间甚至可以比工作时间长,这应当成为正常的事。可是现在科技人员的学习条件太差了,有些部门非但不支持,还要横加指责。现在科技人员与教师一样没有进修时间,没有进修条件,也没有进修的安排,因此他们的知识老化了,这是很严重的问题。迎接新的时代的到来,我们必须补充新的知识。

进入了信息时代,计算机可以代替人做很多工作,劳动力需要得少了,剩余劳力怎么办？其实很简单,就是应该逐步减少工作时间,增加进修学习时间。

科学技术的发展是一个客观规律,不是人的意志所能阻挡的。慈禧太后限制我国发展进步,最后垮台了。有人问,工业现代化还有那么多困难,还有那么多问题,你上面说的不是梦想吗？有的中国人不相信自己。我认为,中国人完全行。将来的社会主要靠脑袋,中国人的脑袋是肯定行的。我们教育还不够普及,大量的脑袋在农村还没有很好地开发和使用。我们主要是只用了城市人的脑袋。如果把农村的脑袋也都很好地教育培养起来,使用起来,那是很了不起的力量。另一方面,中国人勤奋,这是在长期的社会生存奋斗中培育出来的。靠这两条，我相信，我国能兴盛。我们还有巨大的物质资源，有大量的稀有元素、稀有材料，有很多优越条件。只要能很好地组织起来，我相信实现四个现代化比我们预计的时间还要早得多。

中小学的重点学校重点班级应该取消[*]

最近几年,很多地方搞了重点中小学校或重点班级。这在当时的历史条件下是必要的,但随着形势的发展,它的使命就应该完成了。若再搞下去,危害性就会越来越大。因为它使一大批在非重点学校、非重点班级学习的青少年自暴自弃,产生自卑感,觉得没有前途,便不好好学习。而那些进了重点学校的人呢?不少人自高自大,认为终身定了。

我就不相信,一个人在七八岁的时候就能定了他的终身。老实说,多数孩子的觉悟是比较晚的,尤其是男孩子,有人晚到十六七岁,或至少十四五岁才开始觉悟。男孩子就是淘气,淘气的学生将来长大了往往是有为的青年。而那种婆婆妈妈、循规蹈矩的学生,一般不是科技工作者的坯子。可是恰恰在七八岁的时候,把一些人定到重点校去了,把另一些人定到非重点校去了。假如重点校、非重点校教师的水平、责任感是相同的话,那就不要紧,非重点校一样可以出人才。可现在不是这样,钱、人都向重点学校涌进,而非重点校则破破烂烂、松松垮垮。这对于我们国家、对于培养人才,都是很不利的。

---

* 原载《光明日报》1984 年 7 月 31 日。

前年在全国政协开会时,我们搞了个提案,反对重点学校、重点班级制度,列举了它十大罪状。结果这个提案没有回音,看来今年还得再提它一次。

谈教学改革如何适应三个面向*

这次我出国访问一个半月,我是带了学校怎么办这个问题出去的。现在高校的改革,核心问题是教学,教学应该怎么改,现在提出三个面向。三个面向是一个新的时代,我们现在还没有达到,所以要进行改革。我这次出去,就要看看人家怎么搞的。我先向大家汇报出国所看到的情况,另外就我校如何改,提交一个供大家讨论的意见。

我出去走了四个国家:美国、丹麦、瑞典、荷兰,我也遇见了其他国家许多教授,有苏联国家科学院前院长西诺夫,有苏联力学学会主席米哈伊诺夫,还有联邦德国教育部的领导人,我与他们都谈了教育方面的问题。在与苏联的西诺夫和米哈伊诺夫交谈中,我说:"我们国家在学习你们50年代的教育经验时,发生了很大的困难,不能满足我们国家的要求。"西诺夫听了哈哈大笑,说:"我们早认为是有问题的,50年代就感觉到了,那时,我们也是应付着干的,我们已经改了四次了。"现在他们还觉得不满,一是学制太长,五年制。二是学的东西太多,但有一点改进了,现在采用选课制,五年里三年是有选修和必修课,其余两年全是选修课。在选课里体现专业,有重点地选一点专业的课,也要求选其他专业的课。另外他

---

* 1984年9月22日在上海工业大学中层干部会议上的讲话(根据录音整理)。

们是三年级后搞预分配，预先分到各单位，人还在学校里上课，那时就根据被分配单位的要求来选课，无所谓专业。毕业设计根据厂里提出的意见，经过教师改造以后，作为毕业设计的题目。厂里还应该给学校津贴，三、四年级学生的助学金、奖学金由厂里出，这也可以减轻学校的负担。

我到的大学有加州大学伯克莱分校，与他们的机械系主任、副校长田长霖仔细谈了教学问题。到了MIT，也与林家翘谈了五整天。田长霖说我们国家的应用数学，实际上是数学应用。他对我们工学院的数学教育意见很大。特别听说我们要搞五年制，就感到不可理解。搞五年制，势必要少收20％的学生，多花费国家20％的资金，这在我们国家经济还很困难的情况下，实在是不可取的，现在四年就足够了。大学教育主要不是靠先生讲，决不能搞"填鸭式"，这是违反教学规律的。教学要把"学"放在主要地位，培养学生自学能力。孔老夫子讲"学而不思则罔"，也主张要想。我与他谈了很多，有关学分制、教学比重、实验怎么安排等等，他是专管教学的，教学改革很有经验。后来我又请了乔治亚大学的阿特尔教授，与他见了一次面。我问他们那儿情况怎样，那个学校在美国属中上等学校，排不到前面，但很有生气，在力学和航空方面相当有地位。他说："我们的要求没有麻省理工学院那样高，课程也没有麻省多，但内容是很新的。"他们的机械制图，全是用计算机讲的。机械零件是用CAD计算机辅助设计，是很新的。课程名字改得不多，但内容全是新的。我后来到了丹麦隆贝大学，参观了他们机械系，那里有不少中国学生。他们那里功课比美国多得多，考试很严，一年级淘汰30％，常常到毕业时，四年制能够四年完成的只有15％，其余的要五六年才完成，因为他们是学分制。我到了荷兰，参观了两个大学，有一个是台尔费大学，这个大学在欧洲是很有名的，是工学院，有200年历史，他们把五年制也改成四年制，改了两年了。这个学校的教学计划里，80％的课程我们都没听说过。

他们的机械系,整个是为设计机械手服务的。他们不搞机器人,搞机械手,因为机械手里学问很多。要搞好也是不容易的,我与他们谈判的结果,就是我们要送人去,他们也同意了,不用考试,我签字他们就可以收,相信我们进修教师、研究生甚至大学生,送去他们都收,他们所有的教师都能讲英文,他们物理系也愿意收我们的学生,所以我们要考虑送年轻的学生去。他们的要求就是,有些教授愿意来讲学。这个我们接待就行了。总的讲,五年制改成四年制,欧洲本来都是五年制。苏联50年代是照抄德国的,但比德国更刻板,课程更多。荷兰在两年前,教育部长提出要改成四年制,但是他们教师不同意,后来教育部长很有见解,他说:"你们无非是想要五年才能培养人,四年觉得少了点,那么你们少教点行不行?"教师不同意少教,这倒很像我们的教师,少教点也不行,后来教育部长说:"加一个硕士学位,让你们五年教的课程,教六年,这总满意了,但有一个条件,只许10%的毕业生上去,因为有的学生根本上不去,你教那么多有什么用,大学生进来最多10%能够当研究生。"后来教师同意了。但是今年换了个教育部长,是个老脑筋,他说:"我们历来大学是一个学位,为什么要搞两个学位,我们不学美国。"结果把硕士学位取消了,现在教授们都在骂,骂得教育部长都不敢到学校去。现在是四年制,四年本科加四年的博士学位,八年才能够得博士。总之,五年制不行,四年是合理的,美国除医学院外,是没有五年制的。这些国家的大学里,都有三门课:经济、语文、管理,作为必修课,都要学的。同时还有70%~80%的课程是新的,是我们没有的。70%~80%的课程同我们不一样,这很惊讶,有的名字一样,但内容不一样。在机械系里,计算机的分量很重,有电子线路的课程,从制图开始就不一样。有的学校,在大学里就没有普通物理,反而有化学,没有普通物理,就讲热力学、讲化学,这也是一门课。各个学校差别很大,有的有,有的没有,麻省理工学院还是有普通物理的。总的来讲,欧洲课程多,要求高,美国的课程少,要求低。现在美国都在搞一学年三学期制。欧洲原来就是三学期，现在更规格化了，有两种，一种是12周，一种是13周。12周里，9周上课，1周休息，2周考试。考完不休息，第二学期就上来，第二学期完了，第三学期上来，一共36周，剩下16周，三个半月是假期，假期很长，三个半月，这比我们要长。但假期他们也不休息。假期里研究生根本不走，教师利用这个时期讲学，交流经验，集中力量做科研。学生去赚钱，有钱的去旅游。现在欧洲的学生都到计算中心去赚钱，因为他学了计算机，美国有的学生去做工，因为是旅游季节，有的到旅馆、饭馆去做工，赚来的钱交学费。三个学期有好处，一是考试的分量少了。现在我们17个星期的课考试，那真要命，分量重，现在学生考试时，要老师讲重点，划范围。他们是反对考试前讲重点的。而且他们考的还包括不讲的。光考讲的那不行，有许多是规定学生自己学的。实验、实习是不考的，实验完了，报告交了，就不考了。所有讲的课，全部要考试，没有非重点课。现在评分有两类，一类是参考平时学习的，另一类是不参考平时学的，就看你考试成绩。这两类，美国和欧洲都有。现在欧洲没有口试，因为口试比较容易混过去，现在全部改为笔试。一般两周里考四门课有足够时间复习。另一个好处，就是课程可以分得小一点，我们现在有一门课两个教师各上一部分，还有它的局限性，一个人讲不了，现在他们发现课程划分得细点好，一个学期九周就讲完了，他们的理论力学只讲21学时。国外学校的淘汰率较高，一年级就有30%，他们规定三门课不及格就退学，两门课不及格可以补考。补考不及格的课可以重修。美国的淘汰率低，因为，美国的教师有的比较松。现在采取给学生发调查表的办法评论教师，这次我带回一份调查表，对教师的评论分30个问题，每个问题后面有五个等级，让学生挑一个，有这样的问题："教师在课堂里讲笑话吗？""有没有学生上课中间向教师提问的？"不讲道理，让学生当场填，五分钟就填好了，评分后，计算机统计。这个对学校掌握教师情况有好处。学生一般对教师是公平的,即使有个别的学生捣蛋,但也不起作用。我想我校也可以采取这样的方法,也用计算机来算。

我还发现他们科研与教学是完全结合的,基础课也结合,一直到毕业设计。毕业设计就搞机械手的设计,现在他们在研究机械手的运动速度的限制、机械手的结构怎样简化等方面的问题,根据这些问题来开课。所有的选修课,都是教师在科研工作中总结出来的,很多选修课是青年教师开的,青年教师开展大量的科研工作,而且与生产也是结合的,题目基本上是生产中来的,国家下达的题目是少数。工厂里的题目一般高校是不教的,因为学校教的,工厂里也都会。工程师在工厂里搞两年,都会了,工厂里的题目,都是厂里发生问题而不能解决的。这样,教师开了一门课,又带学生进行毕业设计,让学生做些实验,将来教师可以介绍学生到工厂去,这有好处。他们的教师也换,每年要换5%,不是终身的,不合格的就解聘,这是不客气的。研究生是教师愿意招就招,不包分配。教师有责任给他找出路。如果你这个教师水平差,研究生不要的话,你想招也招不到,有的可以招很多,因为要他的人多,甚至可以再向要他的人去要资助。林家翘现在有六个研究生,我问他:"你的钱哪儿来?"他说:"从天文台来。"各个天文台都要他的研究生,都给他资助。要招到研究生,就要有点名气,名气哪里来,就是要参加学术活动,发表论文,参加工厂的实际工作,有了效果,社会有名气。有了名气,自然会有人要,这很简单。不是领导派的,也不是哪个审查委员会批准的,哪个可以招研究生,这要用事实来说明他确实可以招研究生,这方面是优于我们的。我们现在是抢着招研究生,有的是不够招研究生的资格,而有的研究生分配不出去,不是需要而招,这个是我们国家体制上的问题。

这次出去看到这么多东西,确实感到我们差距很大。第一,是我们课程内容陈旧,跟不上时代的需要。现在毕业的学生是在四年以后用,严格说来,是要到1990年以后用,而我们现在教他的东西,1990年时是否还需要由一个大学生来做,仔细研究一下,现在我们教材里许多东西,中等技术学校完全可以解决。第二,我们没有自动调节水平的条件,教学计划太死,年年如此,社会的要求在不断发展,而我们始终老样子,课程内容不能自动调节,课程也是这样。如果我们现在派个人去国外学习,学习了两年,回来了,这门课能开了,但可能我们开这门课时,国外这门课已经改掉了。我们学苏联就是这个情况。这就是没有自动调节的条件,人家在不断地改。麻省理工学院每年都在改。第三,教学与科研不结合,这是造成上面原因的致命伤。我们现在跟工厂的结合是原始的,不是工厂里的难题,而是那些蹩脚工厂的难题,好工厂早就解决了。第四,我们不能做到因材施教,昨天我在报上看到复旦、交大在搞优秀生,这是个好的苗头,我们国家就是要重视那些优秀生的培养。这就需要因材施教。这些差距,我们都应该改,当然这不是一年能改好的,要较长的时间,我提出3~5年,要改成能满足"三个面向"的要求。使得我们毕业的同学,能够适应现代化的要求,水平能够不断提高,来迎接社会的不断发展。现在不是赶上国际水平,而要与国际水平同时前进。这是一个动的目标,不是静的目标。教学必定要改革,这是肯定的,我们学校怎么改,我提出一个意见,供大家讨论。

(1) 四年制学制不用讨论了,这是定了。三学期还是两学期还可以讨论。我们倾向是三学期,这与教育部的统一意见有距离,这也可以改革,冲破一下也可以,责任我来负。我们要好好理解别人三学期的好处究竟在哪里,这次我拿来了国外几个学校机械系的全套教学计划,要全部翻译出来,大家看,看完讨论,我们自己的教学计划也复制一份,请大家对比,制订我们新的教学计划。这个任务一年内完成。

(2) 专业原则上要扩大。不要搞太小的专业,太小的专业学生分配不出去。我的意见,名称可以不变,招进来,我们可以再动,选课可以有所偏重,但必须选其他专业的课,还必须选一门不是本系的课。

(3) 要减少课堂教学的时间,加强实验教学,要加长实验时间。这次我到几个学校,就发现,他们的实验都是自己做,教师不讲课,并且好几个实验同时开,助教当场打分。有的要当场回答几个问题,实验室是全天开放的,学生要做,就去登记。一天三个单元,有人值班。到学期结束时,要做完规定的实验。设计课也是这样。自己设计去,有计算机,有资料,自己去搞,旁边有教师指导,跟我们不一样,我们是老鸭子赶一群小鸭子,应该让他们自己去弄,没有这个锻炼,出去没有用。实验课要大改,这也需要时间。我们预备两三年都改过来。他们的助教在实验室里不出门的,助教是做科研的,科研是他们升级的唯一标准,根本不出门,实验室就是他的窝,也不像我们那样,实验室里的东西排得整整齐齐,他们那儿很乱,房子比我们挤,现在我们实验室里经常没有人,他们没有一个实验室会没有人,不仅学生做,教师也在做。

(4) 要研究一下必修课、选修课如何改成学分制,规定必修的学分、选修的学分。这里就有一个什么叫学分制的问题,这个问题要搞清楚。学分制就是每门课有个分数,这个分数不是评分的标准,而是评学习分量的标准。一般规定,一个实验为 1 个学分,计 3 小时;一个制图课是 1 个学分;一个设计课,有的是 2 个学分,有的是 1 个学分;课堂教学,每小时 1 个学分,不管是选修课和必修课都一样的,3 小时就是 3 个学分。在美国,规定 3 小时的课堂教学,就给 3 小时的课外时间。他们的习题课,一般都是讲师上的,3 小时习题课,1 个学分。这样大体上一学年有 18~19 个学分,基本上这些学校都一样,一个学期 4~5 门课,全部要考试。必修课一般是基础课。他们没有政治课,我们有政治课,政治课应该是必修课。他们没有专业课,只有专题课,我们也要逐步把专业课改成专题课。专题课必须要有科研,才能开出来。我们可以先把专业课改成选修课。他们一个系里必修课全一样的,选修课全不一样,到三四年级,全部有导师进行指导,还规定必修的学分。不及格,不能毕业,选修课可以不及格,但学分要满。学生修满学分就可以毕业,无所谓留级,可以提前做毕业论文,所以美国有三年毕业的,可也有五年毕业的,因为他的必修课老是通不过。必修课规定可以连学两次,学三次再不及格就不给毕业文凭了,必修课一定要及格。麻省理工学院还有规定,学分修满了,可以毕业了,但学生成绩很好,系主任可以指导你选修别的系的课程,有的甚至可以学到28个学分,这个学生的成绩就相当好了,有的两个系都能毕业。这就是因材施教,这样的学生一定要留下来当研究生的,或者送到缺门的地方去当研究生。我们以后也可以这样办,挑些好的苗子,基础打得更扎实些,留校当研究生,以后就是我们的师资队伍。好的学生可以给他更严格的教育,应该允许好学生加选课程。他有时间读,就应该让他多学。现在我们有许多课程要改变内容,这是个长期的任务,但我们目标要明确,3~5年要实现。

基础课要求吃透基本内容,学时要减少到国外的最高数,甚至可以加10%,总不能多一两倍,习题课可以保留,但答疑、质疑我们不搞了,习题课规定是需要上习题课的才上,如微积分之类,每周一次,可以2小时或3小时,看以后教学计划怎么排,实验课要加强独立工作,提高实验要求。现在美国有表演基础课的电影,表演很精彩,我买到一套流体力学的,学生看完就懂,基本概念记得很牢。我们要加强教学电影这方面的工作。现在我托人在买物理的,一个题目,25分钟,要350美元,很贵,我恳请老朋友在家里录像,这就便宜多了。基础课要加强,不是增加学时,而是要提高质量。

中间技术课程要更新内容,现在我们的选修课一律不准到处去借教材,都要自己写,也要减少课时,根据国外最高额加10%为标准。现在的专业课要逐步改造成专门课,要搞科研,内容也要精简,要选修、必修同时存在。必修课就是基础课和专业基础课,选修课就是专业课。我记得,我一来时,就要求大家开最近五年科技发展的课,大家很积极,开出了20门课,但还没有达到专题课的要求。专题课是以当前这个问题中最重要的方面、各种各样的想法和办法以及它的理论背景,是这样来讲的,都是当前最红的题目。

现在我们研究生课,还属于大学里的课程。我们需要的是能够开发学生智力的课程,让学生在广阔天地里活动,这种专题往往要结合教师的科研。现在科研有好几种,一种是生产里的问题,教师查一查教材,用上了,就解决了,这也叫科研,这也是允许的。但最厉害的科研,确实是世界上亟待解决的问题。如机械手的运动速度限制的问题,现在都想要解决这一问题,这是一个课题,这个课题就足够你上一门课。这些材料,所有杂志里都有,看了杂志后自己总结。总结出这方面有多少种想法,多少种解决的办法,多少种理论,多少种学派,你自己有什么观点。这种课大量是讲师开的,助教升讲师,就是要有成就的。或者是博士生毕业后,可以做讲师,但主要的精力也放在科研上。但也开一门课,一般只有2小时,二十来次就结束了。在国外,教授的研究生也可以叫讲师来带。把专业课改成专题课,要花时间,但一定要逐步改。

现在专业课内容也要让学生知道;要让他们自学,通过毕业设计,让他们看参考材料,这些材料我们现在还不够。有的手册我们要买进,毕业设计需要手册,国外有的手册我们也要买进。最近有个压力容器的手册,翻译过来,我们要去买,教师要注意积累资料,给学生看。

(5)要加强计算机在各个课程里的渗透。现在计算机的使用率都不够,机械系计算机不少,但使用效率不高,我曾偷偷去看过,用手一摸,灰尘很多,肯定是不常用的。计算机要渗透到各个课程里去,尤其是微机。首先要求所有的教师都要学微机和语言,学校还要再开课,让大家都来学。现在有渗透计算机的教材,我们要注意收集。要正视、改进英语课,不是增加学时。为了改进英语课,还准备请国外的老师来。我准备再请一个老师来。现在我们的设备也不行。今年10月有一位澳大利亚语言中心的主任自愿要求来的,我们要接待他,让他来讲,怎样把语言的听力设备搞上去。外语不会停留在现在的水平,也要发展,我们要重视外语教学。

另外,还要珍视管理课程的学习。现在我们要争取三年后预分配,这样必定有些人要分到管理部门,这就要加强管理课程,让他尽早适应。对于政治课,要结合实际,与中学里重复的要删去,学时要减少,主要加强政治经济学和辩证唯物主义,党史与中学里差不多,可以少讲。我是极力反对照本宣读的讲课方式,现在照本宣读的比例还很高,大概有1/5～1/4的教师还在照本宣读,效果很不好,这不是我校的特色,以后绝对不许照本宣读,外语教学除外,外语还是要读的。

我提了很多要求,大家可以讨论,是否合理。我们准备三年做到。譬如,新实验的改造,给你三年时间,给你条件,总可以做到吧。要订新的教学计划,准备用一年时间,在讨论的基础上订,把国外几所大学机械系的材料都印出来发给大家,只有比较,才能鉴别好坏。机械系要先走一步,其他各系都要准备。这次我带回来四种,有荷兰文的,打听一下有没有懂荷兰文的。今年12月,准备在机械系提出一个1985年新生用的新的教学计划,这两个月要有人在准备。12月份后,各系都要搞新的教学计划,让大家讨论。到明年2月,机械系初步决定新的计划,接下来搞准备工作,怎么满足这个计划,其他各系可以比机械系晚两个月,把机械系经验扩散到全校去。3月份以后,一方面定计划,一方面还要研制82、83、84年级的教改方案。明年暑假里,外语、计算机语言不行的,还要继续开课,再干一个夏天,要补课,这两样一定要过关,否则,别想来迎接"三个面向"。外语今年只要求青年教师参加,明年要求中年教师也参加,这是明年一年里设想的工作。

教学管理会有很大变化,教学领导体制也是要改的,教师工作量制度必须要改掉,以后只要一个比较简单的工作量制度,不要再打算盘。今后,一个教师只要求开一门课,一个研究课题,可以是必修课,也可以是选修课,年长的多上些必修课,年轻的上选修课。我们这样来算,假如每个班一个学期上七门课,全校现有3 600名学生,120个班,每个教师上一门课,$120 \times 7 = 840$个教师,这多简单。现在教研组里算来算去很复杂,乘5,乘4,谁也搞不清楚,骗你这个校长也不知道。这样就简单些。准备专题课、准备新课的可以作为课题来做,将来教学和科研是结合的。以后要把教研组简化一下,教研组现在还是一级行政机构,具体怎么改现在不讨论,只是有这个想法,要把教研组的行政撤销。教学和科研还是要的,行政权力交给系一级,对系主任的权力和责任要加强,将来是否还叫教研组,这可以讨论。将来就是有一个主任教师凑合一批人,专门搞某一方面的课题,也包一些课,这样一种组织,把行政事务弄到系里,系里行政要加强,教师的聘任也由系里来管。这里会有一个问题,肯定会有个别教师,没人去组合他,这个教师又不搞科研,又不上课,谁要他。这就没有办法了。但是可以搞应用软件,到工厂或搞管理工作等。

系也要适当调整,现在我们的系太复杂了。特别是冶金系,加了两个化学,以后必修课、选修课就不好搞,要把接近的专业放在一起,差别大的分出来。以后建系的过程也要和现在不一样,现在是贴广告招生,学生来了再抓教师,这个方式不好。以后设想,招生不能先招本科生,先招短期的,招些短训班、培训班之类的,首先要有教师,带头的教师要物色好,由他招兵买马,组织青年教师,有一个老的,带五个年轻的开始搞科研,然后再招生。不要弄得学生要毕业了,但我们的教师还撑不起来,那就很被动,我们要建名副其实的系。

这里还有些具体问题：

（1）现在我们有些教师，生活条件还不好。照本宣读的问题，我们有责任，有些教师生活有困难，还只能为生活奋斗，没办法，只能照本宣读。现在还有中年教师住在集体宿舍里，一下子还不能解决困难。教师宿舍还很缺，我们要想办法，尽量得到改善。

（2）要表扬在科研和教学中有成绩的教师，要表扬真正好的，真正有成果的，怎么表扬，学校和各系再研究。

（3）研究生培养中发生些问题，我们报上去一批准备招博士生的教师，结果没有批准，说是上海要严格，但有些地方却批准了，与我们同类型的教师，有的就已经带上博士生了，而我们没有，第二年又紧了。现在我们要努力争取，要进一步申请，材料要尽早准备，要做到一有号令，就送上去。师资科的同志要准备，业务档案要搞好，业务档案是为了招研究生、升级、出国用的。现在我们的业务档案不行，里面什么也没有，讲课的内容也没有，我提了几条，有一条就是所有成就都要有证件，证件要全，证件要复制，论文的单行本都要有。现在我们送上去的，只有三张薄纸，结果人家看也不看，因此这个工作要赶紧做。另外，我们教师的成果，以后要展览，特别是新生一进校就要让他看。我们要多宣传教师的成果，要树立教师的威信，以后要多留研究生。现在研究生要考博士生，我是主张欢送的，愿意就留，不愿意就走，要高高兴兴在一起，但都要走，也心疼，好不容易培养了，结果走掉了，也觉得可惜。现在有三个办法可以解决：

（1）学校可以拨一部分款，给外校委托培养，但人数不能多，因为一个学生要1.4万元，十个就要14万元，拿不出那么多钱。所以要挑好的，而且是缺门专业的，一个系一个，个别系可以两个。我们送出去委托培养。

（2）鼓励大家多想办法，到别的学校把那些能够招博士生的教师请来，这样，到我们学校也能招博士生。现在有两个，一个是广播电视教研组的,另外西安交大有一个也要来,搞人工智能的。还要申请争取,一年争取三个,三年就有九个博士生点。

(3) 把硕士研究生送出国,把那些外语好的送出去。我们许多教师在国外都有关系,希望能搞搞这些关系,送一些出去。

有这样三种可能性,我们要力争自己能够培养博士生,去年申请的,明年还要继续申请。我们还要争取外面的教师来,有一条就是一定要能够做科研工作的,不是来讲书的,科研要有成果,骨干教师就是要会做科研的。如果是个讲师,但科研做得很好,那我们也要,反过来,如果是个教授,既没有博士权,又不能做科研的,即使课讲得很好,也不要。我们还要请一些外籍教师。要利用各方力量来办学校。

下面我再谈一下经济问题:

(1) 我们不要以为教改就是教师的问题,行政部门的问题也不少。如选课,对教学行政部门的关系很大,排课表是要有相当技术的,要用计算机来算。选课要有系主任来指导,选课要有证,每门课第一次上课时,就把这个证交给老师。教师收到证多,就说明学生选课的人多。根据证,就会有一张单子,这要与教务处的单子相等。选课还要有次序,不能把后面的课先选,选后一门课,要看前面的课程是否及格了,及格了才能选后面的课。现在麻省理工学院基础课都是教授讲,有的课有八个教授一天里分别开课,这样选课的人可以挑教师。

(2) 关于总务方面也会产生问题,吃饭时间要改变,要全天开饭,学生随时可以来吃饭。从上午8时到晚上7时,全部排课,中午12时也会有课,充分利用教室,开始可能不习惯,但习惯了就好了。以后我们吃饭问题一定要搞承包制,总务科的同志要有准备。这样做可以节省教室,饭厅也不会挤。

(3) 经费问题。现在我们经费很困难,学校各方面都要钱,分奖金也要钱,我们学校要花一批力量去开源,要搞创收,我们不是向钱看,不以钱为标准,但不能不要钱。国家有困难,就要靠我们自己去创收。弄钱是个重要的问题,我们有些同志去搞兼课,搞三个班级的高中补习班,这太辛苦了。我想了一些弄钱的办法,供大家讨论。

一是我们要搞个出版社,原来有教材科,以后有可能要合。现在要做四件事:一是,学报改成12期,每月出,准备印1 000份,跟其他学校交换,这样就省下了买国内杂志的钱。学报上文章有四种来源:① 原来稿源;② 研究生的论文,要由导师改写成发表的形式,导师和学生共同署名,可以导师放在第一位,学生放在后面,因为一篇论文最重要的是指导思想,指导思想是很值钱的;③ 在国内杂志上发表的文章,选一个摘要来,将来弄一个专栏,专门登那些在全国杂志上发表文章的摘要,这是报道我校的成果;④ 在国外杂志上发表的文章,要求写成中文,全文发表。这四种内容都要登。将来外宾来校要送,要印50本好纸张的。

二是《应用数学与力学》杂志的外文版要由我们来印,编辑已经来了,现在改成一年两卷,一卷六期。改成上海工业大学出版,这对我们是有利的。

三是我们要请一位同志来当主编,出一个科技活页文选,文选内容是出当年世界上各国的重要文章,主要是工艺、结构、材料方面的文章,偏重于技术工程的。将来各个专业都有一个人来牵线,组成一个委员会,每人每年翻译若干篇文章,今年11月要发个目录,向全国发个通知。我们准备每一份赚5分钱,每一种发行1 000份,就是50元,如果有500种,就赚2.5万元。发行对象是各个学校的图书馆和设计院的资料室。我们发信,让他们订购。这是赚钱的。

四是我们学校里有一些微机语言程序的教材,还有管理类的教材,这些教材要立即出版,这也是赚钱的。

现在瑞典有许多成套设备要卖给我们,有些说明书需要翻译成中文,目前叫香港在翻译,但香港翻译的中文是广东话,连我们都看不懂,现在答应给我们再翻译。香港是500港币1页,我们不能给那么多,给人民币,要把外汇集中在学校里,将来可买一些国外的设备。还有赚钱的,就是学校里要办几个厂,以后要挑选好的厂长。以前我们办厂,是失败的多,成功的少,主要原因就是主持的人心中无数,要挑心中有数的人当厂长,心中无数的人提不出问题,一问他,什么问题也没有,以后搞得一塌糊涂。这样的人不行,我们要从青年中培养一批能够干事情、心中有数的人,有步骤、有计划,能够为了一个目的,自己去克服困难,想办法的人,而不是把矛盾上交的人。国家需要这样人,学校也需要,我们要贴布告招厂长。我现在带回一些产品,每个产品可以设一些小厂。有一个产品是生产钉子,可以在水泥墙上钉的钉子,这肯定是畅销的,现在都是水泥墙,就是没有办法钉。另一个是开关,现在我们经常在黑夜里摸开关,看不见很麻烦,我们完全可以在开关里装个荧光的小灯,白天经阳光一照,晚上自己会亮,这样就相当方便,我们不要不重视这些小商品。可以赚钱的东西很多,要会找题目,这本身就是要有水平,现在分成的方法要改变,我主张分三等,1 000元以下,1 000～10 000元,10 000元以上的,提成比例不一样。这样鼓励赚钱多的人,也有积极性。

今天我讲得很多,主要是希望大家齐心协力,共同办好这个学校,花个三五年的时间,把它办好。等我们下台的时候,能无愧于我们的国家和人民,无愧于党对我们的要求。希望大家回去讨论。

科技新发展对今后各方面的影响*

科学技术最近在飞速发展,可是发展的本质是什么,要讲清这个问题必须回顾一下科学技术发展的历史。所以,第一个问题,讲生产力与科学技术发展的几个历史阶段以及它们的本质。第二个问题,信息社会来临时我们要做什么准备。第三个问题,信息社会对社会各方面的影响,我们应有所预测、有所准备。

一、生产力与科学技术发展的几个历史阶段

从历史上讲,科学技术发展阶段的划分不完全一致,我只能谈自己的看法。

第一个阶段是农业社会,这是以农业生产为主的社会。中华民族至少有五千年的历史,欧洲的农业社会历史比较短一些。我们的农业社会与欧洲的性质不一样,那时我国是中央集权的封建社会。在欧洲长期以来一直是农奴制社会,在一个很小的地区一个农奴主统治了很多农奴。我们的社会比他们进步,生产力比他们进步。在农业社会时期我们国家在各方面发展比欧洲快,但这个"快"当然不能与现在比。我们的农业社会与欧洲的也有相同之处,人民都是分散固定居住的,以大家庭为社会基本单位。信息流

---

* 原载《新技术革命十五讲》,该书1984年10月由浙江教育出版社出版。

通很慢,科学技术的发展也很慢。每一种新技术可能经历五六百年甚至上千年才形成生产力,或得到理解。贸易的需求并不太多,交通不太发达。

不过,我们又是中央集权的社会,因此交通比欧洲发达,不论陆路或水路都比较发达。因此我们的科学技术的发展也有较高水平,大约在8世纪我们开始懂得用煤,欧洲懂得用煤则在11、12世纪以后。在知识的传播方面,我们很早就懂得了造纸技术。宋庆历(1041～1048年)毕昇发明了活字印刷,促进了文化科学技术的发展。印刷术在长江流域一带使用尤为普遍,因而知识传播得快,欧洲是在12世纪以后开始懂得印刷术。造纸和印刷术都是从中国经阿拉伯传到欧洲去的。

我们在8世纪时已懂得使用火药,到11、12世纪时已经制成相当成功的火箭,火药是由成吉思汗带到欧洲去的。

我们的航海技术比较高,三国时代就懂得用钉子。别小看一个钉子,这是造船中最麻烦的问题。没有钉子,大船造不起来。三国时代的楼船非有钉子不可,在欧洲钉子发现得较晚,因此造船业、航海业比我们落后。再加上我们有指南针,航海技术比他们高。

在材料方面,我们不光能使用天然材料,而且还有很多人造材料。我们的铁器制造水平在12、13世纪时居世界各国之上。我们很早就懂得球墨铸铁,这一技术使我们的铸铁比欧洲好。

我们还有很多制作精美的瓷器。瓷器是手工业生产,而欧洲的手工业生产发展很晚。

在纺织工业方面,纺织机是中国发明的,首先是上海松江地区的黄道婆。欧洲是12、13世纪开始发展纺织业的。

现在的泉州一带是对外开放的口岸,那时我们的钱币(外圆,内有一小方孔)是世界性的货币,在非洲各国以及印度洋、太平洋等地区发掘出很多我国的钱币。因而在元朝末年,中国钱币不够用,所以元朝有两条命令:一条是禁止钱币出口,一条是发行钞票,钞票是我们发明的。那时中国是一个贸易大国,经济大国,这是我们农业社会的成就。

我们的印刷术和纸张,传到欧洲,欧洲就开始普及文化,信息传播比过去改善了,尤其是火药技术传到欧洲,把它们的农奴制社会摧毁了。马克思说过:中国的火药炸开了农奴制的堡垒。他把指南针、火药、造纸说成是中华民族对世界文明的三大贡献。因为这三样发明在欧洲起了极其重要的作用。另外,航海、造船的技术他们也学去了,就此欧洲贸易才发展起来,开始有了手工业,逐步由农业社会向手工业社会演变,资本主义开始萌芽。

在农业社会,中国和欧洲一样,都是以家庭为主的社会,人束缚在土地上,信息不够流通。

第二个阶段,工业化社会,这个社会从蒸汽机使用开始。蒸汽机代替人的手工劳动,后来又成为交通工具,这一来社会的发展就快了。

蒸汽机是许多人发明的,开始不太安全,火烧旺了,锅炉会爆炸,因为铸铁技术不高。最初蒸汽机在工厂使用,用一个皮带带动机床传动,而代替人的脚和手。一直到1800年前后,瓦特发明气压表,可测量锅炉的压力,还发明放气的气阀,这样,使用锅炉就安全了,开始大量使用,后又运用于火车,成为很好的交通工具。从1812年开始世界上大兴铁路。中国第一条铁路兴建于1876年,从上海的吴淞到闸北,第二条铁路从唐山至胥各庄。当时慈禧太后认为铁路破坏了北京皇城的风水,故不准火车进北京,只能到丰台。后来慈禧到天津阅兵也乘了火车,但就是不准火车进北京城。

在动力由人工变成蒸汽后,各种工业开始发展,尤其是纺织工业大踏步跃进。1858年,人们发明了炼钢法,这促进了机器制造工业的发展。1868年开始使用电输送动力。1886年开始懂得用水泥,水泥和钢、蒸汽机和电的应用,在工业中起了很大的作用。有了蒸汽机,就出现了轮船和火车。有了电就有了输送动力的可能。这是工业社会的第一个时期,这个时期的特点是工业生产还是小规模的生产,比如造汽车就是在一个车间里完成,因而成本很高。第二个特点是城市发展,大量农民涌入城市当工人;商业发展,人们开始懂得学习技术的重要性,因而学校教育也迅速发展。工农业差距大,农业劳动是艰苦的体力劳动,交通比以前发达,信息沟通有了电话电报,比以前进步。

可是这个社会有很多矛盾。最大的矛盾是社会体制和生产力的矛盾,或者说是生产关系和生产力的矛盾。因此,革命纷起,引起政治制度变革。目的是要适应生产力的要求。

工业化社会的第二个时期是从20世纪初到五六十年代,这个时期的特点是内燃机的使用,因此汽车工业、航空工业飞速发展。

到20世纪30年代,人们发现原子能可用,但不太安全。在此期间,石油引人注目地日渐应用,同时也出现了橡胶轮子,交通发达了。无线电的出现,信息传递的速度大大加快了。但这些技术只能传播信息,还不能加工信息。

在材料工业方面,最大的发展是懂得使用铝合金、高分子化合物,这对我们社会的影响非常大。这个阶段还出现了广播、电影、电视等,但还是刚刚开始,这第二个时期的特点是:工业生产从小规模进入大规模生产。1900年福特汽车厂形成汽车装配线,把零件分散到各小厂加工,这使美国人懂得了如何组织大规模生产,以降低工业成本。这个时期是工业品降价时期。第二个特点是标准化,因为没有标准化就不能组织大规模的生产。标准化对后来的社会产生了很大影响,城市进一步趋向集中化,出现了八小时工作制,后来变成六小时工作制。现在,国外大部分是五天工作制,星期六、星期日休息。

二次大战中和战后,出现了几件新东西,一是原子反应堆,还有导弹,这两样东西需要控制,而且是高速度的控制,发现问题就要及时采取对策,要在很短时间内经过计算改变操作程序。这种控制需要高速度的计算工具,于是开始研制怎样生产这种工具。流亡在美国的德国数学家冯·诺伊曼提出用二进位制代替十进位制,用通电不通电来代表两个数字信号。二进位制实际是中国发明的,八卦就是二进位。

1948年第一台大的计算机试制成功,这台计算机体积很大,装在每层150～200平方米的两层楼里,楼内布满真空管线路的架子,参加研制工作的人中有一个是上海交通大学毕业生叫朱传渠,现在他是交大的名誉教授。

这架计算机太大,无法搬到导弹基地和反应堆,同时它用了二万四千多个真空管,真空管常常要坏,据说一年中只用了四天,其余时间都在检修。

为什么要讲这个故事?因为这有一个怎样判断新事物的价值的问题。我们现在的习惯是一个科学技术新创造有一点点缺点就全部否定。审查委员会尽找缺点,而没有看到这是一个划时代的东西。那时美国人评价它是一个划时代的东西,会给人类社会带来很大的变化,它有很多缺点要改进,可不能抹杀它的功绩,这才是科学的态度。

1952年,物理学家发明了半导体。有人就用半导体薄片代替真空管,造出的第二代计算机只要八个大立柜就可以放下了,这是一大进步。

我们计算机的研究开始并不落后,国外1956年搞出了半导体计算机,我们在1958年也搞出了第二代计算机。那个时候没有成套设备进口,没有外国技术,可见我们中国人不笨,是很聪明的。

后来人们又想,可在一块半导体硅片上多放几个管子,于是出现了集成电路计算机。1962年国外搞出来了,1963年我们也搞出来了,就是130计算机,这是第三代计算机。中国人很厉害,这种计算机只要一个大立柜就可以装进去了。

"文化大革命"中,我们计算机发展栽了跟斗。1966年国外开始搞大规模集成电路,1968年搞成了,这是第四代计算机,它只要一个小盒子就装进去了。而我们是大规模搞"文化大革命",因而落后了。他们的计算机容量大、体积小,很多电子仪器用了大规模集成电路。不仅出现了一个一个计算机,而且出现了计算机网络。一个学校几台计算机联成一体,效益大大提高。1972年出现了电子计算器,有16个数字表,省去了很多查表的麻烦。1976年出现了微型机,1978年出现PC机,就是个人用计算机,这是一个飞速的进步。计算机开始进行信息处理。

什么是信息?信息就是来自外界的刺激,我们把刺激收集起来储存在机器里就是数据。数据不处理就是一堆乱糟糟的东西。数据可以分类、检索、加工、系统化,可以从这里找到某个问题的答案,这个过程叫做信息处理过程,这和人脑对信息处理一样。所以可以说:计算机是信息加工、信息处理的机器。当然计算机和人的脑袋不完全一样,人脑是有意愿的,而机器是事先安排的,它只能按事先的安排做工作,但它可以很快地进行工作,可以超过人脑的几十倍、几千倍甚至上亿倍,它可以把全部图书馆的藏书储存在计算机里,并可以很快地检索和输送出来,提供给你有用的知识。计算机不仅可以帮助计算,而且可以帮助你做实验。一个实验三个人做半年,计算机只要一两天就够了,而且做得比人好。计算机可以测量几百万分之一秒的差别,我们人脑勉强能测出1/10秒的差别就不错了。因而过去不能记录的东西现在可以记录下来了,计算机是人的大脑的延伸,如同机器是人手的延伸一样。

第三个阶段,由于计算机的发展,使科学技术最近飞跃进步。这个大发展大约开始于1965年前后,70年代发展得最快。有一个统计,50年代以前知识总量30年增加1倍,那时全球科技刊物有4 000种,到60年代科技刊物达四万多种,知识总量四年增加1倍。造成我们学校教育工作跟不上,1977年开始的教学计划,等到四年大学毕业后,已有一半东西不懂了。科学技术的发展导致信息时代的到来,我们微波的技术进展很快,卫星通讯、电报技术、光导纤维、电视电话都是这个时期出现的。光导纤维可以使我们电话的线路大大增加。在美国国内电话不需要经过长途台,可以直接拨号,因此信息传播的速度很快。我们现在信息传播还有很多缺点,中央电视台只能覆盖1/7的国土。打电话尤其是长途电话很难。国外生了病可以通过电话、微波传呼台寻找医生,我们还没有,最近一个香港爱国华侨为我们装配了几套。

二、信息社会来临时我们要作哪些准备

我们在社会信息方面至少比国外落后了 10 年(1966～1976年)。十一届三中全会以来,我们又开始认真追赶了起来,这很好。这几年我们的进步很快,虽然还存在一些问题,总趋势非常令人鼓舞。我国现在真是大有希望。

回顾以往,慈禧太后拉了我们后腿,蒋介石拉了我们的后腿,林彪、江青拉了我们的后腿。他们所代表的反动势力对我国造成了严重的祸害。往事已矣,但历史的教训要汲取。

在新技术革命中我们怎么办?要赶上时代前进的步伐。我们要解决几个问题,一是立志追赶,一是要有所准备。我们要迎接信息社会,有两个准备很重要。

第一,思想准备。首先,信息社会与工业社会很不一样,信息社会依靠计算机按逻辑程序选择,计算机根据储存数据,告诉你几种方案和结果,你的任务是选择其中的一种,这一点我们心理上不容易接受,怀疑计算机的可靠性,会不会出问题。其实人的决策照样要出问题,可人们往往不能接受这种情况。是相信人的权力,还是相信客观规律,依靠大量积累的材料,依据各种信息作判断?这个思想的转变过程是不容易的。

其次,是信息对人的活动的要求。计算机使工厂的所有的人

都能输入信息,过去只是一小部分人送信息,这里就有一个问题,过去我们搞大跃进,也收集输入信息,但信息不准确,什么亩产多少万斤,结果造成丰产荒年。人是否真诚地提供信息,把说谎放在什么样的位置来对待,这问题很重要。现在日常生活中以优报劣、以劣报优、以小报大、以大报小等谎报是不少的,有时还习以为常。过去领导决定,一批就是领导的责任,现在是机器作决定,更麻烦,你谎报要误大事。如果储存的信息是虚假的或毛估估的,那就一错百错,就乱套了。谎报在国外很简单,一定撤职,因为你不忠诚,与你不会做和做不好不一样,不会做造成损失,情有可原,教了以后就会了,谎报一次也不行。我们日常生活中有时有这种情形,浮夸、虚报不追究责任。今后决不允许这样。迎接新技术革命,一定要实事求是。而实事求是正是唯物论的精髓。

思想准备的第三点就是工业化社会都是直线领导,因为传递的信息不太多,一个部和另一个部是两码事,完全不通气。我们学校和隔壁学校要通气需要到教育部去。信息化社会里是网络式领导,信息非常畅通,学校间关系很密切,网络式领导要多讲协作,不能只顾自己。我们现在只顾自己,这个习惯也是难改的。但变是必然的。

主要是这三个思想准备,其他还有很多,比如信息社会里一切都是变化着的,我们长期处于农业社会,不习惯于变。三中全会指出我们要改,改才能适应新的情况,才能飞速发展。整党也是改,这说得很明白。万里同志指出教育也要改。我们的农村就是靠改,现在农村改得很好,江苏无锡、江阴、常熟工农业生产值超过20亿,其中农业只占10%,这是改的结果。

第二,人才准备。以前的工业人才结构是1个技术员10个劳动力,甚至100个劳动力。机械工业就是如此,电机工业比例小一些,但也是1∶10左右。现在信息社会不是这样,是7个技术员1个工人。现在据说又不够了。软件大量发展,需要10个技术员1

个工人。过去是劳动密集型工业,现在是知识密集型工业。过去"四人帮"不要知识,现在还有相当多的人不承认知识是有用的。我们的知识分子不是太多而是太少了。信息社会要求的文化知识水平比现在高得多,因此国际上在搞普及高等教育,强调成人教育、终身教育,教育不受年龄限制、性别限制。香港大学校外部就有2.5万名学生,三百九十几门课。对象是各种各样的社会人士。念完后发给证书,有证书可以帮助你就业。我去过香港四个高等院校,校外部学生数都大于在校生,有的多达在校生的4~5倍。美国的社会教育发展得也很快,国外很多已普及大学教育。如瑞典94%的公民都受过大学教育。清洁工、保育员都受过大学教育。信息社会需求知识,要求教育是很急迫的。我们的中小学教育文化知识不够。我们的学生对自己国家的历史地理、对各国情况的了解还很差。"四人帮"把中小学教育破坏得很厉害,耽误了我们整整一代人。现在社会要帮助中小学整顿,使我们的新一代德智体获得很好发展,事关接班人,也即事关宏旨。现在出现了令人欣喜的景象,出现了求知热,这是兴旺的象征。

现在我们许多工作质量不高,而信息社会就是要求质量,而且很严格,比工业社会要求严格得多。决策依赖于信息,信息有质量概念,不懂得信息质量好坏,信息没有用,要闯祸,而且是灾害性的祸。

目前我们的高等教育是专业教育,而专业教育不适应新的社会,很多新的东西不属于哪一个专业,常常是两个专业或几个专业合在一起产生的。而这些新东西往往是关键性的。专业教育不能满足这个要求。教理论力学的不懂材料力学,教材料力学的不懂理论力学。因此要加强基本的、共同的教育,培养知识面较宽的人才,使学生经过一段适应时间后能进行各种专业工作。为了迎接信息社会,现在状况不改变不行。大学教育的思想必须改变,不能再像原来那样希望学生毕业后在某一专业范围内什么都懂,如果照这种思想,读八年大学也不够,学校主要教会学生自学能力,将来边学边工作,工作到老学到老。教育仅仅为了传授一些已知的知识是不够的。我过去在大学里没有学过计算机,如果只有学过的才能用,那我就不行了。可我自己看了一些计算机方面的资料,知其脉络,也就对付下来了。当然这方面也在知识更新。我们现在一讲进修就是听课,这很值得研究,要适应新的要求,教育必须赶上去,不能再让框框框住,我们社会的发展要求边学习,边工作。

现在社会办学的积极性很高,但条条框框太多,这个规定,那个规定,我看一切要有利于提高广大人民文化水平,整个教育事业都要为人才作准备。

第三,政策准备。我们应该怎样来迎接这个新的社会?现在有些争论,认为"我们现在还不是知识社会,工业化还没有完成,我们工业还很落后,还是老老实实地抓几种工业。国外那些议论玄虚得很。什么信息社会,提得太早了"。我们工业化是没有完成,而且目前的工业化还要进一步提高,但信息化社会不等你,你不干,它也进步,不干,生产力进步就慢了。比如,录音机,有人认为不能多搞,但录音机发展很快,跳了几跳,跳过了唱机,连农村也大量出现,这方面还要大发展。

现在有一种误解,认为我们人多劳力多,搞了自动化就会带来大量失业。这是错误的。自动化、机械化不是为了减轻人的劳动,而是为了保证质量。因为人力有一定限度,人有精神饱满和疲乏的时候,产品质量也因之受到影响。机器人工作时不会想到买菜、小孩等杂事,而人则不同。

随着生产发展,社会前进,劳动力不会太多而是太少。江苏农村是劳动力密集型的,本来劳动力没有出路,现在工业发展一下子就解决了,而且劳力还缺乏。农民对教育也很重视,他们要进大学,这次我回老家(无锡),他们提出要送学生到上海的大学来学习,没有住处,他们愿意出钱盖房子。

我们现在要大力加强中小学教育,重视中小学教师的配备,淘汰不合格的教师。

三、信息社会对将来的影响

从其他国家的情况来分析,信息社会有以下几个特点:

第一,工作方式发生变化。工业化带来了集中化。工厂集体化,学校集体化,娱乐也是集体化,电影院、剧院都是集体化娱乐的场所。信息社会不需要这样,真正需要集体化的生产线用自动化,如集成电路、大规模集成电路,都是封闭式的,不这样,生产就无法进行。大量的不需要集体化,集体化反而不好,比如信息化服务大量是软件设计,美国的软件公司都是小公司,而且是包工制,不需要上班,你回家去做,到时候拿出来就行了。

信息社会会使我们的生产变化,但最大的变化是社会的变化。搞软件人集中在一起做,相互干扰,因此要允许大批人在家里办公,在美国这已经是很普遍的了。搞软件、搞美工设计、搞创作的人、建筑师都在家里办公,而且这种现象日益发展。8小时办公制在解体,现在国外还搞弹性工作时间,你可以8点去,也可以10点去。总之一个星期你要工作30小时或是35小时。

第二,社会单位要发生变化。封建社会是大家庭,工业社会是一夫一妻带一两个孩子式小家庭,老妈妈没人管,这是经济单位和家庭生活之间的矛盾。将来,小家庭太小了,因为将来一些生产要到家里去搞。如果家里有一台机床,只有一个人会用是不行的,这样效率太低。家里人口必须多一些,经济单位、生产单位、生活单位要逐步合在一起,这样有利。瑞士就是最典型的例子,瑞士钟表零件都分在家里生产,家家都有生产某个零件的机器。生产标准化,钟表厂负责装配再加一个牌子。国内也有这种情况,江苏南通有一个大队,生产上海某厂的一些零件,他们把工作分到家庭去,家家有机器生产,老婆、孩子都参加生产,谁有空谁干,因为工艺简单,一学就会,质量都有保证。现在农村经济搞活的地方,大队的钱很多,工业收入用来促进农副业生产。所以将来的家庭会有一定变化,既是一个经济单位又是一个生产单位、生活单位,比现在大一点,约八至十人,现在太小了。这样的生产不要厂房、不要宿舍。大工厂如果分散到农村去搞,上海这样的大城市人口不会这么多,我们生活也会好得多;大城市人口过于集中问题可以解决。缩小城乡差别,关键在于面广量大星罗棋布农村的繁荣兴旺,与城市的蓬勃比翼齐飞。

第三,知识分子与工农之间的差别逐步消灭。将来可能没有什么知识分子,因为文化普及了,工人都有知识,既是工人又是知识分子,既是农民又是知识分子,三大差别就会最终被消灭。

现在城乡差别主要方面之一在教育上,农村没有大学,中小学师资不够。

知识分子与工农的差别消灭来得最慢,因为要培养一个亦工亦农的科技人员不是一下子能办到的,但最终一定能做到。三大差别一定会在信息社会的发展进程中消灭。

所以最重要的是我们要有自信心,从软件情况看,中国人是行的。现在有一股风,说只有外国人行,中国人不行。从历史上看我们是行的。几十年来我们发展很快,我们的社会主义制度比资本主义高明得多,不过要不断地改,我们决不要把百年老店"张小泉剪刀"视为不可更改,应当不断改进。我认为我们是有希望的,只要我们大家努力,普及文化,提高知识,我们国家在共产党的领导下前途无量。

信息与学习*

周宏来老师：

　　报社转给我你的来信，要我谈点想法。我们都是教育战线的同行，担负着一个共同的任务，即努力把教育搞上去，为"四化"大业培养大批创造型的人才。因此，我愿意加强和中学教师的联系，乐意就你提出的问题交换一些看法。

　　你年近半百，担负着繁忙的教学任务，仍然不辍学习，是难能可贵的。学习——是即将面临的信息时代对我们提出的要求。我国实行对外开放政策，正在大力缩短与世界先进水平的差距，形势喜人，形势逼人。我今年72岁了，每天晚上也都坚持学习，深感不学习就要落后。党的十二届三中全会把知识分子的地位提到前所未有的高度，我们每个知识分子都应该有高度的历史责任感。知识分子是现代化建设的重要力量。国外的有识之士认为，从某种意义上说它比资本更重要。所以我们在学习上不能只取守势，而要取攻势。对于新知识，我们不仅要"一窥究竟"，而且要有掌握它、驾驭它的气度。你学习了计算机 BASIC 语言，初步掌握了计算机的工作原理和操作过程，但还不满足于浅尝辄止，准备作进一步的学习，这是很好的，也是十分必要的。在科学技术迅猛发展的

---

* 原载《文汇报》1984 年 11 月 2 日。

时期，凡有条件的中学教师都应该学点计算机、微机、软件。目前计算机已用在教学上，全世界都是如此。它是很好的教学工具，能大大提高教学效率。前些时候我到常州去，看到他们进口了英语教学的计算机，一个密纹的软盘把所有课文都录进去了。它不仅能讲课，还能回答学生提出的各种问题，花钱也并不多。国外15年前就使用计算机进行教学了，现在使用得更为普遍。我们中学教师应该为教学手段的现代化作一些必要的准备。

现在，党和国家提倡和鼓励知识分子抓好学习，这和过去不一样了。过去你一抓业务学习，就有人讲你"个人奋斗"、"成名成家"、"走白专道路"，一顶顶帽子扣过来。今天，尽管"左"的影响和流毒还没有完全肃清，但在学习问题上，我们完全可以理直气壮地说出自己的雄心壮志了。我是主张"个人奋斗"的。"人贵立志，学贵以恒"，立了志，我们学习起来才有动力，才有毅力，才会发愤，才会持之以恒。语言研究所所长吕叔湘先生是我中学时期的语文老师，南京大学英语系主任沈同洽先生是我中学时期的英语老师，我的叔父钱穆原来也是一所中学的语文老师。他们后来都成了著名的专家和教授，在各自的领域中取得了成就，作出了贡献。其主要原因，就是他们一边工作一边学习。我过去也当过中学教师，还在中学当过班主任，许多东西也是靠自学日积月累而得来的。当前，各行各业的人都要学习，教师尤其需要学习。一个教师应该在学术上有见解，有建树，这样才能教好书。捧住教科书照本宣科是当不好教师的。我们要把知识融会贯通地教给中学生，要使他们思想活跃，思路开阔，富于创造精神，那么，教师教给他们的知识就必须不是个平面，而是个立体，有个系统——最基本的系统，以让学生知道某一门学科的发展过程及其局限。这样，中学教师就必须作艰苦的努力，用发展的观点放眼未来，从广度和深度的结合上去把握知识。

学习是教师的本分，当然，要在搞好本职工作的前提下进行学习。学习也是终身的事情,青年教师更加要好好利用八小时以外的时间去学习,形成良好的风气。有远见的领导固然应当设法为教职工的学习创造有利条件,但学习主要靠业余,不要一提学习就考虑脱产。很多青年有足够的时间用来学习,他们的精力更充沛,未来的人生道路也更长,关键在于有没有志气。我的大孩子没有进过大学,完全靠自学,他很辛苦,在公共汽车上也记公式、背外文,但现在学到的东西比进大学的人还多。他担任了工程师,实际上做的是总工程师的工作。学习,也不一定是进课堂去听讲,可以从社会信息中去学习嘛!书刊、广播、电视等等都要"为我所用"。教师学习要多依靠书籍。看报纸也是很好的学习。现在报上空文章越来越少,信息量愈来愈大。总之,材料多得很,自己要主动去找,也可以请别人指点。随着城市改革步伐的加速,也必将形成一个学习的热潮。教师应该走在这个热潮的前面,以自己掌握的扎实而广博的知识,为这个热潮服务。

最后,我还想说一下,学习是没有限度的,不应受戒规的束缚。中学教师是没有"业务范围"的,所有的人都没有"业务范围"。学习本身就是为了突破,为了创新,我们不能再受过去"左"的思潮影响而限制自己。现在还有一些框框,例如年龄、资历、学历、文凭等等,这些框框在改革中都要去掉,今后要靠真才实学。而一个人是否有真才实学,不是靠主观夸张,而是靠实践检验。

周宏来老师,以上我谈了些粗浅的看法,供你参考,并以此与同行共勉。希望你在学习上不断取得新的收获,有新的突破。

握手!

《穿甲力学》*序

自有枪炮以来就有穿甲力学。穿甲力学亦称末端弹道学。近年来由于科学技术的发展，穿甲力学和陨石撞击、钻井、入水诸技术相联系，总称高速和超高速撞击动力学，或简称撞击力学。

穿甲力学的发展约分三个时期。第一个时期是从18世纪到本世纪30年代第二次世界大战前夕。在这个时期，人们既缺乏实验工具，又缺乏必要的如塑性力学的理论基础，而主要从事实弹射击试验，从试验中综合各种各样的经验公式，以备设计枪炮子弹和防御装甲之用。始于40年代初期的第二个时期是由于二次大战的冲击而兴起的分析理论时期。这个时期有着各种重要的理论发展。这种发展是密切地联系着塑性力学、黏塑性力学特别是塑性动力学的发展而进行的。著名的英国力学权威G. I. 泰勒有关动力屈服强度的测定和弹塑性扩孔理论的建立等工作，把穿甲力学的研究活动推向了一个理论高潮。在这个时期内，人们着重分析靶板的各种破坏模式，根据不同模式建立不同的有效的分析理论。在40年代，美国加利福尼亚大学和普林斯顿大学各自建立的穿甲力学研究组，从收集整理历史数据资料到建立有效分析模型，进行了不少工作。在法国、德国同样也有类似活动。这个时期大概结

---

* 该书1984年12月由国防工业出版社出版。

束于50年代后期。第三个时期是从60年代初起一直到现在，约有20年的历史。这个时期的特点有三个方面：① 新的实际问题，如陨石与宇宙飞船和人造卫星的撞击、鱼雷入水和地质勘探的钻井问题的提出，扩大了穿甲力学的对象和范围。人们开始研究超高速撞击、多孔松散介质和半无限靶体等问题。② 创设了各种各样近代化技术试验装备，如轻气枪、高速照相技术以及计算机激光联合测定弹速技术等，大大推进了在可控条件下的科学试验，从而越出了长期以来用实弹打靶试验的束缚。在实弹试验中一般不能控制实验条件，并不能有目的地进行研究工作。③ 计算机的发展，给撞击过程的计算带来了极大的进步。人们有可能考虑多种因素联合作用下的撞击破坏过程，从计算空间场的数值结果来创立更合理的分析模型。到目前为止，业已有几十种有效的计算程序供研究设计工作使用。这一时期是穿甲力学或高速和超高速撞击力学最兴旺发达的时期。在世界各国从事这一方面工作的科技人员数以万计。以美国为例，在很多大学有教授从事这一方面的科研工作；在国防科研机构方面，有马利兰州阿般丁靶场的美国弹道研究所，弗兰克福特兵工厂军械研究所；在海军方面，有加利福尼亚中国湖的海军武器中心，摩各角的海军导弹中心，以及海军战术研究中心等；在空军方面，有爱葛林空军基地的空军武器研究所，赖爱脱-派脱森空军基地的空军材料研究所，柯脱兰空军基地的空军武器研究所，诺顿空军基地的空间和弹体系统组织等。在民间，也有许多大企业设立了这方面的研究机构，其中有名的有：通用电气公司（GE）在费城的飞弹和空间部，通用汽车公司（GM）在加利福尼亚圣拜勃拉的国防研究所，加利福尼亚拉火牙的"系统科学和软件"（SSS）公司，华盛顿的美国国防战略协会等。其他还有像加利福尼亚大学的罗仑兹李佛玛研究所，丹佛大学的丹佛研究所，麻省理工学院的空气弹性力学和结构研究所，密苏里大学的岩石力学和爆炸研究中心，新墨西哥州的山提亚研究所，斯坦福大学的普尔脱研究所等,都是长期从事这方面的研究工作的。在加拿大,有魁北克的加拿大军器研究和发展中心。在法国,有圣路易的弹道研究所的法德武器研究中心,亦称法德弹道研究所。它们活动的活跃性可由下述情况看出:在1964年,仅轻气枪加速器的设备,美国就有151套。1955~1969年,美国召开了八次超高速撞击的学术会议,自70年代起,改由AIAA学会召开。从1974年起,还有国际弹道学术会议,每两年举行一次。从60年代中期开始的国际高压学术会议和高速变形时有关材料性质的一些会议,都是交流和推动这一方面工作的发展的。根据调查,在最近20年来,这一方面公开发表的论文和报告就有2 100多篇,在本书中就引用约450篇。

到现在为止,刚性弹体的正面撞击靶板和半无限靶体的工作都已证明是有效的。对于挤凿破坏的研究更加成功,对薄板花瓣型击穿的研究也是成功的。对尖头弹体的弹塑性扩孔过程的研究,为尖头弹体的击穿理论创造了很好的条件。在超高速撞击方面,流体动力学理论解决了陨石撞击问题。在分析理论方面,动量守恒、能量守恒和阻力定律理论都已形成,有不少工作是可以信任的。在实验方面,取得了长足进步,用加速器把靶体装在空头弹体上向弹体撞击的技术,是最重大的突破,可获得可靠的按各种参数安排的实验数据,为理论的进一步发展创造了客观条件。1977年由美国联合技术协调组编制的,在马利兰州阿般丁靶场美国陆军弹道研究所发行的《侵入公式手册》,就集中记录了所有这些数据,为进一步研究提供了很完备的根据。当然,这20年来,最大的进步在于数值计算。到目前为止,不仅有上百种计算程序可资利用,而且可以利用这些程序和实验结合在一起,设计为各种目的服务的弹体和靶板。

但是,远不是一切问题都解决了。一般说来,过去的工作大部分都是为处理某一特殊问题而进行的,它们都有局限性而互不联系,各种分析理论也千差万别或互相矛盾,任务完成后便不再有人过问。例如,对于超高速撞击的材料性能研究,当陨石问题提出来后,该问题的研究因宇航部门提供了大量资金而红极一时,工作飞速发展,但1964年后,因宇航问题在工程上获得初步解决,不久即无人问津了。我们现在正处在这样一个时代——怎样把这些在局部领域中行之有效的、分析的和半分析的理论统一起来,使之成为一个系统,建立几个指导原则,在特定的条件下,按这些指导原则把这个一般的系统简化为特定的系统。当然,要做到这点,人们对繁杂的实验结果还应进一步消化和理解,只有在这个基础上,才有可能建立一个较完备的理论体系,它包括一切特殊的系统和特殊的撞击条件。这就是说,我们现在对于高速和超高速的撞击力学研究而言,正处于从特殊到一般的科学发展过程中。

对于数值计算而言,人们从运动方程和本构关系的微分方程出发,用连续介质理论建立了计算程序。我们相信,这些计算是可以给出我们所要求的信息的。然而目前的计算程序既耗时间又耗资金,而且是非常复杂的。我们必须指出,现在所有的计算中常常蕴藏着重要的本质性的细节因我们察觉不到而被忽视。同时步长问题在目前还不能很好地控制,有时过大,有时过小;而且在动力方程的质量分配上,一般的集中质量法还是人为的,有时和实际情况出入很大。除了以上一般性的问题以外,还有不少方面,在过去很少进行工作,但恰好是很重要的,到目前为止,还没有很好地解决。

(1) 在分析模型方面,怎样决定弹道极限速度和破坏情节(如凿块的重量、尺寸),在目前我们都是根据经验决定的。

(2) 在弹坑理论方面,还没有什么有效合理的分析模型,我们对弹坑邻域的非弹性区域、弹坑的受压过程,以及变形过程都不清楚。对这一方面的工作,首先还缺乏可靠的实验观察和实验手段。这一方面的研究对于斜击、弹体轴线和弹道轨迹线的交角取向,以及变形弹体的研究都是密切相关的。

（3）在弹体阻力问题中，一般都只考虑了惯性力、靶的压缩和剪切力、摩擦阻力三种力，而忽视了与靶板隆起和盘状变形有关的力。这个力对于弹道极限速度附近的现象有密切关系，和凿块的运动也有关系。

（4）斜击的问题，在这方面的研究很少。特别在厚靶板、中靶板和半无限靶体方面，这种研究是很重要的。入水问题中也大量是斜击问题。

（5）弹体轴线和射击线方向不同撞击问题，这一方面的研究很缺乏，而它实际是决定弹体跳飞、反弹的重要因素。

（6）旋转弹体的撞击问题，对这一方面完全没有人研究过。

（7）动力条件下的本构关系，目前我们都采用静力条件下的本构关系。在动力条件下，这类静力本构关系是否通用，仍属疑问。自从泰勒提出了动力屈服强度可以比静力屈服强度高几倍以后，人们对动力材料性能有了新的认识，但对在高速变形下的本构关系还是缺乏研究。

（8）破坏准则，对这个问题，特别是多维应力破坏准则，它们和应变速度以及温度的关系研究很少。这是目前数值计算中亟待解决的问题。

（9）热学和力学耦合和散热问题，最近热学和力学耦合理论在航空部门有关结构上得到了很重大的发展，但在撞击问题上还没有考虑过这种耦合理论。

（10）变形弹体问题，弹体在撞击中发生永久变形，这是影响到撞击过程全局的问题。但是，由于变形引起的问题很复杂，一般都略去弹体变形，在认为弹体是刚性的条件下进行研究的。这里也是一个模型问题，是从实验结果观察研究一个合理而易于处理的变形模型，就能把撞击问题的研究大大提高一步。

以上诸项只是举其大端，略述一二。可见应该认为穿甲力学是方兴未艾的一门学问。

　　本书是应华中工学院邀请,为华中工学院和《应用数学和力学》编委会合办的应用数学和力学讲座所编著的讲义。该讲座将有全国高等学校有关教师、研究生以及国防科研各有关部门的科技人员参加。希望通过本书能总结和介绍国外有关穿甲力学的进展,并能推动国内这一方面的工作。

　　本书的编著,得到华中工学院党委的关怀和积极支持,才能在庐山以较短的时间完成二十余万字的编著工作,特此表示感谢!在庐山期间,也得到庐山区党委和云中宾馆的领导和许多工作同志的亲切照顾,并此致谢!

　　本书中有若干章节是本人十几年来累积的工作,希望能对祖国的国防现代化有所贡献。但有不少原稿业已毁失,只能按记忆写出大纲,因时间短促未及补足细节,如有不尽意处,请读者原谅并指正。

新技术革命与几个社会问题*

现在的确牵涉到一个重大的社会问题：科学技术的发展，当前已经到了一个关键的时刻，在这个时刻里头，它会影响到我们社会的各个方面。我很愿意讲这个题目，给大家作为参考。

对于当前科学技术的发展情况，我们一定要从历史的各个阶段来看。否则，是看不明白的。现在外面有很多讲法，各个讲法都有它各自的目的性，什么"三个浪潮"、"四次产业革命"等等。不过，我们搞科学技术的不一定那么分。我觉得科学技术的关键发展，影响了一个时期的生产力，从这个特征来谈这个社会。

游牧社会太远了，不去谈了；农业社会还遗留了很多因素在我们社会里头，还值得谈一下。农业社会在我们国家时期相当长，至少五千年。欧洲也是这样。可是，我们农业社会与欧洲农业社会有一个不同，欧洲是一个分散的农奴制社会、一个农奴主割据的社会，农奴制时间比我们长。我们呢？我们是相当长时期停留在一个中央集权的封建制的农业社会里，比欧洲进入封建社会早得多，我们早已统一为一个整体了。因此，有一个统一的度量衡制度，有一个统一的文字，有一个统一的全面的交通制度，税收等等也基本上是全国统一的。这样，就便于生产的发展，便于文化科学技术的

---

* 原载上海市社联文集，《中学管理通讯》1984年第S2期转载。

发展。当然,这种方便比起现在的社会来讲,它还是不便的。欧洲不是这样,欧洲各奴隶主管理的是一个很狭窄的范围,他们互相不通,用堡垒保护着农奴主,豢养一批武士统治农奴。农奴既无文化,也无自由,连姓名都没有。长期以来是这样一个局面。因此说,他们文化落后,大概一直到十四五世纪才逐步转变过来。落后到没有统一的文字这样一个地步,这个现象一直遗留到现在。而我们很少有别的文字,因为我们是统一的,所以,能够比较好地发展科学技术。在十四五世纪以前,我们国家在科学技术上是领先的。

马克思说过,中国人民对世界有三大发明的贡献,说我们有很好的航海技术,有指南针、火药,还有造纸和印刷术。的确,那个时期这三样东西欧洲都还没有,在他们看来,这是一个伟大的发明。这些东西和技术传到欧洲以后,对欧洲社会和生活起了极为重要的作用。比如说火药,马克思说,中国的火药炸开了奴隶制的堡垒。没有中国的火药,它们的奴隶制就不可能崩溃;因为它是一个碉堡林立的地区。奴隶对这些奴隶主是不太有办法的,靠大刀长矛来摧毁它是不太可能的。所以,奴隶历次造反都是失败的。有了炸药就可以炸开,奴隶制就逐步崩溃了。我们约在公元七八世纪以后,文化就逐步地普及了。与那时世界的情况来比,那是相当普及的。因为我们有印刷术,能造纸。一直到12世纪,中国的印刷术才传过去,他们才开始懂得造纸。在这之前,他们《圣经》都是抄在桦树皮上的,一本《圣经》抄一遍就是好几年。我们不是这样,我们那时印刷术已经遍布长江流域,从四川成都一直传到靠海的地方,像扬州、绍兴等,都已经有了很大规模的印刷业。所以我们的文化是比较普及的。因为他们文化不普及,所以他们人民的创造力受到相当大的限制。

还有指南针和航海技术。我们航海技术长期以来占领了整个海洋,不过我们没有拿这样一个航海事业来搞殖民地、来压迫剥削别的民族。大概从东非沿岸、印度洋、南洋群岛、日本、阿拉斯加，一直到墨西哥，都有我们船来往的踪迹。我们只是进行和平贸易，那时，世界上最通用的货币是中国的小钱。现在我们知道，上面所提到的许多地区都发现了大量的中国钱币。可见那时中国的小钱，好像现在的美金一样，在整个的国际市场上是通用的，但是我们没有拿它来作垄断的工具，只是作为一个贸易的媒介。小钱外流的数量很大，到元朝末年，我们国内曾经发生货币荒，小钱越来越少了，都到外国去了。元朝到最后只得发行一种纸币，大家拿纸币，不用钱了，干脆用纸币来交换。有人说，中国人发明钞票，就是这么来的。我们的指南针是指导航海技术的。在欧洲，航海技术是很落后的，它还离不开地中海沿岸，大西洋不敢去，地中海也经常出毛病。他们不只是没有指南针，而且使用的帆也不行。我们是多帆的船，他们是单帆，顶多是两帆的船。我们的国家很早就懂得用钉子。这个小钉子，大家不要看轻了，那时叫铁钉子，大约是三国前后发明的。而欧洲大概是十三四世纪才学会用这个，有了钉子才能造大船。三国时我们就会做楼船，这个楼船是很大的。还有纺织品和瓷器。到现在，他们还把瓷品叫做China，即中国。此外还有铸铁。中国的铸铁很好，我们很早就懂得球墨铸铁。在欧洲，一般的铸铁是碰都不能碰的。据历史文献记载，我们的武器碰到他们的武器，简直是削铁如泥，一碰就坏了。这样的现象一直延续到15世纪。我们很早还懂得用煤。马可·波罗的记载说，他在北京看到中国人烧黑的石头，不知道是煤。欧洲人只会用炭，不知道煤可以烧，而我们很早就晓得了。因为我们用煤，能获得较高温度，所以，我们的铸铁技术和冶炼技术远远高于他们。这样的情况很多。所以，长期以来，欧洲人看到中国人是比他们高的。的确，我们人民的创造力是很强的，封建制度要比他们的农奴制高明得多。

我们三大发明传到欧洲去后，使他们的社会发生了巨大的变化。他们逐步地开始了手工业化,逐步地互相吞并,成立了许多民族国家。这比当年的农奴主要高明得多。以后城市兴起,开始有了资本主义的萌芽,有了文艺复兴,等等。大约16世纪,他们开始有近代科学。不过,这时基本上还是手工业时代,生产力还不是很高。什么时候开始变化呢?是人们发现了蒸汽机后才开始变化的,18世纪末,出现了蒸汽机。蒸汽机从发现到成熟,大概经过了50年。英国人说蒸汽机是瓦特发明的,其实这是假的,这是英国人自己吹牛。瓦特只是总结了前人50年的经验。那时,欧洲许多国家已发现了蒸汽机;不过很不安全,常常烧过头、超压,气压太高就炸了。到了瓦特手里,他发明了两样东西:一样是气压表,可以量气压;超压以后,再搞个阀门,可以放气。就是这两个小玩意儿,给锅炉加上了安全。英国人为这个保密了20年,这使他的纺织工业得到了飞速的发展。约在1820年以后,英国人想出来把蒸汽机放在车子上面,变成了火车,开始制造火车了。这样就敞开了,人家知道了,要在蒸汽机上装个气压表、装个阀门。此后,欧洲开始了修建铁路的热潮。1840年后,全世界都搞铁路了,我们国家也是那时搞的。首先修的是吴淞到上海的铁路,是1876年修建的;第二条是唐山至胥各庄铁路。这个世纪里面,主要进步是蒸汽动力,在此基础上,人们开始懂得炼钢。19世纪60年代,人们开始有蒸汽动力的发电机,懂得电力可以输送出去;80年代,懂得用水泥。水泥的发明是个巨大的发明,对我们建设很重要。一个钢,一个水泥,得到这两种人为的材料,就使工业化得到了飞速发展。1890年,电报通讯出现了,其他还有小发明。总之,那个时期我们叫蒸汽机时代,它的关键是蒸汽机的发现。这个蒸汽机也武装了船。武装船后,英国人就在海洋上称王称霸,造就了大英帝国。蒸汽机时代我们没跟上,让慈禧太后拉了后腿。

孙中山1911年辛亥革命推翻清王朝是个进步,他的指导思想就是要搞工业化,这个工业化的目的就是要懂得怎么用蒸汽机。

孙中山的建国大纲,全部讲的是铁路怎么修,港口怎么修,要修多少多少铁路。实际上,他已认识到蒸汽动力对我们国家的重要作用,要赶上这已经落后了一百多年的时代,这是符合人民要求的,所以是进步的。当然,不只是铁路,还有钢铁、机械工业、发电等,都在内。

1800年到1900年的一百年内,欧洲各个城市都发展了,可这个发展不大,是工业化的前期,是中小规模的工业化,人们还不懂得如何进行大规模的工业生产。1900年以后,发生了几个大事件:第一,人们发现了内燃机动力,飞机、汽车工业、航空工业来源于内燃机的发现。第二,人们发现了无线电,各种视听的东西越来越多了,有了电影、电视等等。一直到60年代,这时期都是内燃机时代。逐步的,人们的燃料不单纯是用煤了、用石油了。当然,煤和石油都是不能再生的燃料。那么,用什么新材料呢?有两样东西:一个是铝,是轻金属材料;第二个是人造纤维,有时候叫高分子化合物,或者叫塑料。这些大约是30年代逐步大规模生产的。现在这些东西的年产量远远超过了全世界的钢铁产量,约90亿吨左右。它改变了我们的生活,改变得很厉害。你看,现住所有的建筑,所有人穿的东西、日常用具里,都有塑料和人造纤维。当然,40年代后有原子弹、远航飞机,有火箭、导弹,等等,但都算这个时代。

这个时代有个特点,就是科学发展比1800年到1900年快得多,原因是前一百年的发展,自然科学没有与工艺联系起来。自然科学家被叫做哲学家,人们称哲学家是远离生活现实的。另外一些搞技术的人叫工艺师,他们与自然科学家联系很少。1900年以后联系逐步紧密了,在自然科学基础上的新兴技术训练,使工程技术人员得到了科学的理论基础,新型的工程技术教育开始发展而且得到确认。这样,发展就快了,这是一方面。第二,发现了几个大规模生产的办法。那时美国人对科学技术的贡献是很少的,很多科学技术贡献是欧洲的。可它有一个贡献,就是福特汽车厂的生产办法,叫装配式生产线。欧洲19世纪80年代也有厂造汽车,可一辆汽车从头到尾都是一个车间做的,一年只造一辆两辆,那当然很贵,只有很有钱的人才买得起。福特想了一个办法,他把所有的零部件都典型化、规范化,然后分到各个小厂去做,成批量生产,他的汽车厂只搞装配。这样,产量提高,成本下降,质量也好多了,一般中产家庭也买得起了。这样的生产方式,以后美国各行业都逐步搞起来了。所以,20世纪初的20年内,美国的产品都比欧洲的便宜,它占领了欧洲国家的市场,很像现在的日本。现在日本的生产就是用这种组织方式,而管理又比美国人高明,所以现在美国的王牌工业——汽车工业垮了,其他如照相机、钟表等工业也垮了,只有航空工业、电子计算机没有垮。在这个阶段里,先是美国上去了,后来是日本上去了。

这段时期,按理我们是应该赶上去的,照孙中山那时的做法,至少造船、铁路是应该上去了。港口搞起来,远洋运输搞起来,必然会带动其他工业的发展。可是被军阀混战拖下来了,我们蒸汽机的工业时代又未完成,内燃机时代当然更不用提了。我们错过了两个工业化时期。50年代,我们赶上去了,尽管当时我们还有不少缺点,可总的看来,是满足人民要求的。两个工业化时代的东西我们都开始有了,解放后,工业化搞上去了,可是没有完成。正当我们有希望的时候,我们又遭到很多挫折,尤其是"文化大革命"。我们"文化大革命"搞得最热闹的时候,世界上正是一个新的工业化时代的开始。我们关了门不管,整整的又落后了十年。经过前面的赶,我们同新的时代已相差不远,假如没有"文化大革命",我们跟他们同步走的话,是落后不了多少的。可是,前头两个时代还未全部赶上,再落后十年,差距给拉大了。确实,我们的国家是很不幸的,前面有慈禧太后,有个蒋介石为代表的军阀,又来了个江青为首的"四人帮",把我们的社会生产整个地拉下来了。

现在的新时代,在国外,大约是1965年开始的。我们呢,要说开始,是1980年。要迎头赶上去,可是很吃力,差距太大了。这个时代是以什么东西为代表呢?是信息。现在对信息有不同的说法。我认为,信息就是你不懂的东西变成懂的东西,你没有接触到的东西接触到了、理解到了,这就是信息。假如你已经懂的东西,已经知道的东西,那就不是信息了。你是重复理解一个东西的话就不是信息,信息是你不知道的成分,信息化时代就是要人依靠不晓得的东西来工作。

这样一个时代经过了相当长的准备时期。信息的核心是计算机,计算机是1945年提出来的要求。二次大战时,有两个东西是双方竞赛的,一个是原子弹,一个是导弹。在研制这两个东西时,双方都发现要有一个快速计算的工具。反应堆要有控制棒,控制棒必须在0.01秒时间内发出指令;要能控制导弹,就要在1‰到1‱秒时间内发现偏差,并给以纠正,这就要有高速的计算工具。那时,谁都不知道这计算机是个什么样子。提出要求后,美国政府就召开了数学家会议,以为这是数学家的事情。多亏美国有一批从欧洲来的数学家,因为美国数学家那时是以纯粹数学为主,对于计算不太重视。欧洲这批应用数学的人员是希特勒把他们撵出来,跑到美国去的。中间有一位有名的数学家叫冯·诺伊曼,既懂物理,又懂计算,数学也很好。他提出,用机械是解决不了的,必须用电,而且要把十进位制改成二进位制。二进位制就是说数目只有两个,即0和1,到2的时候进一位就是10,4就是100,8就是1000,四位数。它没有2、3、4、5、6、7、8、9,只用两个行为来表示,0、1两个数字。电是满足这个条件的,通电的时候是0,不通电时是1,而且电流可以在电路里头很快地行动。他说,这个二进位制是中国人发明的。我看了这个报告后觉得很奇怪,后来看下去,才觉得他这个说法有点道理。他说中国八卦里头,每条线都有连、有断,这个连和断就是二进位制,就是通和不通。三条线有八种可能性,就是三位数,就是八卦,跟100一样,100就是8;当然,六位数就是六十四卦。后来再查文献,的确,跟牛顿同时代的、发明微积分的那位数学家莱布尼兹首先提出,对中国的八卦佩服得五体投地,说是中国人的特殊创造。因此,中国人的软件是很发达的,而这样的软件是最根本的。他就用这一思想带领了三十六位工程师,去搞那谁也没见过的计算机。而我们,现在的偏见很厉害,做一样东西都得事先学过,都得有先生教才会,学会了才能做。其实从来不是这样的。要学会的东西才能去做的话,那么,我们今天就不可能有计算机了。科学技术从来都是从不懂到懂的,没有人教的。他们干了三年,到1948年成功。他那个计算机很大,大约有两间房子两层楼那么大,里面全是架子,架子上都是真空管、二极管。能使用,计算很快。可就是搬不动,不能去做控制反应堆的工作,也不能到导弹试验场去控制导弹。另一个缺点是经常坏,两万多个真空管,不是这个坏就是那个坏,一年到头在修;坏了还要找,谁也不知道是哪个管子坏了,要一个一个地检查。所以很麻烦,一年用不了几天。按我们现在鉴定产品的方式和标准,肯定是通不过的,因为它又大又笨,老坏,还搬不动。可人家是怎么说的呢?他们说这是一个划时代的创造,能给人类带来无限的前途,可是有缺点,这些缺点,今后应很好克服。这个鉴定是正确的,是科学的。科学的东西永远是有前进的、进步的方面,也永远包含了不足的方面,我们科技工作就是要永远克服不足的方面,发扬好的方面,以此获得进步。科学的态度不是全部否定或全部肯定,不是把事情捧到天上或者打入地狱。我们现在社会上不是这样,要么是全部否定,要么是全部肯定。要全部肯定是肯定不了的,除非吹牛、说假话。我们有很多东西鉴定就不是科学的,绝对的好或绝对的坏,一点毛病挑出来,就全部否定了。

1952年,一个物理学家发现了半导体,知道了物质除导体和绝缘体外,还有一种,它在一个方向导电,在另一个方向不导电,这就叫半导体。半导体有个特点,就是材料比较纯,纯到99.999 9%,即到六个 9 的纯度才有半导体的性能；你要是五个 9，它就是绝缘体；七个 9 更好。搞电子计算机的人认为，这个东西可以代替真空管，因为它也有通和不通的条件。这样，很多人转行了，参与发展半导体的工作了。他们把半导体用到计算机方面来，最后使半导体切成指甲盖那么大，一片一片的，在片上搞电路。半导体用于计算机上后，1954 年就出现了第二代计算机。原来两间屋两层楼的大计算机，现在与它功能相同的第二代计算机的体积只有八个大立柜那么大，它克服了"大"和"坏"两个突出问题。这样，就可以搬到原子能反应堆和导弹试验场去了，进入了计算机时代。可这样的计算机还是太大、太贵，而且计算速度只是 1 秒钟 10 万次，不算高。科技人员的特点是永不满足，他们看到缺点，就还想改正它，以提高它的计算速度。怎么提高呢？有人就专门研究这个问题，他们想，一个硅片一个电路，这太不合算，我们如果在一个硅片上焊几十个电路，不就抵几十个真空管吗？开始时，他们在一块硅片上集中了二十多个电路，这就叫集成电路。这样一来，八只柜子大的计算机只要一个柜子大就够了，这是 1960 年出现的，叫第三代计算机。人家 1954 年搞出第二代计算机，我们是 1956 年；人家 1960 年搞出第三代计算机，我们是 1962 年。总之，我们只与世界水平相差一两年，我们并不怎么落后，以后是"文化大革命"拖下来了。

第三代计算机出来后，有人又考虑一个问题，既然一个硅片上可焊二十个管子，我为什么就不能焊一千个、一万个管子在一块硅片上呢？这完全是一个技术问题。1968 年，他们成功了，可以焊两三千个管子在一个指甲盖大的硅片上，这叫大规模集成电路。这一来，体积不是一个大立柜了，而是一个收音机那么大了，容量也比以前增加十几倍了，速度也快了。而且这个大规模集成电路的硅片可以做很多其他东西，这就变成了电子元件，从而有了电子手表、电子笔等等。这个出来后，美国的电子工业和信息技术就大量发展了。1970 年，全美国的计算机结成一个网了，大计算机之间都直接通，跟我们的电话一样，这样，效率就大大提高了。以后，英国、法国、意大利、瑞典、西德也全国成网了；日本是一个岛国，它局部成网，未全国成网；我们国内是都未成网。这是第一个发展。第二个发展是1972年出来的袖珍计算器，就是我们现在工程技术人员口袋里放的，它里头有十六张表和八位数字。1972年出来时四百美金一个，现在只要二十几美金一个。我们现在号召搞的微机是1975年出来的，1978年出来苹果单极机，那是又便宜又好。

计算机开始时只是工程技术人员用来计算的，不懂得这是一个信息处理的机器。到60年代，他们才懂得：哦，这是一个信息处理机。所谓信息处理，就是文字可以通过它来处理，即可以输入、储存起来，要用时可以挑出来。还有检索系统，它有逻辑功能，可以写文章，可以给你整理、加工，挑选你要的东西，这都是软件。这一来就很厉害，就在人们各方面起作用了。当然，这些工作都是人们事先安排进去的，是按人的意愿来做工作的。计算机还能搞统计资料分析和决策，它还会搞翻译。

计算机一出现，整个社会的面貌都变了。保险公司打官司都是机器打。例如两部汽车，各在各的公司保险，撞车了，谁给谁赔？他们的警察有一个图，看撞车的情况，根据情况就放在那里。那边的计算机提出，根据法律条文，他应该罚多少款；这边机器也提出来了，两边在打官司。现在律师都用机器了，因为它背的法律条文比律师背的多得多，它可以全部背下来，并且很快就可以挑出来。计算机对我们科技工作也很有好处。例如，给你一个课题，而你不知道这个课题前人做过没有，不知道哪里有文章在讲这个问题。现在的文献非常多，你要去查是很费劲的，有经验的人也要查好几个月，方能把前十年里做的工作都查出来。现在有个计算机后，只要有资料库，事先把有关文献摘要存放在里面。比如说我要解决水银污染的问题，你向机器要情况，它三分钟就可告诉你，在最近五年内有多少篇有关文章发表在哪里，题目是什么，谁做的，大概内容是什么。这样,人力要三四个月做的,它几分钟解决了,这要省下我们多少时间啊。费孝通教授50年代在美国是很有名的社会学家,他现在再去就不行了。我问他为什么不行,他说人家现在都用计算机记东西,我是用笔记本记,当然比不上人家。人家看见什么材料都可存在计算机内,每天什么时候要,都可用检索的方法要出来;而他一页一页地记、抄很费时间,查也很费时间。他说,这里头有许多决策方法,有许多系统工程的办法,他都不会。国外现在做学问都用计算机,计算机帮助人做了许多工作。在科学的时代内,人们是离不开计算机的。因为它快,所以科学技术发展就特别快。

1968年后,科技工作飞速地发展,而我们现在慢慢地跟。我们的人并不比他们差,就是没有这些工具。社会工作也有这个问题,我们花很多很多不必要的体力劳动,比如资料工作,他们全是计算机搞的,我们还是人工搞,人工搞当然慢。现在我国科学论文的出版很慢,科学论文的数量太少,科学工作速度就不能和国外比。1982年有个统计,全世界1982年的科学论文数量相当于40年代到50年代十年的总量。另外有个数字,30年代,科技论文大约是30年增加1倍。这就是说:一个大学毕业生,如果把大学里该学的都学会了,那么,你可以不用学习,吃30年饭,30年后,还有一半懂得。另一半是新的东西,你没有学。而1982年这个统计说,现在知识量是四年变1倍,就是大学毕业后,四年后就有一半不懂了。要是不学习的话,再隔八年,你就有四分之三的东西不懂了。现在新东西层出不穷,传播也快。国外最近还在发展电视电话,正在普及。电话线也比我们多。他们的电话机很普及,家家都存,很多家庭是两台,还有三台电话的。他们的人民已经没有写信的习惯,一个电话就行了。他们为什么能这样发展呢?他们因为有光导纤维,最近发现,一个光导纤维里可以同时通多路电话而互不干扰。我们现在开始搞光导纤维了。我以为,电话是最基本的通讯设备，一定要抓一下。这是讲信息，信息对科学实践来讲，是个很大发展。

随着科技发展，出现许多新的行业，最重要的是生物工程和海洋工程。资本主义国家陆地资源快用完了，可以说是开发殆尽，因此他们的眼光转向了海洋。我国陆地资源基本上还未开发。海洋资源非常丰富，近海的石油，我们已经搞了，远海的还未搞，大量的海洋生物资源我们没有搞，或没有搞得很好。近海资源破坏很厉害，和我们的森林管理一样，要抓一下。我们应该逐步发展养殖业。现在渤海四周有很多点养对虾，这是新发展，以前我们的对虾都是自然生长的。我们把养殖业恢复好，把对虾的习惯弄清楚，就是一笔很大的外汇收入。它主要是出口日本，4.5美元1公斤。我们今年还开始到远洋去捕捞，这方面我们以前忽视了，现在要搞。又如南极洲丰富的鳞虾，整个南极洲附近都是鳞虾，一片红的，约有近100亿吨。现在只有苏联和日本在捞鳞虾，也不过捞掉两三亿吨。所以这个资源非常丰富。不过它有个特点，就是出水两个小时后就有毒，必须在两小时内加工好。这样，加工厂必须有专用船进行，这是缺点。这个资源是国际上共有的，我们也没去开发。海里还有许多稀有金属和各种用之不尽的能源，不谈了。总之，我们国家海岸线很长，海洋资源是很丰富的。

生物工程又怎样呢？是否我们一点也没有基础呢？也不是，我们上海生物工程就研究得很不错。不过还是科技范围，未受到工业的重视。生物工程关键是遗传工程。遗传工程就是可以改变物种的遗传性，它与进化论不一样。进化论是用长期统计的办法，经过变化来改变生物习性，遗传工程则是人工的。现在可以不破坏细胞而把细胞内的染色体肢解。染色体是决定遗传性的，它上面有很多叉叉，都是核糖酸，这个核糖酸可以拿下来，也可以装上去，少一个核糖酸，遗传习性就变了，把它拿下来装到别处遗传性也变了。改变核糖酸位置的工程叫遗传工程，人们就是要掌握这个技术。我们现在已知道有几种方法来给核糖酸换地方、改变遗传习性,这样我们就得到新的菌种。当然,这个工程也可为战争服务,一些人可以找到一种别人不知道的危害人的细菌,可以突然袭击别国;他本国知道,可以防治或医治。在和平利用上也是很有成果的。比如,人们最近找到一个专门吃塑料口袋的细菌品种。塑料口袋在资本主义国家是个大问题,店里卖出的每样东西都有塑料袋包装,买回家后,塑料袋就扔了,弄得垃圾堆里都是塑料袋,而且越来越多。这个塑料袋有个特点,就是埋在土里二三十年不会腐烂,这就成了一个污染,叫固体污染。过去没办法解决这个问题,现在有办法了,就是在土壤里加上这种细菌,这种细菌就靠吃塑料袋生存和繁殖,吃完了,细菌也没了,吃完的垃圾也很有用。过去讲加工方法,就是机械加工、电加工、化学加工,现在多一种生物加工。其实,生物加工在我们国家里早就使用了。例如发酵制成的酒啊、酱油啊、酱菜啊,都是生物加工,这是我们的大发明。现在这些加工逐步走入化学工业的范畴里面去。化学工业要耗费许多燃料,要加热,要循环,要汽化,还要凝结,很复杂,最后还有很大污染。用细菌加工就不要加热,它吃那个东西,消化了就变成另一个东西,不消耗能量,没有污染,加工后没有副产品,排泄的就是我们要的。细菌加工现在是很有前途的。美国的几个大化学公司像杜邦公司就正在从化学工业转到这方面去。现在我们的农产品都用水,而遗传工程可以用一种办法使农产品耐干旱,这对我国很有用,如果这个问题解决了,我国大西北等干旱地区就是农产品丰富的地区了。

现在医药卫生方面的革命,也在通过生物工程进行,得到了许多有效的办法。过去认为很害怕的东西,现在人们对它慢慢清楚了。将来癌也能得到克服。现在已有跟生物工程结合的许多分支学科,如分子生物学、生物化学、酶化学、生物卫生工程、生物力学、生物物理、生物数学,等等,都是最近发展的。在美国,这是很红很红的学问,有几位很有名的诺贝尔物理奖金获得者也改行去搞生物物理了。生物工程是一个有巨大园地、很有前途、风起云涌的科学。

我们现在是面临一个急剧改革的科技发展阶段,即以信息工程为基础,以计算机为物质工具的这样一个新的科学时代。我们进入了前人没有进入的境界,科学给我们开放了很多园地,只是十年内乱,我们没跟上去,最近两年在赶。有人说,我们落得太后了,有没有希望赶上?计算机我们完全是有希望的,我们现在已发展到这一步了,将来发展也不要紧。问题在于计算机怎么用?计算机发展主要靠软件,而中国人是善于搞软件的。我告诉大家一点情况,现在美国搞计算机软件的人中,中国人超过半数。我国有许多自费的留学生,现在读到三年级就搞软件去了。很多学校里搞软件的有名教授都是华裔。现在我们去参加国际软件会议的人可看到,几乎每次软件会上最好的论文都是中国人的。我1982年去美国时给几个老朋友抓住了,非要我告诉他们那个姓洪的青年的情况。这个青年是以在洛杉矶开软件国际会议上的论文震动了全场的。许多人争取他,洛杉矶计算机软件发展中心就出钱争取他,给5万、10万,最后给15万,他还是不干,说:"我的事业是在北京。"他很年轻,只有39岁。

最近有一个倾向,日本许多软件公司要我们替他们搞,他们给任务,你完成了就给钱。这也说明中国软件是厉害的,不要以为我们中国人不行。我们计算机最近一个重大突破是汉字计算机。我们搞信息处理当然是用汉字好。1979年,我到香港去开一个会,那时IBM公司,即三菱公司大阪的国际分部,他们对我说:我们研究计算机,你们搞不来,就买我们的好了。我说,你等着瞧吧。我们决不买你的东西,我们肯定要比你们做的好。我们回来就组织了中文信息研究会,动员大家搞。去年,我们在北京召开了一个国际中文计算机会议,我把他们也请来了。三年时间,我们提出了四百多个方案,搞出了三十几台机器,现在大约有七八十台了,每一台是一种类型。我们让大家竞争,上海也有好几种。没有一种比他们的差,都比他们的好。他们是大键盘的,跟我们打字机一样,在一个大盘子里跳字,很慢。我们是发展小键盘,就那么几个键,一个一个字都打出来了。他们看后服了,说中国人还是厉害,开始买中国的软件了。可见,我们的脑袋是很厉害的。我们落后是落后在工业,我们工业革命未完成,产品质量不过关,主要是这个问题。质量不过关,不是脑袋不过关。现在,王安、IBM、日本都采用我们的方案了。当然,我们也是有控制的。估计还有两年,我们这些就能成批生产,这样,信息技术就可以上去。所以,不要害怕。我们是给慈禧太后、蒋介石、江青耽误了三个时代,现在事情过去了,所以是大有希望的。但是,当前有许多社会问题,我是一直放在心上的,下面跟大家谈谈社会问题。

(1) 我们现在的决策都是领导人做的。搜集情况、汇报,很多情况到你那儿,你分析、决策、领导,都是人决策的。而国外,很多决策是机器做的,因为机器搜集情况比人快,加上系统工程,它就可以提出优化的决策来,而且告诉你几种决策方案,告诉你几种决策的优缺点。这时,领导只需做挑方案的工作,你决策的时候就可以知道有什么后果,该采取什么补救的方法。这样,领导的决策有根有据,就容易了。这个依据就是信息,就是数据。对此,我很为我们的数据担心。我们谎报军情是很厉害的。我举个例,现在许多部门在搞基建,都提出来我要多少多少人财物,上面总嫌你多报了,你要1万平方米,我就砍一半,给你5 000平方米。经常这样,叫头戴三尺帽,砍一半还正好。所以有人就针锋相对,本来1万平方米就够了,我就是报2万平方米,砍掉一半还有1万平方米,正好够。是不是这样?讲需要,往多里报;要你拿出来,就往少里报;好的东西往坏里报,报得你来帮助我;坏的东西往好里报,这样可升级。现在就是这个情况,是普遍的,领导心里也明白。这样,决策就很难了，计算机都当你是真的，它不会砍他一半、砍你三分之一。各位，谎报军情是欺骗领导，是很严重的问题，是要撤职的。可我们好像无所谓。这样，我们的信息技术，我们的计算机就很难办了。这个社会习惯与新时代技术要求是矛盾的。要解决问题，就要把谎报军情的人撤职、降职，否则，计算机没法用。计算机用在工程计算上是很少的，在国际上，不到十分之一，百分之九十用在管理上。这样，我们的十分之九都不管用，因为你是谎报的。

（2）对待知识分子态度问题。将来的生产决不是通过低文化的、纯体力劳动来解决的，都要有一定的文化水平才能进行。将来机械工业、冶金工业都是计算机控制的大量生产。你没有一定的文化，这样的工厂就进不去，进去也要把它搞坏。我们的教育水平要普遍地提高，我们中小学水平很不够，我们重点学校的制度大概不长了，因为我们不是个别地，而要普遍地提高文化水平。同时，知识分子还不太吃香，党中央做了许多工作，可是七年了，这个问题基本上还未解决。应该尊重知识，尊重知识分子，要给他们创造条件，我是多少年来都呼吁这个问题的。这不是我对教育特别感兴趣，而是我看到这个问题太严重了，它拖了我们的后腿，是第四个"江青"。不要以为这与我们没关系，一个文盲遍地的国家是不可能实现现代化的。现在是抓政协委员的政策落实，政协委员也不过是知识分子里的一小部分代表人物，连代表人物政策都没落实，那么多的中小知识分子的政策怎么落实啊！这就是我们社会上（不是说任何人）的风向，还是逆风。我们还得多方面呼吁，不是为我们本人，而是为祖国的前途呼吁。时间不等人，你再不现代化，其他国家都上去了，你被抛得远远的，那怎么行啊。这是国家的实力，是很现实的问题呵！

（3）就是一个"变"的思想。我们现在社会上抗拒"变"的思想是普遍的。例如，我们推崇老牌，三百年不变的才叫老牌。我们一提张小泉剪刀就不得了，其实他三百年没有变，不应该再是好的了。我们有很多产品长期不变。第一汽车厂的解放牌汽车整整30年,连油漆都没有改,它没有改变还以不改变为荣。去年起他们也在改型了,这是一个好现象。这样的社会思潮与新时代是不合的。科学技术就是这么一个东西,它不但要解决你的缺点,加强你的优点,而且要促使你进步。刚才讲的计算机就是这么过来的,永远不满足,永远勤勤恳恳地改。行政工作也是这样,你不可能满足的,总是越改越好。我们现在是尽吹牛,虽然缺点很多,可尽说好的,好的要说,坏的也要说,要两分法,应该说出某件事件好的一面,也要指出它不足的一面,督促大家不断地改革前进。

改是我们当前的一个主要矛盾。尤其在我们这样一个落后的国家里,只有改才能把落后变为先进。这次人代会上一谈,改革的思潮好一些。可我知道,还有许多人摇头,总想保持不动,这是与新的时代气息不符合的。有些人以为改了,就够了,应该休息一下,其实他们根本不想改。改了一点点,就要休息了,不断改这样一个思想没有生根。党中央对这一点很明确的。先搞了四个特区,什么资本主义啦等等,议论纷纷。这一下又搞了十四个,这就很好,要不然国家是赶不上去的。以后改变的速度是越来越快,是一个竞争的社会,有淘汰制。大锅饭就是不要淘汰制,竞争失败了,你还可重新转入一个市场竞争嘛。总之,这个改当前是个大问题,发展党的一个标志就是改,我们要把这个改放在心上。我们过去长期未改,已经不适应这样一个生产力发展了,要改得比较适应一些。当然,生产力还要发展,所以,我们今后还要继续改。

所以,这是三个思想差距,非常重要的思想差距。好多矛盾就是在这三个思想差距里头产生的。当然还有许多争论。比如,说我们的工业革命还差得很远哪,我们的炼钢还不到家,钢材还不够,什么,什么……都还不够,还去搞什么信息技术呢?说这是舍本求末。我们国家主要还是先搞钢材吧,先搞别的什么吧。都说自己那个最好。这个争论很厉害,资金只有这点。我的思想是:

信息技术不能再缓了！再缓、再拖不得了！这个15年拖下来，老实说我们还得15年才能赶上去。你现在不赶，将来落得更后边。因为人家发展是一天比一天快，等不得了，必须迎头赶上。不会你就得学。知识分子对这个计算机必须学，这个不学是不行的，你干哪个工作都要落在后头。信息技术要飞速地发展起来，把最先进的东西拿来用，在这个基础上再往前走。那么，老的工业怎么办？老的工业也应该信息化。机械工业应该是搞机械手、机器人嘛。这个没有什么了不起的，我们力所能及的。只要人组织起来，搞生产线。

在这个信息技术发展的过程里头还有一个特点，工业从集中到分散。这是国外大家都已体验到的，就是不搞"大而全"的工业。我们国家还是搞大工业，逐步地到只有少数的搞大工业，多数部分都是分散搞，搞小工业。领导方式跟现在不一样。我们现在是条条领导、纵向领导，一个系统一贯到底，跟旁边的没有联系的，叫条条领导。缺点呢是互相排挤、互相争夺地盘、互相争夺资金、互相争夺人员。在新的科技发展社会里头，这样领导不行的。要有系统工程的领导方式，系统工程也强调系统，系统还是有的，可讲究系统与系统之间的关系。你不考虑其他的系统，光考虑你那个系统，在国外属于最差的领导，很快就要被撤职的。最近黑格被撤职了，是去年被撤职的。这个人就是垂直领导、独断独行，他跟别的地方不配合，他到欧洲去活动，不考虑其他方面，只考虑他的一方面，造成了很大困难，最后，被撤职了。

系统工程讲的是网络式的领导，你自己有自己的系统，你一定得搞好，可是，你也得考虑其他跟你有关系的系统，成一个网络来领导。这两个思想是完全不一样的。而且我们的体制里头为什么扯皮这么厉害？很多事情都是扯皮扯掉的。这就是垂直式的领导，只管自己，不管别人，踢皮球。这是一个在信息社会里头必须要解决的问题，要不然我们不太可能进入这样一个社会。网络式，我们现在有条件。你信息在机器里头,而且将来整个的机器是成一个网的。别的机关里信息你同样可以拿到的,信息都是通的。这种网络式领导的思想,我们现在没有。你光搞好自己吧,别人搞不好,你自己的也搞不好。所以,领导的方式要改变。

以后慢慢地不搞"大而全"了,搞分散的生产,大城市的面貌也要有变化。因为分散的生产用不着都在大城市。从农业社会向工业社会发展的过程里头,人口是从乡村集中到城市去的。每个社会都是这样,我们国内发展也是这样,上海越来越大,是工业化的过程。欧洲也是这样,美国也是这样,日本也是这样。可是从工业社会进入信息社会过程里头,它变了,它又出去了,而它都是小工厂,还可以设立在远地,用不着设立在城市,大量的工厂都是分设在农村里头。因此劳动力用不着集中,社会管理又简单。它分散,将来这个城市要分散。现在实际上已经提了很多方案,要搞一个"新上海"。这个新上海的重点要搬到哪儿去?实际上也是一种分散。可是这是被迫的,这不是自觉的。实际上老实说,将来长江三角洲是遍地开花,上海只不过起一个组织作用。把这些小工厂组织起来,成品就出来了。这样上海也用不着那么拥挤了。而且信息交通都发展后,生活问题也不存在了。现在你要办个学校在郊区那是奇难无比的,教师都不愿去。你把郊区中小学教师搞得那么差劲,那人家的孩子都还要上学、都还要升学,谁都不愿意待在那里嘛,闹得现在都往城里挤。这些问题都是逐步要解决的,就是用一个分散的方式来解决,而不是用集中的方式来解决。这个方向是改了,现在已经有些苗头了。长江三角洲小城镇经济的发展就反映了这一点。它是一个必然的趋势,这里比全国早一点,其实国际上现在已经普遍是这样。将来城乡的差别是没有的,城乡差别慢慢缩小了。老实说,跟上海的闸北比,我看还是现在的常熟小城镇稍强点,房子也大一些。他们自己还修了很多柏油马路,交通四通八达,副食品都很好,而且都是新房子,二楼二底一个后院,

130平方米一家。我去年在那里整整待了三个礼拜。小学也比我们城市里好,都是新的房子。小学老师都享受大队的最高待遇,大队里给你一所房子,大队最高收入是多少就给他多少。它就变了,样子变得很快。现在有人还不觉悟嘛,将来这个人员流动的方向会变的,向分散的方向发展。

还有,将来劳动的时间要缩短。现在国际上普遍在缩短。因为劳动不是最主要的,机器很多都是自动化的。换句话说,这是指脑力智力劳动是主要的。也不需要你办公了,在国际上大量的人员开始不办公。

现在总的倾向是自动化水平越来越高,劳动时间要尽量缩短。还有许多职务无需办公。像国外搞软件都不办公的。缩短劳动时间,增加服务行业。这个社会就是这样。使得人人都在自学、进修,因为将来肯定是科学技术日新月异的,谁也不可能拿了你这个大学的文凭以后吃一辈子。老实说,吃上五年就了不起了,下面你就落伍了,你不学不行。所以,一定给很多机会让你学习,将来人们工作、学习是分不开的。在我们社会主义国家应该短得更多,使他们有更多的时间学习技术,学习文化,进行各种文化活动。我们要文明的社会,文明里头包括文化的,没有文化老实说是没有文明的。

看来,信息社会的影响是非常广泛的,这个我们目前还谈不上。当然现在有些西方国家,那些讲未来学的人,有些是有意地抹煞了他们剥削的关系,要给他们社会寻找出路,提了许多稀奇古怪的议论。我们不去管他这些议论。我们应该认识科学技术的发展,已经到了一个新的时代。这个新的时代,生产力的变化很大,我们参加生产的人需要的品质也要有很大的变化才行,要不然就不能适应这个新时代。我们虽然有许多困难,我想人民的思想总是要在物质的基础上变的。所以,我想并不会由于有这些思想的差距,就阻碍我们前进了。不会的。不过中间一定要有不断的斗争。这个斗争不一定是阶级斗争,而思想斗争肯定是有的。现在我们很多事情属于思想斗争的范围。在思想斗争条件下面,在科学技术发展的情况下,生产力往前走的情况下,社会会一步一步地变,而可能会变得很快。因为中国人的确不笨。现在有的生产,现在有的技术,我相信只要给我们适当的条件,按现有的知识分子的水平和数量也并不是差别很远。可惜,我们现在知识分子利用率很差。有人估计大概15%,剩下85%是用非所学,或者是降低了水平在用。他本来可以做那个事情,但他在做别的事情,做一个不需要这样的人才做的事。像用一个精密车床在做粗活。知识分子怎么运用?怎样提高?是一问题。我们应该群策群力来解决它。现况不好,这个统计是《中国青年报》做的。哪怕先提高到50%吧那我们就多了几倍人。现在的确是很不恰当,应该要有所改变。现在纷纷都在谈这个问题。这次很好,这次赵总理的报告算解开了大家的思想包袱。很多看法都提出来了,很好嘛,大家都一起讨论。我们的目的就是用最快的速度建设我们的国家。我相信我们是能成功的。我的话完了,谢谢大家。

1985

《多学科学术讲座丛书》
(第二辑)序言

中国民主同盟中央在1983年暑期所举办的第一期"多学科学术讲座"的基础上,于1984年又举办了第二期"多学科学术讲座"。

中国民主同盟中央在1984年分两个阶段举办了"多学科学术讲座"。第一阶段在暑假中假北京师范大学校址举行,共有:费孝通的"社会调查自白"、陶大镛的"世界经济和当代经济思潮"、邓广铭的"宋史研究、宋代经济发展史"、唐敖庆的"应用量子化学"、林传鼎的"智力开发的心理学问题"、冯之浚的"现代化与科学学"、张远谋的"工业结晶"、管锦康的"审计学"、谈家桢等的"生物工程",以及韩伯林的"世界桥梁史"。第二阶段将在1984年年底举行,共有:常週的"信息科学"、张文佑的"地质学"、张胜瑕的"汽车排气的污染及其控制"等三讲。

1984年的各讲稿,其中除"地质学"和"工业结晶"业已在其他出版社出版外,其余十讲稿将编入"多学科学术讲座丛书"第二辑。它和第一辑一样,仍由知识出版社(沪)陆续出版。

---

* 该丛书由钱伟长任主编,共三辑,20分册,1984～1986年由上海知识出版社出版。

这次讲座的主讲教授都是民盟盟员,像费孝通、陶大镛教授又都是民盟中央副主席。他们都是我国知名学者,毕生从事某一学科的教学和科研工作。他们在百忙中,不仅亲自上台讲授,并且写出了讲稿,以供广大读者参考学习之用。

1984年的讲座,除了继续为盟内和国内外知名学者提供讲台,讲授他们毕生从事的学术成就外,也结合我国"四化"建设讲授了有关各种新技术、各种管理科学等内容,以满足各方面的要求。

民盟盟内有大量专家学者,为了更有效地动员起来,为响应党的号召投身"四化"建设,为建设社会主义精神文明和物质文明,将在以后几年内继续举办"多学科学术讲座",其讲稿也将陆续在《多学科学术讲座丛书》中发表。

我对海洋开发的建议*

  我的专业不是搞海洋的,但我很关心这件事。1983年,在科学院学部委员大会上,我和钱学森等同志提出了一个提案:建议国家要像当年组织核工程和航天工程一样,统一调配各部门的力量,统筹规划,全面安排,扎扎实实地把海洋开发的各项基础性工作和基本工程技术研究工作开展起来。当时我们的看法很简单,我国在9~15世纪是世界上独一无二的海洋大国,我们的船舰到过阿拉斯加,也到过印度洋和大西洋,现在还有许多遗迹可查。我们那时的海洋技术是在全世界各国之上的。后来因为在工业革命时候,我们被人耽误了,从此我们逐步地退下来了。像我们这样一个占世界四分之一人口的大国,在海洋方面的落后状况是很令人着急的。

  现在,我国的人口在逐渐增长,而且今后还要发展。可养活人口的不光是陆地资源,应该还有海洋资源。地球上海洋占的面积要远远超过陆地,而海洋资源我们现在分享到多少呢?除近海开发了一点资源外,远海开发几乎等于零。面对这样一种状况,海洋问题如果再不提到议事日程上来,那我们是对不起祖先和后代的。

  当前,在世界处于"海上石油热"的时期,我们更感觉到要把这

---

* 原载《海洋开发》1985年第6期。

个问题提出来。不光是石油问题,我觉得整个海洋开发都是我国这个时期的一项重大问题,不是一个可有可无的问题。现在开展2000年海洋开发战略的研究,我觉得很好。我虽不搞海洋,但觉得需要提出以下问题,和大家一起研究。

一、海洋开发需要解决的问题

无论何种事业的开发都要具备三个条件：资金、人才和技术。

（1）资金　我们恰恰在资金方面不足。资本主义国家现在可以大力开发海洋资源,就是因为有雄厚的资本,可以大量投资。我们怎么办？

（2）人才　这是智力开发问题。我们在这方面究竟怎样？海洋开发是一项综合性很强的工作,以往我们经常是单线想问题,认为海洋就是海洋,很少综合考虑。可以说海洋开发事业与我国的各个部门都有关系。从事海洋工作的人才开发,是一个各方面都应关心的重大问题。现在我们培养人才是专业化培养,学生的知识面过于狭窄。目前,从事海洋工作的人员很多都是在工作中自学的。要采取些综合训练的办法,不要弄得那么专,可以到具体工作中再求专。有关院系是否可考虑专业放宽些。人才培养单靠一个海洋学院是不够的。现在对中级科技人员的需要量也很大,这些都需要尽快研究解决。

（3）技术　开发就要讲技术,要尽可能使用我们已有的技术。引进技术是很必要的,不能只是引进设备。挪威搞技术进口的经验是很值得借鉴的。挪威本来没有石油,从本世纪60年代起开始搞近海石油。像我们一样,他们同美国几个公司订了合同。但与我们不同的是,他们在合同上附加了一条,就是在开采的同时,外国公司必须同挪方联合成立一个研究所,经费由公司出,公司的技术发展也得向挪方公开,否则不签合同。他们规定,在挪威建立生产设施,必经提供技术转让,合作中的科研经费必须有50％用于挪威。这就保证了挪威获得技术和发展科研的条件,从而慢慢地培养了一批技术人才,现在不必全靠人家了。这种方法目前在国际上是通用的,而我们却没有这样做。

只引进设备,即使当前是先进的,过几年也要落后,这是没有希望的。所以,海洋开发事业要重视技术引进。

二、海洋开发的轻重缓急

我们开发海洋资源,应该先开发什么,后开发什么,是很值得研究的。我觉得有一个原则,就是应当有个轻重缓急,指标放在经济上。少投资,多得利,得利快的我们应该先开发。这样,第一项开发就可以为第二项开发创造条件。最好先抓投资后,利润能像滚雪球似的加倍上去的项目。我想有几个方面:① 近海石油的开发。这项工作已在进行了,看来能够收回投资。② 远洋运输。是否可以发展从一个工业国家运货到另一个工业国家的海运经济,用我们的劳动力加上买来的船去换取外汇。我国沿海这种劳动力很多,又能吃苦耐劳,买旧船也很便宜,真正干起来,是能很快就见利的,而且,别人比不过我们。③ 远洋捕捞。目前这项工作几乎没有开展。还有其他方面,如沉船的打捞等,这些都是有利可图的事情。同时,还可以训练出一批海员。捕捞与航运方面我们是很有潜力的。④ 近海资源的开发,应该积极搞起来。一是要发展海上优势,必须搞好港口。现在没有搞好,我国的港口大多是河口港口,由于上游不负责任地乱砍滥伐,破坏了生态平衡,泥沙大量流下,淤塞很严重。因此,必须把泥沙规律搞清楚,把淤沙弄走,这是一个重大问题,应当提到相当重要的位置上来。二是能源开发。这是一个一举多得的事情,如潮汐发电,波浪发电。我国沿海一些地区波浪很大,但技术还不成熟。我国的潮汐发电在技术上基本可以了。这些项目投资少,收效快,应该搞。三是海水养殖。当年就可以收回,也可以大搞。

另外,海洋开发首先要做前期工作,没有前期工作资源是不容易开发的。前期工作是要付钱的,而且近期又不可能收回,但它是进一步发展的基础,这个钱是要非花不可的,但我们要拉长一点花。我们是否应规划一下,培养一些人,要有计划地做一些前期工作。另外,海洋仪器、仪表的生产也应注意抓好。

总之,我们指标要放在经济上,要尽快集资来开发海洋,争取到2000年翻几番。不要把开发海洋看得那么神秘,我们一定能够赶上去。

机械工程师要懂力学，会用计算机[*]

机械工业是国民经济整个大系统中一个非常重要的子系统，人们称它为装备部，可形象地比喻为心脏。新中国成立以来，在党和国家的重视下，机械工业有了很大的发展，在国民经济中起了很大的作用。党的十二届三中全会以来，以城市为重点的整个经济体制改革正在蓬勃展开，四个现代化的进程将不断加速。这就要求机械工业的科学技术水平有一个迅速和大幅度的提高，比国民经济的其他部门有一个超前期，不拖整个"四化"事业的后腿。面对这样的形势，我们现职的和未来的机械工程师们就有一种责任，即应该对自己提出更高、更严、更紧迫的要求，不断地学习新的知识。在这里，我提出两点，即机械工程师要懂得尽可能多的力学知识，尤其是动力学和振动的知识，用以分析、解决各自的工程技术问题；同时要会充分地运用电子计算机这个最先进、最有力的工具。

目前机械产品正在向高速度、高效率、高精度、系统化方向发展。发展过程中有很多问题需要解决，但其核心问题往往可归结为力学问题。一台机器要结构灵巧、重量轻、变形小、寿命长、使用

---

[*] 原载《机械制造》1985年第1期。

简单方便、自动化程度高，不只是静态性能好，更要求动态性能好。至于机械制造的加工精度已经到了 0.1 微米甚至 0.01 微米的程度了。这样的要求，不是光靠一般的理论力学和材料力学所能解决的，而必须懂得塑性、弹性，有的甚至涉及分子力学的一些理论。又如现在的机械产品设计工作已经到了自动化设计阶段，一个机械产品在设计阶段，就运用有限元方法，运用电子计算机，对未来产品进行静刚度、动刚度和热动特性的分析计算，以求产品投产后有最佳的性能。再如机电一体化的代表性产品——工业机械手（我国很多人称之为工业机器人），如不解决动力学模型，分析不清力学性能，就形成不了好的控制算法，也就难以保证工业机械手优良的性能。至于核电站、大型发电机组、汽车、飞机、轮船等机械产品，就有更多的力学问题。因此，我们机械工业战线的广大工程技术人员必须不断提高自己的水平，懂得更多的力学知识，并能用于解决生产中的实际问题，使我国机械产品更上一层楼，尽快赶上国际先进水平。

谈到电子计算机，对我们机械工程师来说，要继续加深对它重要性的认识，要有掌握、应用计算机的紧迫感。计算机在设计过程中是一个十分重要的工具。今后作为一名机械设计师，如不会运用电子计算机，将是不可想象的。但对机械工业来说，电子计算机不会限于设计部门，必然要运用于机械工业的各个部门，并渗透到机械工业企业的各个环节。在市场分析、产品销售、研究分析、开发设计、加工生产、装配检验、存取运输、企业管理等方面，都要应用电子计算机。目前，电子计算机的性能越来越好，成本不断下降，使用方便的汉字编码系统正日臻完善。可以说，我国机械工业广泛而深入地运用电子计算机的时代已经到来。

一个机械工业企业的效益不仅取决于生产装备的水平，更要依赖于企业内部信息的数量、质量、迅速流动和准确控制。不论是整个工厂的指挥，还是一个车间的调度，决策的依据是可靠的信息。机械产品要缩短生产周期,以最快的速度响应市场的变化,同样要依赖于信息。电子计算机正以其存储量大、处理科学、传递迅速的特点,在机械工业的信息处理和控制领域里将发挥日益重要的作用。

我国高等教育面临的挑战*

我国近年来所推行的改革和开放政策,正在改变着我国农村和城市的生产、生活和管理体制,这种改变在十年左右将把我国带进一个全新的时代。为了迎接这个新时代,我国的教育,特别是高等教育,将会发生很大的变化。

在这个新时代中,高等学校毕业生的需要量是很大的。在一般先进的国家中,高等学校毕业生在总人口中所占比例一般都在10%以上;像北欧这些国家中,甚至有超过30%的。以我国现有人口10亿计算,10%就是1亿。在短短十几年中要培养1亿大学生,用常规方式几乎是不可能的。退一步讲,以4%来算,也得4000万。这个估计数字可能是偏低的。现在国内具有高等学校毕业水平的国民大概只有600万左右,也就是说,在以后16年中,平均每年要培养200万。今年我国高等学校招生52万,如果在10年内赶上这个平均数,大约要求全国高等学校的在校生数翻两番。这是一个合理的估计。

现在我国已有高等学校902所,在校学生200万左右。据报道我国目前差不多每三天出现1所新的高等学校。有人说这可能

---

* 在香港中文大学崇基学院的讲演稿。原载《情报与建议》杂志(上海高等教育研究所主办)1985年3月25日。

太快了，不能保证质量，有些担心。这是善意的担心，人们所担心的主要是怕教师队伍跟不上。其实从数量上看，我国高等学校现有学生和教师的比例是3∶1，个别学校甚至是2.5∶1，国际上一般的比例是10∶1。如果我们在近期内把这个学生与教师的比例提高到6∶1，则用现有教师队伍，就能培养比目前多1倍的学生，即可以培养400万学生，何况还有不少本国研究生和归国留学生将络绎参加教师队伍。只要现在起加强研究生的培养，教师数量不足的问题是不难解决的。当然，还有一部分高等学校的教师，由于分配到学校当教师时没有严格要求，在教学工作中没有同时通过科研来培养，因而素质水平较差。不少人担心高等学校师资质量不高，这是有道理的。不过这是高等学校怎样培养合格师资的问题，并不是高等学校扩大发展中所引起的特有问题。从另一方面看，即使三天建立一所新的高等学校，一年也只能增加120所学校，十年1 200所，离开翻两番还差得很远。这种飞速发展的情况，来源于客观事物演进的需要。农村经济翻了身，工厂企业和各级领导体制的改革，都需要大量高等学校的毕业生。现在是大量不足，社会上面临这种"既需要又不足"的现实，必然会掀起一个办学的热潮，这是谁也阻挡不住的。

十年内要增加在校生600万，仅基建和设备两项至少也要投资1 000亿元，经常性费用的增加还不算在内。这是我国经济所难以负担的。看来仅靠正规的、住校的形式办高等学校一条道路，不足以满足形势发展的需要了。我们只有创办许多城市中走读的大学，才能较经济地、较迅速地发展高等教育。同时也必需动员社会力量，创办许多电视大学、业余大学和函授刊授大学，国家办大学和社会办大学结合起来，才有可能满足新时代的需要。

在即将来临的新时代中，对大学毕业生提出了多种多样的质量要求。这些要求有些是基于新时代的特点提出来的，有些即使在以往也是应该注意的，但是不幸被长期忽视了，而在新时代中，更明显是不能缺少的。

首先,我们长期以来忽视的法律人才、实用经济人才、社会学人才、实用心理人才、管理人才、商业贸易人才等,都远远不能满足新时代的要求。我们必须大力重建这些学科,大力扩大培养人数,尽速满足目前和以后加强法治、改革管理体制和经济体制、实现对外开放的人才需要。同时我们也应该看到,各级行政改革能否逐步提高工作效率,与工作人员的文化水平和知识面的宽窄有关。我们应该重视文史哲经济法律和一些理工农科的通才训练,他们中有很多人在将来并不停留在本专业的工作上,而是有大量毕业生是用来充实干部队伍,和充任各级行政工作的。

其次在科学技术方面,新时代要求有较多比重的电子学、计算机、生物技术、材料科学和信息技术等的人才。我们在过去30年中,过分重视传统的科学技术和工程人员的培养,这样与发展新时代的现代化工农业的要求是不一致的。为此,应该及时改进我们系科设置和教学内容,必须在现有高等学校内进行一场深刻的教学改革,即使传统的科技学科也应该结合计算机技术来进行改革,把它们的内容提高到现代化的水平。

由于最近科学技术和文化学术的飞速发展,高等教育的知识内容极大膨胀,试图在短短四年内传授有关某一专业的全部知识几乎是不可能的。目前主要采取:① 细分专业;② 延长学制来解决。这是把高等教育局限于传授知识而形成的。其实专业分得再细,学制延得再长(如六年制),也无法解决毕业后的知识老化问题。我们必须改变那种认为只有通过教师"教"才能"学"到知识的陈旧的教学思想,即"不教不会、一教就会"的教学思想。这种思想并不能满足当前高等教育的需要。在这种指导思想下,"教"是主要的,"学"是从属的;课堂是主要的,图书馆只供复习功课之用。这和中学教学相差无几。其实"教"和"学"是一对矛盾,"教"虽然起着指导作用,但终究是外在的东西,只有"学"才是内在的,学生只有通过主动刻苦的学习才能把知识变成自己的认识。"学而时习之"就是说明这个道理的。高等教育应该把老师教后才能学懂的高中毕业生,通过四年的学习,培养成为有自学能力,能无师自通的人。这样的大学生就不会把课堂听讲看作为学到知识的唯一途径,也没有那种"把专业知识学完了再工作"的错误思想。他们在毕业后会结合工作,经常自学那些在专业工作中所需要的新知识,边工作边自学,工作到老学到老,这样就不会有知识老化的问题了。我们在教学中,可以用各种办法,循序渐进地培养学生的自学能力,可以把课堂上传授的知识尽量减少,减少到只限于主要的基础部分,和所需专业知识的核心部分。这样,我们完全有可能在四年中完成高等教育的业务训练,而且在毕业后有较高的自学能力,对以后的新发展可以通过自学获得,这样就可以克服知识老化问题。具体说来,在今后的高等学校内,应该在课堂教学外加强图书馆的作用,加强自学训练。

今后的大学毕业生所面对的社会,是一个各方面都发展得很快的社会,他们不仅要能使用业已学得的知识,而且还要通过自学来获得新知识,以克服知识老化的现象。他们中的相当一部分先进分子还要为社会发展的需要更新知识。因此,今后的大学应极力提倡和形成一种活跃的开创性的气氛,教师不仅要进行教学工作,而且还要全力进行科学研究和学术创新的工作。教学工作是教师的天职,但是那些只进行教学工作而不进行科研学术工作的教师,往往把知识看成是死的和没有发展的材料,在教学中只能做到"教死书"的水平,缺乏发展观点,从而贻误青年。只有那些在科研和学术工作中奋勇前进,在第一线冲锋陷阵的教师,才能通过自己亲身经历的创造经验,把知识讲活,培养有创造力的和有发展观点的青年接班人。也就是说,今后的高等学校既是教学中心,也是科研中心,而且是教学和科研相结合的中心。不是两个中心、两个队伍,而是两个中心、一个队伍。这两个中心的结合是教师,而学生则是在创造性非常浓厚的气氛中培养出来的。将来的高等学校中,研究生的培养将日益受到重视,研究生的数量和大学生的数量比例将日益提高。据最近调查,在不少美国和西欧的高等学校中,研究生的比例一般占全校学生的 1/4 到 1/3 之间,有的甚至占一半以上。这是一种长期的发展趋势,是符合社会发展的要求的。我们也必须指出,将来学校科研的课题,除了一些基本的理论课题外,将有大量的社会问题和生产问题,这就要求更多教师走出纯学术的象牙之塔,拆除学校和社会之间的围墙,来面对不断发展的社会现实。像欧美所形成的以某些大学为中心的工业园或硅谷,像最近国内所出现的各校顾问服务公司、开发中心和各种联合体等,都有着巨大的生命力,都指出了高等教育进一步发展的重要方向。

近百年来,学科越分越细是一种长期的倾向,但自第二次世界大战以来,学科之间相互渗透越来越多,到目前几乎成为科学技术和一些学术发展的主流。如计算机技术渗透到一切学科,几乎成为发展一切学科的主要力量。这种学科之间相互渗透的现象,有人称之为"学科的综合过程",有人称之为"跨学科"的发展过程。有时在几种学科之间形成了某种新的"边缘学科",有时两种或多种学科相互渗透综合而形成了某种新的综合学科。学术的综合化发展要求高等教育结构也向综合化的方向发展,建立各种较灵活的能满足学科综合化发展要求的教学计划。那种把学科与学科之间界限划分过严、各种专业分工过细、互不通气的孤立状态必须打破。长期以来,在我国形成的理工分家,社会科学、文科和理工农各科分家现象,业已明显地影响着培养建设"四化"人才的质量,现在已经到了非改革不可的时候了。高等教育的综合化将是新时期高等教育的重要特征。

为高等教育界呼吁*

我完全拥护赵总理、宋平主任和王丙乾部长的报告。尤其是赵总理在报告里特别提起了知识分子当前的情况,同时勉励我们在这个情况下再坚持几年。我们晓得,在知识分子中间,有相当一部分人的生活还是很困难的,我们希望这个时间不要太长。知识分子所关心的一般都是教育问题,因此,我今天就教育问题,讲一些情况,也提一些建议。

我们当前的教育有两个大问题。第一个大问题是质量差别很大,第二个问题是非业务人员过多。这两个问题实际上是一个问题。我今天主要讲的是中小学教育。春节有一个电视节目,其中有一位年轻人自称是高中毕业,他居然认为李自成是反对清朝的唐朝人,这样的高中毕业质量从知识面来讲,差距是太大了。现在社会上存在的许多不正常的现象,以及我们的干部队伍中新的不正之风的产生,归根结底,都是中小学教育没有完成对"人"的教育这样一个课题所产生的结果。教育部门的行政领导是不是很重视质量呢?我们常常提质量这个问题,不过不太有办法。对于学校领导,我发现我们没有花很大的力量抓教学人员的质量,因为有两个原因,一个是教学行政领导对于学校管得太多,统得太死。我们

---

* 1985 年 4 月 1 日在全国政协六届三次会议上的发言。

一个学校有多少科,教育部里也有多少科,我们科里的任何活动都要得到教育部某个科员的批准。因此我们是派出所,我是派出所的所长,这样的领导方法使基层领导疲于奔命,顾不到教育质量的管理。第二个问题是人员太多,质量太不整齐,我们只是穷于应付各种各样的问题。因为质量不整齐,人又那么多,越是不太做工作的人,他的问题也越多,整天找你,所以我说我们基层学校的领导又是救火队。有了这两个问题,我们是没法抓质量的,更谈不上经费等问题。现在看来,学校体制改革对"管得太多、统得太死"可以解决一些。可第二个问题是根本问题,无法解决。因为人员多了,浪费很厉害,也就谈不上勤俭办学了,仅人头费就太多了。我们小组有一位同志,从某省来,他反映,这个省的中小学教育经费四年来增加了4倍,可真正用在教育上面的只有原来的40%。钱到哪里去了?大部分做人头费了,有一部分拿去为行政领导机构盖房子和宿舍了。现在我讲一讲我们大学的情况:刚解放的时候我在清华大学是管行政的,周老和我在一起,那时清华有3 700个学生,有275个教师,1∶12,有职工200人,1∶19、1∶20。现在怎么样呢?有一个上万人的大学里有3 800个教师,1∶3都不到,加上职工连1∶1都不到。人头多到这样一个地步,我们怎么办,行政领导一天到晚为人头各方面的问题忙碌。人多了就得盖房子、盖宿舍,有一个学校多少年来一直在盖宿舍,盖到现在还在盖,这是惊人的。因为要养活这些人,就得有许多生活福利设施。生活福利应该搞,可是人太多了,这个生活福利不得了。

人太多了,必然要产生官僚主义,许多问题管不到,同时现在还有一股铺张浪费风。这几年国家教育经费还是有所增长,可是在增长的过程中有一部分浪费掉了。我知道最近重点学校里大量地进口了一批汽车,总数我不晓得,从几个学校看,总要在500辆以上,这500辆汽车要多少钱啊,是几千万元。甚至于还有一个学校,它是万人的学校,它这个学校的费用比上海21个高等学校的总和还要多,所以有苦乐不均的情况,有必要要那么多钱吗?还有,国际银行的贷款也有浪费的现象。我们设备落后,要补充。可是,补充了设备是不是变成了博物馆里的陈列品了,有这样的现象,使用率很低。基建现在都是无限扩大。我们谈不上按劳取酬,也谈不上勤俭办学。我们的教育经费是应该加一点,可现在的经费没有做到勤俭办学。没有做到怎么解决?我有一个看法:首先要解决人员过多的问题。我是反对大锅饭的,可是我认为必须保护(原来的)铁饭碗,社会主义就是让人人都有一个职业嘛。这是一个必要条件。可大锅饭要是再吃下去可不得了,因此我主张定编,实行聘任制,有期限的聘任制,不是一聘一辈子。我就美国教师的情况到美国调查了二十几个学校,总的平均起来,科研工作不多的学校,教师与学生的比例是1:12,科研工作较多的学校1:8,我们现在的平均数字是1:2.5。我们若提高到六个学生一个教师或五个学生一个教师,假如现在的教师人人都胜任,可以办两倍的学校或招两倍的学生。现在我们是一门课几个人教,一个人每星期三堂课了不起了,不上课的人相当多,可是也有许多新建立的学校缺乏高质量的教师。我对当前的教师队伍有一个估计:1/3的教师不够质量,1/3的教师够质量,1/3的教师经过培养可以达到质量要求,这个问题大中小学都一样。多出来的怎么办?多出来的人应该调动工作,加强第三产业,过去我们忽视了第三产业。这批人他们也还是人才,在原来的队伍里头他不能发挥作用,让他换个地方,让他去搞第三产业。有些人要进修和培养,有些人要养病,在没有得到适当安排的时候,我们应该给他原来的工资,可是不要再放在学校里头,不要再学过去采用编外人员的做法。放在学校里,校长受不了,他一天到晚找你,我们还要办别的事情,是不是应该由上一级人事部门统管,发工资由那边发;学校里由定编的、能完成任务的人来充任基本队伍,这样我们可省不少钱,工资没有增加,可是事情我们能够做得很多了。同时还可以充实其他的队伍,可以充实边远地区的学校,也可以充实新办的学校。假如有人留恋于北京、上海这种地区,那么我建议户口不要动,让他们出去做几年,可能他们在那里的贡献要比在这里大得多,哪天喜欢回来还可以回来,这样做阻力就小了。现在还存在一些特殊情况:我们的中小学义务教育,学生要交学费,高等学校不交学费,还给助学金,使学生有所依赖,我觉得这是不正常的现象。不少的学生进了大学就不太用功,不很好地学习了,所以我主张大学生要交学费。那么是不是会造成有钱人进大学呢?不是,低工资家庭的学生可以给"贷学金"(不叫"助学金")。"贷学金"将来要从学生毕业工作以后的工资中逐步偿还回来,使他们有个责任感。第二个,在高等学校里应鼓励大量走读,要收宿费。现在我们是贵族式的办学方式,一切学生都要住校。为了学生住校,学校付出很多钱,我们的国家现在没有这个条件,不一定要按贵族的方式来办学。第三个是毕业生不包统一分配,将来应择优介绍就业。最近有人提出毕业生值多少钱,每个单位可以分多少,我不大赞成,因为把一个知识分子当作商品,这对于我们使用人才是不利的。本来我们就说人才流动很困难,这是我们知识分子成长过程中一个非常有害的因素,一变成商品,那时他们可能说,这个人是我的啰,变成部门所有制的一个条件了。所以我是不主张用钱来交换毕业生的。当然我们鼓励一些事业部门,可以预订毕业生,先交预订费,作为资助办学,而不是作为交换。第四个是不要再搞重点学校。现在的重点学校,可使各个学校之间失掉竞争的可能性,并有重点花钱的倾向。重点花钱的学校不能作为其他学校的榜样,不是典型,如同大寨不是典型一样,大寨对于我们全国没有好的影响,我们不要搞大寨式的重点。我们是赞成名牌大学的,你用同样的条件办学办得好,我们大家敬仰你,学生自然就来了。我们主张,教育经费按学生的比例给,不同性质的学校,比如工程、医学花钱多一点,这可以,可是几倍几倍的差别,这就不必要了。中小学里更不宜搞重点学校,因为我们是义务教育。前天我们听何东昌部长的报告,报告里讲义务教育时突出地讲了义务教育的经费制度,要义务交教学税,这个不对。义务教育就是要求学龄儿童都要受到教育,家长有责任,使学生受教育;国家有责任,使学生受教育,这个性质是完全不一样的。既然是这样,那么在这个学期,我们国家就有必要想方设法使所有这些学校得到最起码的办学条件,有起码的水平和质量,而不是少数学校搞重点,其他学校放羊。现在一般学校放羊放得很厉害,如果我们的国家不管,那么这些学生就要由另一批人来管,就要被社会上的许多不良倾向所影响,我们对他们是有责任的,这个责任就是我们对祖国前途的责任。今天我就讲些,我讲得不一定对,执行起来可能有困难,可是我们要建设一个现代化的祖国,在经过十年动乱的那么一个烂摊子上不可能没有困难,我们就是要克服困难,前进!我的话完了,谢谢大家。

高校学生与教师人数
之比亟待提高[*]

当前教育有两大问题。第一是教学质量参差不齐,第二是人浮于事。质量不整齐这个问题,不仅存在于高等教育,也存在于中小学教育。在我们社会里,普遍存在的许多不正常的现象,归根结底都是中小学教育没有完成对"人"的教育这样一个课题所得到的结果。教育部门的行政领导是不是很重视质量呢?我发现没有花很大的力气抓教学人员的质量,因为有两个原因,一个是教学行政领导对于学校管得太多,统得太死。学校大小事务都要请示汇报,学校等于派出所,我这个校长成了派出所的所长,这样的领导方法使基层领导疲于奔命,顾不到教育质量的管理。第二个问题,是人员太多,我们只是穷于应付各种各样的问题。越是不太做工作的人,他的问题也越多,所以我说我们基层学校的领导又是救火队。有了这两个问题,我们是没法全力去抓质量的。现在看来,学校体制改革对"管得太多、统得太死"可以解决一些。第二个问题是根本问题,我们小组有一位同志从某省来,他反映,这个省的中小学教育经费四年来增加了 4 倍,可真正用在教育上面的只有原来的 40%,钱到哪里去了?大部分做人头费了。刚解放的时候我在清

---

* 在政协六届三次会议第二次全体会议上的发言。原载《光明日报》1985 年 4 月 7 日。

华大学是管行政的,那时清华有3 700个学生,有275个教师,1∶12;有职工200人,1∶19、1∶20。现在怎么样呢?有一个上万人的大学里有3 800个教师,1∶3都不到,加上职工连1∶1都不到。人多了就得盖房子、盖宿舍,有一个学校多少年来一直在盖宿舍,盖到现在还在盖,盖之不已。

我有一个看法:首先要解决人浮于事的问题。我主张定编,实行聘任制,有期限的聘任制。我们现在教师与学生的比例平均是1∶2.5。我们若提高到六个学生一个教师或五个学生一个教师,可以办两倍的学校或有两倍的招生数字。现在我们是一门课几个人教,一个人每星期上三堂课了不起了,还有不上课的。多出来的教师怎么办?可以充实边远地区的学校,也可充实新办的学校。我建议户口不动。学校里由定编的、能完成任务的人来充任基本队伍,这样我们的事情就能够做很多了。

现在还存在一些特殊情况:我们的中小学义务教育,学生要交学费,高等学校不交学费,还给助学金,这是不正常的现象。我主张大学生要交学费。低工资家庭的学生可以给"贷学金"(不叫"助学金")。"贷学金"将来要从学生毕业工作以后的工资中逐步偿还回来,使他们有个责任感。在高等学校里应鼓励大量走读。最近有人提出毕业生值多少钱,每个单位可以分多少,我不大赞成,因为把一个知识分子当作商品,这对于我们使用人才是不利的。本来我们就说人才流动很困难,一变成商品,那时他们可能说,这个人是我的啰,变成部门所有制的一个条件了。我是不主张用钱来交换毕业生的。当然我们鼓励一些事业部门,可以预订毕业生,先交预订费,作为资助办学,而不是作为交换。不要再搞重点学校,现在的重点学校,可使各个学校之间失掉竞争的可能性,并有重点花钱的倾向。重点花钱的学校不能作为其他学校的榜样,不是典型,你用同样的条件办学办得好,我们大家敬仰你。我们主张,教育经费按学生的比例给,中小学里更不宜搞重点学校。少数学校搞重点,其他学校放羊,如果放羊放得厉害,那么这些学生就有可能被社会上的许多不良倾向所影响,我们对他们是有责任的。

交叉科学与科学家的社会责任*

本文就为什么要发展交叉科学以及科学家的社会责任问题，谈谈我的看法。

大家知道，有一种理解认为，科学乃是探索客观世界奥秘的人类活动。自然界、人类社会和人脑的思维是非常复杂的，实际上可以看作是一个广泛而又普遍联系的连续体，这就决定了对这个连续体进行探索的科学认识也应该是连续的。例如，用科学的眼光来看，从无生命的宏观行为（运动）到微观行为（运动），再从微观行为逐渐过渡到有生命的生物个体行为，最后是有生命的群体行为，这个连续体的前半部分行为由自然科学研究，而后面的群体行为则是由社会科学研究的。我想，这样一种认识，就把自然科学和社会科学联系在一起了。为了研究方便，其中又分成许许多多的不同学科，每一个学科在整个连续体认识过程中都只占一个具体的部分。所谓老学科新学科，只不过是早期发展了的部分和现在刚刚新上的部分而已。今天所说的交叉学科，是在连续体中的一段谱线，一个位置。现在这些位置有许多还是空白的，发展交叉科学，正是为了填补这些空白。

工程技术都是交叉学科，也可以叫做综合学科。所谓工程学，

---

* 原载《光明日报》1985 年 5 月 17 日。

是指利用我们现在已经知道的各种技术,去完成某种任务的学问,例如去完成建设任务、制造任务或其他各种各样的任务。那么技术是什么呢?技术是指在科学的基础上,加上人的力量,利用自然规律的艺术和学问。因此,技术是用于各种工程的,技术不一定太综合,综合得厉害的是工程。工程科学家要考虑经济,可在我们的技术教育中却恰恰没有经济教育的内容,这是我国许多部门常常出现经济问题和造成经济损失的重要原因之一。

一切工程都要重视整体效益,这就不单要学习一点经济学,而且还要学习一点社会科学中其他有关学科的学问。实际上,一切领导和管理都是对自然科学和社会科学中诸学科的综合应用,即综合应用自然科学和社会科学中的有关理论和技术来完成国家某一部门的工作,或解决社会上某一部门的问题。

可是,现在在学校里讲的,都非常强调专业,把专业看得过死了。其实,科学在不断发展和变动中,固定死了就会脱离实际。现在学校里很多学科都是50年代固定下来的,早已不符合当前"四化"建设的实际情况。一方面是很多新兴交叉学科出现了,学校里不教;另一方面是专业太旧太专,综合性不够,工程教育的综合性尤其不够。我们说综合性不够,就是指学科间交叉得不够。如果我们把上面说的客观世界连续体放在多维坐标系里看,我们教育中缺的空位还很多。例如在50年代,我们就去掉了许多社会科学中属于工程部分的科学门类,诸如社会学、心理学、实用经济学、商业管理学等等。

世界上没有一样东西是一成不变的,要注意其发展,要注意其变化。不重视发展和变化,任何一门学问都是不能进步的。我们搞交叉科学,同样要注意这个问题。其次,要重视联系实际。不联系实际,那我们什么学科都是没有生命力的。

总而言之,交叉科学很重要,祖国"四化"建设很需要它。我年轻的时候,曾以为钻会一门纯科学,就会整个地推动科学事业前进，从而推动社会前进。然而，积 40 年之经验表明，纯科学要搞，不搞就不是一个科学家；可是仅仅埋头于纯科学，其社会效果不一定好。要达到充分的社会效果，你就必须研究社会科学方面的东西。一个对我们的祖国、民族负有深深的责任感的科学家，必然要考虑社会科学和自然科学的交叉关系领域里的问题。

什么时候我们交叉科学算成功了呢？我想，交叉科学事业的成功是和"四化"建设联结在一起的。祖国"四化"极大成功之日，即是我们这些交叉科学为人民普遍接受之时。我相信，这是符合我国社会发展需要的，因此是一定会成功的。

学科综合势在必行*

人类社会是一个广泛的连续体,所以认识也是一个连续的过程。这个连续体的坐标不止一个,是多维的,其中的每个点都可以形成一个学科,在实际中,人们根据需要划分出许许多多的学科,它们都是连续体的一个部分。因此,每个学科都不是孤立存在的,它们彼此之间相互联系、相互作用。如自然科学的研究范围包括了从宏观到微观、从个体行为到群体行为的整个过程;而社会科学的研究对象是群体的行为,在这点上可将两者联系起来。由此可见,"交叉"是必然的,是客观规律。我国目前对于交叉科学的研究没有给予足够的重视,发展缓慢。究其原因有二:

首先,过分强调学科的专业化,缺乏横向联系,阻碍了交叉科学发展。如工程学是门综合学科,是指导人们利用前人发明创造的各种技术知识,来进行生产、制造、建筑的。因此,学工程的人不仅要掌握各种技术,也要重视整体效益,学一些经济学及其他科学。同样,社会科学中也有一部分属于认识这个社会群体行为的,也要涉及工程学及其他自然科学。如管理学科就是社会科学的综合利用,在应用它解决社会经济问题时,还要借助于自然科学的某些手段,如计算机技术、系统工程(优化思想)。而在过去,我们恰

---

* 原载《现代化杂志》1985 年第 6 期。

恰去掉了许多社会科学的工程部分，如社会学、心理学、实用的经济学、管理学等。

各门学科有其各自不同的基础理论，但在应用方面则是与其他学科相互联系、相互综合，这就是"交叉"的意思。因此，我们的学科应以基本理论、技术性、工程性这三个层次划分，而不能过分"专业化"。以往，每出现一个新的学科，就将其归为一个专业，结果限制了其综合性。同时，由于科学的分科，会影响到教育分科，也就影响了交叉学科的发展。

用系统工程的眼光来看，要研究一个问题，一锅煮是研究不清楚的，必须先分类，也就是强调各个系统之间的联系，而这些联系往往有共同的部分，是横向的联系。而我们恰恰缺少这种联系，专得不能再专了。教理论力学的教师，不会讲材料力学；教静力学的教师，不会讲动力学。不强调联系，把系统孤立起来，自成一个体系，各系统之间没有共同语言。在管理中也同样存在这一问题。我们是直接领导，工作中有交叉是必然的。但是遇到交叉时，往往只强调本系统的利益，忽视各系统之间的联系、互相促进。这就是没有学好牛顿第三定律——作用和反作用。牛顿第三定律就是建立在两个力学系统的相互作用的基础上，就是对事物相互联系的反映。交叉科学的本质就是"联系"，是强调各个学科之间共同的部分、共同的规律。

第二个影响学科综合发展的因素是将专业看成是一成不变的东西，50年代设立的学科一直沿用至今，教材的内容多年不变。实际上，学科是在不断向前发展的，是根据社会需要在变动的。世界上没有固定不变的东西，我们的整个存在都是运动，任何一门学问都是在进展的，进展就是运动，真理本身也是运动，交叉科学也是在不断运动中产生、发展的。要运动就要有变革，变革中难免要踩人家的脚。但是，要前进就绝不能因为怕踩脚而退缩。

我们正在建设一个前所未有的社会，总是会出现许多新的学科,尤其是交叉学科,因此学科的综合发展势在必行,单一学科的发展已难以适应社会经济发展的需要。要想提高社会主义经济的整体效益,就必须考虑自然科学与社会科学相结合,就一定要投入到交叉科学这方面来,就必须使交叉科学为广大群众所接受,这是今天的科学工作者的任务。交叉科学在我国成功之日就是四个现代化实现之时。

智力开发和人才培养问题*

同志们,今天想和大家谈的问题,叫"智力开发和人才培养问题"。我想谈三个问题。

第一个问题,国外培养人才的经验。智力开发和人才培养问题,不光是我们国家有,所有国家都有这个问题。当然,每个国家都有自己的经验,可供我们参考,但不可能一个个来讲。我只想讲两个国家的经验,一个是日本的,一个是美国的。这两个国家是当今世界经济方面的第一、第二号大国,他们的很多经验,我们在经济开发和智力开发过程中是可以学的。

第二个问题,是怎样培养人才,或者说教育问题。大家对教育问题也是很关心的,最近刚开过教育体制改革的会议,中央作出了决定,这个决定对我们将来的影响是很大的,将会使我们的人才培养走上更健康的道路。

最后一个问题,是人才的使用和培养问题。过去我们谈人才的使用,实际上在使用过程里还有一个培养问题。因为时代在前进,要赶上时代前进的步伐,每个人都有自己培养自己的问题。当然,我们在人才使用方面并不是没有问题的。为此,党中央做了大量的落实知识分子政策的工作。这个工作不是短期内可以完全做

---

* 1985 年 7 月 13 日在西安的讲话(根据录音整理)。

好的,还要长期进行。现在更重要的是人才怎么使用和自我培养,使之跟上时代前进步伐的问题。

一、国外培养人才的经验

任何一个国家物质生产的开发,技术的开发,都离不开人才的开发,离不开智力的开发。尤其是在现代的社会里,必须把智力开发放在首要地位。没有大量的智力开发作背景,就不可能使我们的社会跟上整个世界水平前进,我们就不可能超出别的国家,甚至会永远落在人家后头。当前时代发展很快,我们必须致力人才开发。

日本开发人才,是从明治维新开始的,距今已有一百多年了。他们开始的办法是派留学生,学成回来办学校。可是长期以来,他们都是抄袭别人的。如在隋唐时代,他们都是抄袭中国的文化;明治维新以后是抄袭西洋的文化,而主要是抄袭德国的文化。因为他们很多人才来自留德学生,所以学校制度也是按德国制度办的,比较严格和规矩。因此,在人才培养上,开放性训练较少,守成性训练较多。这样,他们很多工业产品,都是人家先有了,隔一个时期,他们才有。当然,那个时期,他们在亚洲成了最大的一个工业国家。以后由于他们军事野心的膨胀,发动了侵华战争,导致了全部失败。

但在开始发动战争的时候,日本在技术上并不落后。如他们的蚊式飞机,后来的零飞机,都是当时世界上飞机里头最好的,美国的飞机不如他们的。他们的潜艇技术也是最好的,数量也很多。他们的航海航运也是很发达的。可是,由于他们守成性的人才培养办法,在战争年代,技术上没有什么进步。只是增加些数量,最后他们的飞机终于退居到第二位了。美国的战斗机、俄国的轰炸机都上去了,性能比他们更好。航空母舰、潜水艇和运输舰队也都如此。例如,他们还是用老式方法造船,速度很慢;而美国是用装配造船法,造船数量大大增加,最后,整个日本的海上优势、空中优势全部消失了,只好投降。

日本投降后,麦克阿瑟率占领军统治了日本,向他们大量索取赔款,把许多重工业工厂,当然是军事工业都拆迁了;同时,也把一些技术人员一起搬走了。因此,日本的重要工业生产都停了,只能从事一般日用品生产,工业生产水平大大降低,仅能维持一般社会生活所需。这时,日本的财政经济很困难。于是,首相出来进行整顿,把战争期间原有的二十多个部裁撤合并成六个部,工业方面只成立了一个工交省。相反,唯独扩大了教育部,教育部的权扩大了,钱也多了。那时日本非常困难,就业人数很少,很多人失业,可是他们没有失望。他们首先整顿小学,改变那种封闭性的、绝对纪律性的教育。他们要搞开放性的教育,搞中等技术教育,一是没有教师,二是有的教师也不太称职。要一批一批地换,谁上去呢?他们就把大量大学毕业生换作小学教师;对合格的小学教师,待遇提高到跟大学讲师一样。五年以后用同样办法整顿中学。那时大学并没有减缩,可大学生出来没有地方去,首先分配在中小学替代一批不称职的教师。

50年代初期,美国发动了侵朝战争,我们起来抗美援朝。麦克阿瑟看到日本经济有困难,把美军后勤的需要全部交给日本厂商,扶植日本的民用生产,使其有了进一步发展,市面也有所恢复。可是这时,日本的大学仍有大量的学生毕业,加上美国人去后又开办了不少教会大学,那么就有更多的毕业生没地方去。于是,他们想出一个办法,干脆让出国留学。这样,很多日本青年大学毕业后,因找不到职业,就跑到美国去以半工半读的方式留学。本来在美国的日本人不论是日籍日本人或美籍日本人是很多的,比我们的美籍华人数量还多,这些留学生有的进了研究院继续得到培养。日本政府让这批人不用回来,就在美国待着。据说1954年扩大到3万人,以后,每年都有几万人去。

到60年代,由于侵略战争的需要,美国就开始扶持起日本的军火工业,把军火生产技术给予他们,利用他们的廉价资源和人力。美国人是善于算经济账的,从那里生产的东西运到越南前线,比美国生产的运到越南前线要便宜很多。从1966年开始,日本自己觉得羽翼有点丰满,开始自己搞工业,那就需要更多的人力,而国内大学毕业生深感不够。日本人搞工业,跟我们不太一样,我们不仅是技术进口,设备也要进口。他们只搞技术进口,而不搞设备进口。如日本生产的摩托车,虽数量不少,可技术不高,创不出出口价值,在世界上没有地位。为此,他们集中了两百多个摩托车科技人员,以交通省为核心试办,常设了一个新型摩托车生产中心,挑选了二三十个人,分五六人为一组到全世界访问,哪里有摩托车生产,他们就去。去的道理很简单,说是来搞引进成套生产设备的,取得那些外国厂家老板的信任和欢迎,愿意把什么都告诉他们。但日本人还不相信,提出要看实际生产;看了不行,还要讨论;讨论了也不行,还要样品、要技术资料。这些外国厂家准备做一笔大生意,因此什么都给他。最后,大概每一个小组都买到三件、五件样品回去。本来这些派出去的人都是摩托车专家,这样一来就更加弄清楚了国际上是怎么生产的,每一个牌子的优缺点在哪儿,然后分析人家的优越地位是从材料上取得的,还是从结构上取得的,或是由其他方面取得的。假若是从材料上取得的,他们一定要问清这个材料是哪里生产的,是什么成分,甚至还要到那个生产地去看这个材料是怎样生产的。假若是从结构上取得的,他们一定要到部件生产厂去,弄清楚这些东西的加工过程。他们回到日本后,把拿回去的样品,不是拿出来使用,而是全部解剖,仔细核对,以辨别外国厂商给他们谈的是真是假。最后,他们从1968年开始自己设计,1972年生产出一种重量轻、性能稳定、价钱便宜的摩托轻骑。这种摩托车集中了世界上所有国家生产厂的优点,一下子超过了全世界。这样,世界市场便被日本人抢去了。

日本人就是这样发展他们的工业的。其他如钢铁、电子，都是这么干的。自己动脑筋培养了很多人才，可他们发现人才还是不够，他们从1967年开始，首先号召四五十年代出国的日本人回来，据说回来了70%。我们现在是不是能把在美国的中国人也号召回来呢？能。可是我们的工资制度不同于美国的工资制度，回来后会发生生活上的问题。人家在美国住了几十年了，一回来对我们这个低工资制受不了。日本则没有这个问题，他们的工资制度跟美国基本上差不多，甚至有的地方还要高一点。因为他们都是高消费、高工资制，因而回去一点问题也没有。这个回国的潮流，大概在50年代后期，先是在美国学校当了教授的日本人差不多都回去了；跟着，工业企业家也于1967年、1968年开始回国。所以，日本的人才培养有几条：第一条是极力促进中小学教育的发展，提高中小学教育的质量。因为他们的教师待遇比较高，以大学生充作中小学教师。第二条是把大量人才输送到美国，让美国替他培养，并且在美国工作，通过经常地使用，使知识不会老化，使用的过程就是培养的过程。他们用了这么两条，到了70年代就开始翻身了。现在成为一个技术力量雄厚，敢于同美国竞争的国家。日本的智力开发就是这样的。

我们下面讲美国的，美国本来是英国、法国的殖民地。在270～280年以前，革命以后成立了合众国，才摆脱了英国和法国的控制。他们初期自己搞工业，还是殖民地性质的，教育也比较落后。为了兴办工业，他们成立了不少中专，美国的中专现在还有某些或很多独特的优势。还有不少是所谓技术学院。例如有名的麻省理工学院，严格的翻译名应是麻省技术学院。这所学校不光是教学，还搞科研，是具备两个中心的学校。到现在为止，美国还有不少技术学院，很少搞科研，可它们的教学是联系实际的，做许多实际的生产工作。像罗杰斯特技术学院，是很有名气的，是复印机、谢恩斯拷贝、印刷机和IBM计算机四个厂的后台。它们的设备非常充分,教学完全联系实际,但不搞科研。美国的高等工科院校,就是从办这种技术学院开始的,这种学校的毕业生只能在工厂里做技术员,工程师还要到欧洲去请。大概到 1900 年前后,他们才发现这样不行,开始建立起很多州立大学(当然在这以前有很多私立大学),高等教育逐步得到了加强。州立大学就是省立大学,在 50 年代有了进一步的发展。有的州立大学有 10～20 个分校,如杨振宁就是纽约州立大学石溪分校的教授。在这些分校中,有几个目前在美国是属于第一流的。

大概在 20 年代,美国才开始注意搞义务教育,抓了中小学教育。美国的义务教育包括两方面的义务:一个是国家有义务提供条件,使美国的及龄青少年都能上学,这是一种义务;另一种义务,是父母有义务把及龄儿女送进中小学,接受应有的教育。美国政府为了实现第一种义务,在极端困难条件下,拿出了不少钱为山区建设小学。但人口居住分散怎么办?他们就用大轿车按一定的路线,每天早上 7 点钟转遍整个山区,赶在 9 点钟前把学生送到学校,午餐是学校给,即国家给的,到下午 4 点半以后,再用车子送回。美国教育的特点,就是国家要花很多钱,使每个人不管地区多偏僻、多分散,也得让他受到应有的义务教育。相反,假如有孩子,既非伤残而没让上学,一经查出父母要负法律责任,有的要罚款,有的要坐牢。这就是美国的义务教育。可是美国的义务教育,没有日本那样认真。在大城市还较好,一到农村就马虎了。美国很多人的马虎习惯跟我们很相像。

我们现在中小学里有个教师超编的问题。但美国不是这样,他们的编制非常死。一个中小学就那么几个人,一个萝卜一个坑。有人嚷嚷一个人病了或有事怎么办?不要担心,在美国,地方教育主管部门有这样一种办法,他们平时对社会上具备教师条件的人进行登记,人数很多,各科齐备,作为"后补教师",其中多数是家庭妇女,她们知识水平很高,一般都是大学毕业生。哪里需要代课的,只要讲明代课时间、课程、校址、班级,然后就用电话通知"后补教师"按时去上课,其他也都规定好了,绝不误事。这代课的工资一般比固定教师的工资多1倍。所以,美国学校的编制都很少。在好几百万人的一个大城市,像纽约就掌握有六百多名所谓的"后补教师"。代课教师一般跟其他教师一样,都通过考试,不过就是不在正式编制,管理起来也比较方便。现在,我们中小学校长很难当。难就难在人事关系上,很多人上不了课,叫他干什么呢?致使学校里扯皮的事也特别多,最后都闹到校长跟党委书记那里去了,谁也头疼得管不了!在美国则不是这样的。我看见一个统计数字,1911年美国的大学毕业生占全国18岁以上人口的4%,这个数字很接近现在我们国家的数字(我们好像还差一点,是3%或百分之二点几)。现在则为1/3,即有1/3的成年人是得到大学训练的人。当然做什么事的都有,大学毕业生开出租汽车的也有,不过总是少数。但这还比不上瑞典。瑞典要占成年人口的92%,在全世界是最高的。换句话说,美国从1911～1985年,经过74年,从百分之四上升到百分之三十四点几,是逐步提高起来的。现在美国有高等学校三千七百多所,其中真正有名的大概是一百七十几所,剩下的一般都是只上课,很少或不搞科研,可它使每个想上学的人基本上都能上学,而且学校数目还在日益增加。这是美国教育发展的情况。

美国为什么在最近五六十年里发展这么快呢?有个最大的原因是大门敞开了,尤其对知识分子松得很。他们用这个办法,大量吸收外国知识分子到美国。1933年希特勒上台后,大反犹太人,使德国犹太人很不安全,甚至性命都要赔到里头。于是在1934～1945年间,大量犹太人逃亡到别的国家,大量的逃到了美国。其中有很多是著名的学者,像钱学森的老师冯·卡门,就是1934年从德国跑到匈牙利的;后来匈牙利也靠不住了,1935年春天到了中国,在清华大学替我们办了我国第一个航空系;到了1936年6月,因我们的工资不高，就给美国拉去了。他在1936年到了美国的加州理工大学，先做一般教授，1937年就成了美国的航空顾问委员会主席。自他当了美国这个主席以后，美国的航空工业飞速发展了，技术得到了很快的提高，接着搞了火箭，搞了导弹。到了60年代，他七十多岁了，念念不忘要回自己的欧洲老家，返欧后还担任了大西洋联盟的航空顾问委员会主席，就住在比利时，有一段时间住在法国，1968年在比利时去世。这个人的终生，基本上是为美国航空事业的发展作出了极大的贡献。当然他也培养了不少人才，中国的钱学森就是其中的一个。想起当年钱学森的老师里头，有成就的基本上都是这批人。像安斯特，像后来创造了计算机软件、用所谓二进位制领导36人经过一年工作搞出了第一台计算机的冯·诺伊曼等很多人，都是那个时候逃到美国去的。所以，希特勒把人才撵走了，反而让美国大捞了一把。那个时候美国的高等院校得到很大的发展，各个学校里有名的教授基本上都是他们。

这样，美国还觉得自己力量不够。到了1945年希特勒投降后，抽派了二百多名中、青年科技人员到美军占领区，调查德国希特勒统治下的科技人员，调查访问这些人员的年龄、特长、家庭情况、希特勒给的生活待遇、具体工作情况和有什么成就等等。这种调查实际是审问，一般审问半天，回来写个报告，交给占领军总部。经过占领军总部挑选，一共挑了四千多名出色的科技人员，作为战俘被通知携带其全部家庭成员集中起来，全部用飞机运到美国。美国这一招很厉害，其中就有后来担任美国宇航局总顾问的冯·布昂，美国阿波罗号宇航船就是在他领导下搞成的。这个人是给希特勒搞火箭的专家，据说到美国后第三天就被指定当了美国宇航局总顾问，还给了优厚的待遇。到现在这个人年纪很大了，虽然有人告密，说他是纳粹分子，杀过人的，可美国人保护他，到现在还用着。

美国这样搜集人才还感不够，他们利用第二次世界大战后欧洲各国都很穷困的时机,在英国、法国、比利时、荷兰、挪威、意大利等国家的知识分子中,以高薪金聘走了不少人。当然,也有爱国的不走。此外,他们还在那些区域里头,寻找得到博士学位的人,以美国某个公司的名义高工资聘请,也拉走不少人。当然,现在西欧都上来了,情况不一样了。

我国解放以后,美国把所有中国留学生都扣住了,而且都给高工资,让他们过很好的生活。随后日本人大批去了,我国台湾也有大批人去了,它都全部留下。用这个办法吸收全世界的人才为他们服务。像基辛格是1952年去美国的,他是德国库雷姆大学经济系毕业的。去了以后,就在哈佛大学从助教、副教授升为教授,以至成为国务卿。可见美国在吸收延揽人才上,真是不拘一格用人才啊!他们一方面发展自己的教育,培养人才,不惜花很多钱;一方面吸收延揽外国现成的人才,其有利因素是高工资、高消费,穷地方的人才最容易被他们吸引过去的。他们唯独对日本人没有办法,日本人去了,又跑了。我相信,我们的社会进一步发展了,工资水平能够跟美国相比或者能达到美国的一半,我们只要一号召,在美国的多数美籍华人都会回来的。现在就有不少人想回来,事实上宁愿放弃自己的优越生活而回来的也大有人在。

我们中国人的性格跟欧洲人不太一样,特点就是老实,乡土观念重,时刻向往祖国,不论怎样出去的,总是向往家乡,向往祖国。现在唯一的困难,就是工资差距太大。这个困难,我们估计一个时期会慢慢缩短以至消灭的,那时大批的人会回来的,所以我们不愁没有人才。当然,我们要跟美国一样,对中小学教育应该抓紧,大学教育还要进一步发展。要不然,就建设不成一个现代化的国家。一个现代化国家不可能建立在文化较低、工农业生产水平不高的基础上,这是一个很现实的问题。但美国的经验,有的我们还不能采取。像美国一个教授的工资,大概一年3万美元,按我们现在的比值约折合人民币8万元。我这个大学校长一年才4 000元,还是高工资啊！10年4万,20年才8万。当然,有少数人愿意牺牲,说少给些也愿意来。但最少一月得给他个1 000元、2 000元,这样一年也够厉害的。多数人愿意牺牲一点,但不能牺牲那么多。所以我们引进人才,问题就在这里。

我介绍这么两个经验,供大家考虑考虑,但这两个国家,都是抓了中小学教育的结果,其中日本抓得比美国还厉害,国民的平均文化水平比较高,所以日本就上去得快。我记得我们小的时候,约在30年代,那时抵制日货就容易得很,因为日本货价钱虽便宜,但质量很差。现在就不一样了。由于它中小学教育普及了,工人至少高中文化水平,产品质量很好,连美国人都比不上他们。对这两个国家我只能大概讲一讲,大家还可以找到很多资料,进行深入研究。这是我讲的第一个问题。

二、人才怎样培养的问题

这主要靠大规模的正规教育。正规的教育是大规模的工业化生产,我们过去的私塾则是个体生产。例如,老中医可以把技术传给儿子,这是一个对一个的。学校是大规模的生产,是一个生产过程,老师的生产就是教育学生。教育一定要讲究质量,大规模生产不成功的表现就是质量很差,出大量的废品。在教育质量方面,美国就没有日本严格,日本的中小学教育是成功的,质量比较高,美国就差一点。他们都有淘汰制,日本淘汰得更厉害些。

现在,中共中央颁布了关于教育体制改革的决定,这个决定主要解决的是教育的宏观方面的改革。其中提出了一个重要任务,是有步骤地实行九年制义务教育。义务教育的要求和内容,全国大致按三类地区安排,因地制宜,有所不同。这是符合我国当前情况的。当然,最关键的还是要抓质量,因为这是个大规模生产,不抓质量同样浪费多,生产废品。我们在"四人帮"时期就是生产废品的,我们并不否认那时工农兵学员中有的也是很优秀的,我这次在兰州参加了一个博士研究生的答辩,他就是工农兵学员。所以,工农兵学员只要努力,还是可以的。还有个别的工农兵学员,以后在工作里自学,学习成绩也有很好的,不过多数是不合格的,我们当年没有把这个质量关,大规模生产一定要把质量关。过去我们批评淘汰制,我觉得必要的淘汰制还是应该有的。淘汰制就是要反对"大锅饭",不是进学校不念书也能毕业。而应根据计划很好地进行学习,才许毕业。这点现在我们没有做到。

我们中小学教育,尤其是幼儿教育问题很多。我们国家有很好的幼儿教育机构,但在不少的托儿所、幼儿园里,阿姨的文化太低。幼儿园是启蒙教育,阿姨本身没有文化是危险的。对于六七岁以前的小孩,第一必须养成独立生活的习惯。美国人称我们一对夫妇一个小孩是"小皇帝社会"。我们现在有很多"小皇帝",这些"小皇帝"娇生惯养得太厉害了,将来在社会上是个大问题。第二要有自尊心。现在幼儿教育,打呀罚呀,甚至还有的用手拧小孩的屁股,小孩见了阿姨很害怕,这不行。阿姨必须要受过一定的教育,使她们理解她们是在自觉抚育一个人,一个我们将来需要的人,有独立生活能力的、有自尊心的人,我们现在没有办到这一点。幼儿园、托儿所也有很好的,但那是重点,多数非重点的不行。要指出这个问题,这关系到我们的未来。怎样进一步提高幼儿教育的师资,是很重要的问题。我们对阿姨要尊敬,但不能尊敬打人的、拧小孩屁股的阿姨。采取这种办法,有些倔强的小孩是会用各种方式起来反抗的,甚至会影响到有些孩子长大以后在某种情况下走向歧途。现在社会上有一批年轻人谁都管不住,就是打屁股培养出来的。现在有些家庭教育也不正常,很多父母因为生活得很艰苦,就拿小孩出气。这个现象并非十分普遍,但这对于我们培养下一代来说就很严重了。在小学教育方面,小学老师非常重要。现在还有这样的老师,说小孩太顽皮了。七八九岁的小孩是顽皮一些,尤其是男孩。顽皮是好事情,表示他精力旺盛,问题在于我们怎样引导教育他。现在我们小学里的少先队中、小队长,差不多都是女孩子,因她们听话,很少有男孩子当中、小队长的。难道男孩子都不行吗?这是我们的偏见。觉得小孩顽皮是不好的。我觉得小孩顽皮是好的,应引导他们把精力花到好的方面去。有的小学老师上课时正在黑板上写字,一看见小孩在那儿捣乱,在台上啪一下一个粉笔头打到小孩头上,当然小孩见他很怕。这有什么好处呢?用这种压制办法对待小孩,我是不赞成的。应该用引导的办法,使小孩走向正轨。现在有不少班,尤其是在普通学校里,一堂课散下来,教室门口罚站的学生一长串。我们应该呼吁:不要再那样搞下去了,这是伤害小孩自尊心的,没有什么好处。罚他,只能引起他的反抗,如果发展成全体性的反抗,就要增加公安机关的负担了。

  现在的小学教育,启发性较少,背书较多。有不少学生在小学、中学考试成绩都非常好,可进了大学以后就不行了。现在大学有一个名称,叫"高分低能"。我们现在是按分数录取学生的,分数很高,能力很低。现在我们考试,要求背书。小学、初中这样搞,高中也是如此。背书是科举制度遗留下来的东西,科举是背四书五经。背书一点不好,就是在从前也是不好的。孔夫子就说过:"学而不思则罔。"学了不想想就完事了,这种人是没用的。孔夫子也不赞成背书。前清有个文人郑板桥,做诗、绘画、写字都是有名的,这个人不太愿意背书。因此,他考八股考不好,他是康熙后期的秀才,一直考了八九年,才在雍正二年考上了举人,到了乾隆的初年才考中了进士。所以人称他是康熙的秀才,雍正的举人,乾隆的进士。他很不喜欢背书。他曾经做过县知事(相当于现在的县长),在现在的山东潍县。有一次,他微服出访,到了一个很破烂的房子里,发现有一个很年轻的小孩在朗读四书,这小孩口齿清楚,书背得很熟。经过攀谈,郑板桥很赏识这个小孩,就请这个小孩到他的县里。郑跟他谈话,他引经据典,都清清楚楚,不论什么文章,他看两遍就能背,但郑板桥向他提个问题,他就回答不出来了,问题是他光有背书的能力,没有说理的能力,思路不清。郑板桥就给他讲,念书绝不能背,每一段书要领会它的精神实质,领会它的要点,有些书可以反复地领会,要养成这种习惯。这个小孩后来就按他的办法做,到了18岁,就考上了进士,到潍坊做了县长,接了郑板桥的班。这个人是清朝末叶有名的学者,写了不少书。当然,我们现在不能学郑板桥了,不过我们希望我们的老师,不要乱让学生学习背书。有些东西是可以背的,像"九九"口诀,背了是准备用的。实际上理解才能背出来,理解要放在首位。我们决不能造成新的八股之风。今年高考很好,出的题目不需要背书,考的范围比较广,学生不能靠背书,而要靠理解。教学方法跟高考是有关系的。

总之,中小学还有很多问题,尤其是中学。中学老师是影响小孩一辈子的。小学老师培养学生一些习惯,培养学生的独立性和自尊心,而中学老师是培养小孩的人生观的,老师一举一动都对学生有很大的影响,比大学老师的影响还深,因为大学老师主要是教知识的。在这次召开的关于教育体制改革的会议上,胡乔木同志讲了今后我们学校的政治教育。他指出:思想教育应是解决人生观问题。中小学学生,到2000年时是掌权的人,假如我们不在中小学教育中解决他们的人生观问题的话,我们的社会是不可能进步的。"四人帮"把我们的教育破坏得是很彻底的,为什么现在社会上青少年犯罪那么严重?新的不正之风哪儿来的?难道我们教育就不负一点责任吗?现在,有不少人认为教育就是学点知识,那是绝对错误的。知识是要学的,但只是一个方面,更重要的是品德教育,而品德教育更重要的是要在中小学完成的。老师要表现得能为人师表,师表并不是容易做的。要把小孩培养成国家的栋梁,老师的责任是很重的。当前,我们的物质条件的确艰苦,中小学老师的待遇以后肯定要提高,由于过去失误,欠的账太多了,很多人有意见,是可以原谅的。

我们现在还有重点学校和非重点学校,不光是中小学,大学也有。我认为,重点学校是可以有的,但不要把非重点学校忘了。因为我们是培养我们的后人的,多数人在非重点学校,只有少数人在重点学校。我们说重点学校是指有钱的、师资也比较整齐的、对一批人进行特殊培养的学校。应该把所有的学校都办成重点学校。有人说我们现在没有这个条件,这可以原谅。但一个城市可不能就满足这样三五所重点学校,其他一概不管。现在变成这样了:决定人的命运是在七八岁,上一二年级的时候,只要能进入一个重点小学,那几乎就保证他以后能进重点中学,以后能进重点大学了。七八岁的小孩就能定终身吗?我就不相信。男孩子的转变,一般都在十四五岁以后,而前一个时期则精力越好越顽皮,也越不用功。我遇见很多这样的例子,我自己就是这样。我以前功课是很不好的,顽皮得要死。这只证明我精力旺盛,并不证明我不长进嘛!我是到了大学才用功的,就赶上去了。那时候没有重点学校和非重点学校,学校间的差别不是很大的,只要进到学校基本上还是可以的。现在,同样是个学校,差别很大。现在北京还有这样的小学:老师上课只能用半根粉笔,否则,钱就不够了,连订份《人民日报》也没有钱,椅子坏了老师拿绳子捆一捆。没有办法,经费少得可怜,这就是非重点学校。而在重点学校,连计算机都有了。这样行吗?!我认为,非重点学校也应该多给点钱。重点学校钱给得太多了,就可能造成浪费。有些学校叫重点花钱,有些重点学校的钱比非重点学校多10倍以上。不能老是锦上添花,现在需要雪中送炭。重点学校的老师,奖金也多,很高兴;学生更是狂妄得厉害,认为自己了不起,保证将来进重点中学、重点大学,以后出洋,回来可以当个不小的官。多数非重点学校自暴自弃,反正就是那样,钱也没有,教师的质量也不高;学生也自暴自弃得厉害,反正能弄个初中毕业就行了,初中毕业后,最好是当个汽车司机,汽车司机收入多啊!捞不到这个,就去摆摊卖香烟,卖大碗茶,卖冰棍。这样的人自暴自弃到了极点,将来有合法的手段拿不到自己所需要的,就用非法的手段拿、偷、抢,什么都干,结果造成社会不安宁,犯罪率增加。当然,我们可以严格地执行法律,但是我们在执行法律之前,在中小学教育上多花点钱、多花点力量,不是可以使我们的公安局、法院、检察院少点事吗?我是反对把我们的小孩分成重点学校类和非重点学校类的。

我们的教育是国民教育,教育经费是人民的劳动提供的,但我们的教育还不平等。现在,中央把权分给各个省市,各省市更应该足够地关心、理解这个问题。我有个建议,一下子把所有中小学都办好不容易,应分期分批地搞好。本来这里有五个重点中学,那么今年再抓五个,使它稍微改进改进,把教师队伍整顿一下,房子、家具、实验设备太差的,稍微再提高一点。明年再来五个,后年再来五个,利用个十年八年时间,一批一批地搞。合格的教师应该让他安下心来,不合格的教师去学习,学习了还不行的教师应该转业。要使父母能安心地把小孩交给学校,现在父母不安心哪!下班回来得给小孩补课。小学也应该分期分批地搞,把重点学校的钱稍微拉点下来,其他地方再加一点,一批一批地搞。欠债太多了,不能一下子都还清,但这是最起码的、并不是过高的要求。办好中小学教育是立国之本。

现在,有这样一所大学,一年要花1.7亿元,而且还有其他的收入,我觉得花个0.7亿元就足够了,拿出1亿元来把中小学办好一点。这是我的看法,不一定正确。0.7亿元,比上海工大多10倍,我们只有700万元,也在办学。我觉得重点学校费用太多了。大寨是我们从前的农业重点,但这个重点是没有学习的可能性的。虽然墙上到处是学大寨,可有哪个公社学好了呢?没有条件。国家是给了大寨好多钱的,没有钱就无法学,大寨式的重点是失败了。我们可以有重点,但重的不是绝对的重。我们有这样的看法:我们国家就是有100个诺贝尔奖金获得者,也不能成为强国,我们只有把中小学教育办好,人民的素质、文化水平普遍提高了,我们才可以成为一个社会主义强国。我们应该重视我国的正规教育——中小学教育。

三、人才的使用和培养

人才,在新的工业化的社会里,决不能一次完成培养。现在各方面进步太快,像江苏省的农村是一年一个样,那样飞速进展的社会,任何人都要不断地学习,要不然,知识就跟不上。30年代有个统计,当时全世界大概有两千多种科学技术杂志。大概每隔30年,人类创造的新的知识理论就增加1倍。现在科学技术,甚至人文科学方面的发展,已远远超出过去的速度。过去30年知识增加1倍,在大学里假如把从前这一方面的知识都念会了,那么可以在工作岗位上用这些老本吃他30年饭。所以30年代是可以大学毕业以后就用不着再学了,用已学的知识就够了。现在不一样了,1982年我国有一个统计,全世界除了文法经济方面的杂志以外的科技杂志,由1982年以前的两千多种增加了很多。作为新的知识,还有一大部分是保密的,没有发表的。估计现在是每隔三年左右的时间,人类的知识就增加1倍。假如在大学里学的都是现代化的东西(当然我们现在办不到),毕业了以后不学习,三年以后就有一半不懂,再隔三年以后就仅有1/4是懂得的,知识老化了。现在提出了高等学校在教育上的危机。过去毕业十几年还是行的,20年后可能有人不行,有人还行。现在是很快就不行了,这便成了高等学校教学上的一个原则性的问题。我们培训出来一个人,要使他能够长期适应社会的需要,跟着社会前进,在教学上就提出了不同的要求。过去我们的习惯是,要成为一个什么专业的毕业生,必须学习十多门课(后来改到32门课),每门课有个教学计划,要按计划学,老师不讲学生就不懂,在这样一种思想指导下,老师没有注意到训练学生获得知识的能力。学生要有这种能力就必须不断地从新的杂志上汲取营养,提高自己的业务。高等学校应该强调培养学生自己获得知识的能力,我觉得这个训练是当前教改的一个关键问题。培养学生的自学能力、寻找资料和获得新知识的能力,这是我们所有的老师都应该重视的问题。最近这一方面谈得很多,是一个好现象,会促进我们高等学校的教学改革的。

现在强调研究生的培养,这是对的。可研究生怎样培养?是不是让他们多听几门课?应该通过研究生阶段的学习,教给他搜集资料、分析资料、品尝资料的能力。在这个基础上,自己提出问题,自己解决问题。将来到任何工作岗位上,就能不断更新自己的见解,独立处理各种问题。这样就不会落伍,知识就不会老化。现在有一个文件,让老年人全退休,这对科技人员不合适。因为知识老化不是年龄老化。如果年轻人不懂得自己更新知识,虽然他才三十几岁,实际上已经老化了。有的老头子不断更新自己的知识,虽然他已80岁了,但还是年轻的,还应该战斗在第一线。当然,搞行政工作就要年轻化。现在行政工作太难搞了,婆婆妈妈的事太多,年纪大了没有这个精力。在老年科技人员中,如果长期没有更新知识,或者身体不好,就该退休,但决不能一律规定60岁都退休,这个提法是把知识老化和年龄老化等同起来了。

现在,很多中小学开旅馆。一些教师说:"从前我们是臭老九,现在变成店小二了!"上海南京路上有几个小学把多余的教室当作仓库租用,三间教室一年租金20万元,为学校增加收入。我觉得不如用这些校舍办大专,请社会上一些闲散的知识分子来讲课。现在我们一些会计差得很,查账查不清,有的会计没有经过训练,记的账只有他自己了解,别人看不清,甚至贪污账一辈子也查不清。我们学校的职工里有很多人也很差。我们就经常发现誊错分数,把这个人的分数记到那个人名下的事情。可以办几个培训这些人的班,经过严格训练,考试合格,可以提前毕业。我们办这样的班比一般业余学校还容易,大学来办,同时还可使学校有一点收入,社会上闲散的知识分子也可以动员起来,民主党派可以支持这些学校。

现在,最主要的问题就是知识分子要培养。那些先进的国家、先进的地区都是这样做的,为什么我们不能这样做呢?我们顺便给他发大学文凭。当然,我们现在有个不好的情况,升级与文凭有关系。听说现在有卖文凭的。有这么一个学校,上学九个月、三个月,甚至不上学,只要交多少钱,到时候就能发个文凭。我是反对这样做的。受训练要经过严格考试,虽然受了训练,但没有很好地学习,考试不及格,就不能给文凭。

目前,还有一个落实政策问题。国家已经做了很多这方面的工作,很不容易。特别是这五六年来,党中央一直还在说,知识分子政策还要落实,可见还没有完全落实。虽然各个地区已经尽了很大力量,但因欠的债太多了,短期内都还清不可能。还有不少地方的知识分子,存在着夫妻分居两地、级别不合适、房子不合理、学非所用等问题,现在也都在不断解决。

有些地区出现知识分子外流问题,这里听说还不错。外流有的地区不严重,有的地区很严重。知识分子外流,有人认为是待遇不好,其实不只是这个原因。很多中年知识分子不愿意留下来的原因是多方面的,其中一个是他的小孩将来上学机会很少。知识分子最关心他自己的小孩,希望将来也跟他一样有知识,可是有的地方就没有什么中学。三线建设中有很多厂,附近没有学校,由于孩子上学非常困难,他们都很不安心,都想要离开。所以我有个建议,让这些工厂跟学校以及高等学校,合办附属中小学,把它办好,这就能把这批技术人员留下来。当然,我们还需要从沿海地区吸收一些人到这些地区来。怎么吸收呢?我有个意见,就是对这些人的待遇,可以使这个地区的领导有自决权,不要"一刀切"。而且不光是钱的问题,你本来是个副教授,我请你来当教授,有什么不行呢?现在教授要教育部批,很难办。老实说,我当校长的都不太清楚哪个人该升，哪个人不该升。为什么不叫他本系的人来研究呢？这个权力应该下放。下放了当然还会出现一些问题。你说这个讲师很好，应该升，我说这个讲师不行，怎么办？教授本来就多，再升一些，教授又太多了，怎么办？我想教授应该有个总的编制，你一超过编制就放几个出来，到教授少的学校去当教授。至于谁当教授，不能由你自己决定，这不就行了嘛！

现在有一个规定，说每一个领导班子里头要有百分之多少是大学生。这一下不得了！有些小县里，就只有一两个大学生，原是重点工厂的厂长或经理，可是调到县上当领导去了，这个厂就垮了。领导干部要通才，样样要懂得一点，要有宽广的知识面，不一定是专家，要有组织能力。而现在我们的大学教育是专门教育，一来就是专业，专业以外的东西他是完全不晓得的。我们现在的中学生，历史、地理、心理学、社会学、经济学学得很少，历史、地理知识很差。高等学校只考语文、英文、数学、物理、化学、生物，因此，历史、地理是完全不熟悉的。现在要开放了，这个大英帝国为什么有时叫联合王国，有时叫英国，弄不清楚；爱尔兰怎么也弄到英国去了，也搞不清楚。德国，为什么又分东德、西德？东德为什么又叫民主德国？西德为什么又叫联邦德国？美国怎么又叫美利坚合众国？美利坚合众国又是什么玩意？还有什么西欧共同体，这事太复杂啊！

我曾经在火车上遇到一位很体面的同志，从安阳上车的，当时天气很热，他跟我聊天。他说："你从郑州来，过汉口，汉口热得怎么样？"他的地理知识太差了！在福州，南宋时有个有名的书法家叫蔡襄，写的字很好很多，石碑刻在那里。当时我在福州也曾遇到一位很体面的人，他问我："蔡囊是什么人？"他把"襄"字念成了"囊"字，说来这都是笑话。我们专业人员历史知识没有，地理知识没有，很危险哪！大家晓得，在泰山底下，有一个很有名的石刻叫"经石峪"，是北齐四年刻在那儿的。一部经，有二千二百多个字，是我们的国宝,是全国性的文物保护单位。有那么一个地质学家,他是个专业人员了,地质学家嘛当然是大学毕业,去了一看,说这个石头好,在华北没有看见过,他要这个石头。他有权,还有队伍,"来,凿个眼,把火药埋进去,给我炸一块下来!"当地的乡长、县长、文物保护人员把他围起来,不许他炸。他说:"不行,我们搞地质的人是可以通行无阻的,只有解放军可以阻止我们。"那么,没等解放军来,他就把它炸了。现在还剩八百多个字。这个人后来当然被关起来了。破坏文物,人家劝告不听,现在不知道怎么样了。你看,一个专家,没有文化,他根本不晓得北齐是什么,这个石刻是多么重要的东西,多么值钱的东西,他不晓得。他光学了地质,没有学历史。

山东沂蒙山区有个村庄,这村庄旁边有个小山,山上都是片岩,是硅藻土的片岩,硅藻土石,是一种适用炼制裂化石油的触媒剂,美国人要买,出 80 美元 1 吨,是一个化学工程师发现的,如获至宝,要开采。后来也同意了,上级那位同志批准同意开采,现在已经开采 1/3 了,这究竟是什么东西呢?原来这是那个地点的水成岩里头的化石,一大片,一片都是几米宽、十几米长的,都是大型的新生代的动物化石。那是很贵很贵的,新生代的动物、大动物,非常大的,曾经有个联邦德国的专家要来买一块,肯花 4 000 万马克买一块,我们国家不卖,因为这是保护的文物,这也是文化,没有卖。现在呢,开掉 1/3 了。他是学化工的,他没有学地质,也没有学地理,也没有学古生物,所以他全不懂。可见这个文化素养是很重要的。但是,我们却恰恰忽视了这一方面。

我们现在大量的干部要做思想工作。什么叫思想工作,老实说,就是深入的心理学的工作。真正要提高思想工作的质量,就是要多学学心理学。现在要搞经济战略,可是我们的经济知识很差,政治经济学不解决这个问题,这要有很多经济常识。什么叫市场?什么叫价格?价格在市场起什么作用?市场心理学是怎么样的?

等等,都要懂得才行。现在我们社会上发生的问题,许多都是市场心理学的问题,说是什么产品销路好,大家就一哄而上。有经验的人呢?你哄上去他退了。他另外找新东西干上去了,这是懂得市场心理学的。不懂得市场心理学,大家一哄都赶潮流去了,结果你上去得太晚了,你亏本了。要懂得市场心理学、市场需求的关系,这是现在我们干部的必备条件,这叫通识。现在我们有人讲通才,通才叫才干,通识是讲有更通广的知识。我们现在的大学里都是专的,中学里没有注意常识的培养。我说,明年高考里面应该多一门课,叫常识课,这门课很重要。应该有常识性大学,那些大学生毕业后去当干部倒是很合适的。当然,专家我们要,可这些专家让他去钻专的东西,不要让他去做一般的管理干部。一个通识的知识分子,跟一个专家是有很大区别的。我们没有注意这个区别,过去反对通才教育,现在大家已经慢慢地认识到不能反对这种东西。所以,现在主张专业面要扩大一点。其实还没有完全懂得,一个人首先要有相当广泛的常识基础,以后才能讲专,现在我们把培养人分为两类:一类培养通一点的,一类培养专一点。将来干部从通的里头产生,只要他有组织才能的,就可以做干部,可能我们国家这样上去要快很多。而且这个专才有毛病,他不容易改行,要他改行他就跳起来了。现在呢?恰恰因为专业分得很细,毕业生的分配谁也闹不清楚。对某些人来说,这些专业名称实在是太抽象了。

前年,有个学力学的,24岁了,毕业分配后,写了封信给我,他大有意见。原来,他是志愿支援边疆的,到了边疆以后,这个边疆地区的人事干部开了两个月的会,研究这个学力学的人干什么工作?想来想去,力学大概是用力的,花力气,要有劲,所以最后分配他去当钣金工。他有意见,写信给我,经我解释,后来把他放了,调换了工作。他不干钣金工,因为这个工种不用力学。我们现在还有许多专业,很多老百姓不太清楚。老实说,我在工业大学当校长,应该对所有专业一清二楚,知道它是干什么的,但还有许多专业我也说不清楚。专业教育,对分配工作是非常困难的。现在在改进,最近叫"产需销见面",可以改进一些。可是还有问题,你这个单位原来是搞什么的,搞了两年改产了,这个专家就挂起来了,他没学过别的,他只学这个。你改产了,他怎么办呢?他就要往外调,这样的情况很多。我们的专业跟专业之间的界限太厉害了,一个学校有两个教研组,是老死不相往来的。搞理论力学的人,你叫他教材料力学他直摇头,说"我不会教"。教材料力学的叫他教理论力学,他说"我只会教材料力学,不会教理论力学"。这可真是个问题,专一化得太厉害了。行当不合,现在是个问题,长期是个问题。所以我赞成在适当范围内让他流动,让他自己找合适的地方去。像陕西吧,你不愿意他离开陕西,可以规定,在陕西省内流动,这不是保留下来了嘛。使一个人找一个合适的工作,他的效率比干他不合适的工作效率要多1倍、2倍甚至3倍,这是经济利用人才的一个很重要的形式。在50年代,有很多念俄语的,后来到了70年代,很多俄语教师转为英语教师了。现在俄语大概要稍微吃香一点,那么他们也可以改回来。可这个改行太困难了,这是因为俄语训练太专。假如说,那时俄语训练之外还有一种语言是它的辅助语言,那么他搞那个不行,还可以搞这个。现在没有这样一个训练办法,将来很可能英语太多了,法语不够了,德语也不行。外语教育是个大问题,太专了不行。

我们的中文系呢?是教古代汉语、现代汉语的,古代现代分得非常清楚。现在还有只学现代汉语,古代汉语根本不学的,分得太清了。我说学现代汉语的也得学一点古代汉语,古代汉语的基础还是需要的。这样一些人也就活了,使他能够把过去欠的债还一还,调整得好一点,发挥他的作用,一个人顶两三个人用,同时,让他走动走动,走动比不走动好。他在这个地方,听见的老是这一套话,老是这几个老师,你换一个学校,那边的话都跟你不一样,可以清醒清醒,还有不同的观点。我们不要老在一个观点的地方,多走动走动有好处。所以我是主张流动的。假如这个地方觉得可惜，人才不能外流，可以在省内流。省内流动也是充分发挥他的作用的一个办法，这对一个省来讲是不吃亏的。

  我总在说些别人听不进去的话。不过，我的出发点是好的，就是希望大家能把我们的国家在短时期内搞上去。刚才讲的问题不一定完全合套，可我总觉得不说也不好，说了可能不对，请大家原谅，我的话完了。

力 学*
——《中国大百科全书·力学卷》词条

  力学是研究物质机械运动规律的科学。自然界物质有多种层次，从宇观的宇宙体系，宏观的天体和常规物体，细观的颗粒、纤维、晶体，到微观的分子、原子、基本粒子。通常理解的力学以研究天然的或人工的宏观对象为主，但由于学科的互相渗透，有时也涉及宇观或细观甚至微观各层次中的对象，以及有关的规律。机械运动亦即力学运动是物质在时间、空间中的位置变化，包括移动、转动、流动、变形、振动、波动、扩散等，而平衡或静止，则是其中的一种特殊情况。机械运动是物质运动的最基本的形式。物质运动的其他形式还有热运动、电磁运动、原子及其内部的运动和化学运动等。机械运动并不能脱离其他运动形式而独立存在，只是在研究力学问题时突出地考虑机械运动这种形式罢了。如果其他运动形式对机械运动有较大影响，或者需要考虑它们之间的相互作用，便会在力学与其他学科之间形成交叉学科或边缘学科。力是物质间的一种相互作用，机械运动状态的变化是由这种相互作用引起的。静止和运动状态不变，都意味着各作用力在某种意义上的平

---

  * 与钱令希、郑哲敏、林同骥、朱照宣合著，《中国大百科全书·力学卷》，中国大百科全书出版社1985年8月版，第1~4页。

衡。力学,可以说是力和(机械)运动的科学。

力学在汉语中的意思是力的科学。汉语"力"字最初表示的是手臂使劲,后来虽又含有他义,但都与机械或运动没有直接联系。"力学"一词译自英语 mechanics(源于希腊语 μηχαυη——机械)。在英语中,mechanics 是一个多义词,既可释作"力学",也可释作"机械学"、"结构"等。在欧洲其他语种中,此词的语源和语义都与英语相同。汉语中没有和它对等的多义词。mechanics 在 19 世纪 50 年代作为研究力的作用的学科名词传入中国时,译作"重学",后来改译作"力学",一直使用至今。"力学的"和"机械的"在英语中同为 mechanical,而现代汉语中"机械的"又可理解为"刻板的"。这种不同语种中词义包容范围的差异,有时引起国际学术交流中的周折。例如机械的(mechanical)自然观,其实指用力学解释自然的观点,而英语 mechanist 是指机械师,不是指力学家。

发展简史

力学知识最早起源于对自然现象的观察和在生产劳动中的经验。人们在建筑、灌溉等劳动中使用杠杆、斜面、汲水器具,逐渐积累起对平衡物体受力情况的认识。古希腊的阿基米德对杠杆平衡、物体重心位置、物体在水中受到的浮力等作了系统研究,确定它们的基本规律,初步奠定了静力学即平衡理论的基础。古代人还从对日、月运行的观察和弓箭、车轮等的使用中了解一些简单的运动规律,如匀速的移动和转动。但是对力和运动之间的关系,只是在欧洲文艺复兴时期以后才逐渐有了正确的认识。伽利略在实验研究和理论分析的基础上,最早阐明自由落体运动的规律,提出加速度的概念。I.牛顿继承和发展前人的研究成果(特别是 J.开普勒的行星运动三定律),提出物体运动三定律。伽利略、牛顿奠定了动力学的基础。牛顿运动定律的建立标志着力学开始成为一门科学。此后力学的进展在于它所考虑的对象由单个的自由质点转向受约束的质点和受约束的质点系;这方面的标志是 J. le. R. 达朗伯提出的达朗伯原理和 J. L. 拉格朗日建立的分析力学。L. 欧拉又进一步把牛顿运动定律推广应用于刚体和理想流体的运动方程。欧拉建立理想流体的力学方程可看作是连续介质力学的肇端。在此以前,有关固体的弹性、流体的黏性、气体的可压缩性等的物质属性方程已经陆续建立。运动定律和物性定律这两者的结合,促使弹性固体力学基本理论和黏性流体力学基本理论诞生于世,在这方面作出贡献的是 C. L. M. H. 纳维、A. L. 柯西、S. D. 泊松、G. G. 斯托克斯等人。弹性力学和流体力学基本方程的建立,使得力学逐渐脱离物理学而成为独立学科。另一方面,从拉格朗日分析力学基础上发展起来的哈密顿体系,继续在物理学中起作用。从牛顿到哈密顿的理论体系组成物理学中的经典力学或牛顿力学。在弹性和流体基本方程建立后,所给出的方程一时难于求解,工程技术中许多应用力学问题还须依靠经验或半经验的方法解决。这使得 19 世纪后半叶在材料力学、结构力学与弹性力学之间,水力学和水动力学之间一直存在着风格上的显著差别。到 20 世纪初,在流体力学和固体力学中,实际应用同数学理论的上述两个方面开始结合,此后力学便蓬勃发展起来,创立了许多新的理论,同时也解决了工程技术中大量的关键性问题,如航空工程中的声障问题和航天工程中的热障问题。这种理论和实际密切结合的力学的先导者是 L. 普朗特和冯·卡门。他们在力学研究工作中善于从复杂的现象中洞察事物本质,又能寻找合适的解决问题的数学途径,逐渐形成一套特有的方法。从 60 年代起,电子计算机应用日广,力学无论在应用上或理论上都有了新的进展。力学继承它过去与航空和航天工程技术结合的传统,在与其他各种工程技术以及与自然科学的其他学科的结合中,开拓自己新的应用领域。

力学在中国的发展经历了一个特殊的过程。与古希腊几乎同时，中国古代对平衡和简单的运动形式就已具备相当水平的力学知识，所不同的是未建立起像阿基米德那样的理论系统。在文艺复兴前的约1 000年时间内，整个欧洲的科学技术进展缓慢，而中国科学技术的综合性成果堪称卓著，其中有些在当时世界居于领先地位。这些成果反映出丰富的力学知识，但终未形成系统的力学理论。到明末清初，中国科学技术已显著落后于欧洲。经过曲折的过程，到19世纪中叶，牛顿力学才由欧洲传入中国。以后，中国力学的发展便随同世界潮流前进。

学科性质

力学原是物理学的一个分支。物理科学的建立则是从力学开始的。在物理科学中，人们曾用纯粹力学理论解释机械运动以外的各种形式的运动，如热、电磁、光、分子和原子内的运动等。当物理学摆脱了这种机械（力学）的自然观而获得健康发展时，力学则在工程技术的推动下按自身逻辑进一步演化，逐渐从物理学中独立出来。20世纪初，相对论指出牛顿力学不适用于速度接近光速或者宇宙尺度内的物体运动；20年代，量子论指出牛顿力学不适用于微观世界。这反映了人们对力学认识的深化，即认识到物质在不同层次上的机械运动规律是不同的。通常理解的力学只以研究宏观的机械运动为主，因而有许多带"力学"名称的学科如热力学、统计力学、相对论力学、电动力学、量子力学等在习惯上被认为是物理学的分支，而不属于力学的范围。但由于历史上的原因，力学和物理学仍有着特殊的亲缘关系，特别是在以上各"力学"分支和牛顿力学之间，许多概念、方法、理论都有不少相似之处。

力学与数学在发展中始终相互推动，相互促进。一种力学理论往往和相应的一个数学分支相伴产生，如运动基本定律和微积分，运动方程的求解和常微分方程，弹性力学及流体力学的基本方程和数学分析理论，天体力学中运动稳定性和微分方程定性理论等。有人甚至认为力学是一门应用数学。但是力学和物理学一样，还有需要实验基础的一面，而数学寻求的是比力学更带普遍性的数学关系，两者有各自的研究对象。

力学与物理学、数学等学科一样，是一门基础科学，它所阐明的规律带有普遍的性质。

力学又是一门技术科学，它是许多工程技术的理论基础，又在广泛的应用过程中不断得到发展。当工程学还只分民用工程学（即土木工程学）和军事工程学两大分支时，力学在这两个分支中已起着举足轻重的作用。工程学越分越细，各个分支中许多关键性的进展都有赖于力学中有关运动规律、强度、刚度等问题的解决。力学和工程学的结合促使工程力学各个分支的形成和发展。现在，无论是历史较久的土木工程、建筑工程、水利工程、机械工程、船舶工程等，还是后起的航空工程、航天工程、核技术工程、生物医学工程等，都或多或少有工程力学的活动场地。力学作为一门技术科学，并不能代替工程学，只指出工程技术中解决力学问题的途径，而工程学则从更综合的角度考虑具体任务的完成。同样的，工程力学也不能代替力学，因为力学还有探索自然界一般规律的任务。

力学既是基础科学又是技术科学这种二重性，有时难免会引起侧重基础研究一面和侧重应用研究一面的力学家之间的不同看法。但这种二重性也使力学家感到自豪，他们为沟通人类认识自然和改造自然两个方面作出了贡献。

研究方法

力学研究方法遵循认识论的基本法则：实践——理论——实践。力学作为基础科学和作为技术科学从不同侧面反映这个法则。力学家们根据对自然现象的观察，特别是定量观测的结果，根据生产过程中积累的经验和数据，或者根据为特定目的而设计的科学实验的结果,提炼出量与量之间的定性的或数量的关系。为了使这种关系反映事物的本质,力学家要善于抓住起主要作用的因素,摒弃或暂时摒弃一些次要因素。力学中把这种过程称为建立模型。质点、质点系、刚体、弹性固体、黏性流体、连续介质等是各种不同的模型。在模型的基础上可以运用已知的力学的或物理学的规律(必要时作一些假设)以及合适的数学工具进行理论上的演绎工作,导出新的结论。在理论演绎中,为了使理论具有更高的概括性和更广泛的适用性,往往采用一些无量纲参数如雷诺数、马赫数、泊松比等。这些参数既反映物理本质,又是单纯的数字,不受尺寸、单位制、工程性质、实验装置类型的牵制。依据第一个实践环节所得理论结论建立的模型是否合理,有待于新的观测、工程实践或者科学实验等第二个实践环节加以验证。采用上述无量纲参数以及通过有关的量纲分析,使得这种验证能在更广泛的范围内进行。对一个单独的力学课题或研究任务来说,这种实践和理论环节不一定能分得很清楚,也可能和其他课题或任务的某个环节相互交叉,相互影响。课题或任务中每一项具体工作又可能只涉及一个环节或者一个环节的一部分。因此,从局部看来,力学研究工作方式是多样的:有些只是纯数学的推理,甚至着眼于理论体系在逻辑上的完善化;有些着重数值方法和近似计算;有些着重实验技术;有些着重在天文观测和考察自然现象中积累数据;而更大量的则是着重在运用现有力学知识来解决工程技术中或探索自然界奥秘中提出的具体问题。每一项工程又都需要具备自身有关的知识和其他学科的配合。数学推理需要各种现代数学知识,包括一些抽象数学分支的知识。数值方法和近似计算要了解计算技术、计算方法和计算数学。现代的力学实验设备,诸如大型的风洞、水洞,它们的建立和使用本身就是一个综合性的科学技术项目,需要多工种、多学科的协作。应用研究更需要对应用对象的工艺过程、材料性质、技术关键等有清楚的了解。在力学研究中既有细致的、独立的分工,又有综合的、全面的协作。从力学研究和对力学规律认识的整体来说,实践是检验理论正确与否的唯一标准。以上各种工作都是力学研究不可缺少的部分。

学科分类

力学可粗分为静力学、运动学和动力学三部分。静力学研究力的平衡或物体的静止问题;运动学只考虑物体怎样运动,不讨论它与所受力的关系;动力学讨论物体运动和所受力的关系。

力学也可按所研究对象区分为固体力学、流体力学和一般力学三个分支,流体包括液体和气体。固体力学和流体力学可统称为连续介质力学,它们通常都采用连续介质的模型。固体力学和流体力学从力学分出后,余下的部分组成一般力学。一般力学通常是指以质点、质点系、刚体、刚体系为研究对象的力学,有时还把抽象的动力学系统也作为研究对象。一般力学除了研究离散系统的基本力学规律外,还研究某些与现代工程技术有关的新兴学科的理论。一般力学、固体力学和流体力学这三个主要分支在发展过程中又因对象或模型的不同而出现一些分支学科和研究领域。属于一般力学的有理论力学(狭义的)、分析力学、外弹道学、振动理论、刚体动力学、陀螺力学、运动稳定性等。属于固体力学的有早期形成的材料力学、结构力学,稍后形成的弹性力学、塑性力学,近期出现的散体力学、断裂力学等。流体力学是由早期的水力学和水动力学这两个风格迥异的分支汇合而成的,现在则有空气动力学、气体动力学、多相流体力学、渗流力学、非牛顿流体力学等分支。各分支学科间的交叉结果又产生黏弹性理论、流变学、气动弹性力学等。

力学也可按研究时所采用的主要手段区分为三个方面:理论分析、实验研究和数值计算。实验力学包括实验应力分析、水动力学实验和空气动力实验等。着重用数值计算手段的计算力学是广泛使用电子计算机后才出现的,其中有计算结构力学、计算流体力学等。对一个具体的力学课题或研究项目,往往需要理论、实验和计算这三方面的相互配合。

力学在工程技术方面的应用结果,形成工程力学或应用力学的各种分支,诸如土力学、岩石力学、爆炸力学、复合材料力学、工业空气动力学、环境空气动力学等。

力学和其他基础科学的结合也产生一些交叉性的分支,最早的是和天文学结合产生的天体力学。在20世纪特别是60年代以来,出现更多的这类交叉分支,其中有物理力学、物理化学流体动力学、等离子体动力学、电流体动力学、磁流体力学、热弹性力学、理性力学、生物力学、生物流变学、地质力学、地球动力学、地球构造动力学、地球流体力学等。

力学分类的这种错综复杂情况是自然科学研究中综合和分析这两个不可分割的方面在力学发展过程中的反映。科学的发展总是分中有合,合中有分。本卷各条目所依据的分类法也将随时间的推移而有所变动。

理 性 力 学[*]

——《中国大百科全书·力学卷》词条

理性力学是力学中的一门横断的基础学科。它用数学的基本概念和严格的逻辑推理研究力学中带共性的问题。它一方面用统一的观点对各传统力学分支进行系统的和综合的探讨,另一方面还要建立和发展新的模型、理论以及解决问题的解析方法和数值方法。理性力学的研究特点是强调概念的确切性和数学证明的严格性,并力图用公理体系来演绎力学理论。1945年后,理性力学转向以研究连续介质为主,并发展成为连续统物理学的理论基础。

发展过程

可分下列四个时期:

奠基时期 I.牛顿的《自然哲学的数学原理》(1687年)一书可看作是理性力学的第一部著作。从牛顿三定律出发可演绎出力学运动的全部主要性质。另一位理性力学先驱是瑞士的雅各布第一·伯努利。他最早从事变形体力学的研究,推导出沿长度受任意载荷的弦的平衡方程(1691～1704年)。通过实验,他发现弦的

---

[*] 与郭仲衡、戴天民合著,《中国大百科全书·力学卷》,中国大百科全书出版社1985年8月版,第288～290页。

伸长和张力并不满足线性的胡克定律，并且认为线性关系不能作为物性的普遍规律。法国科学家J. le. R. 达朗伯于1743年提出：① 理性力学必须像几何学那样建立在显然正确的公理上；② 力学的结论都应有数学证明。这便是理性力学的框架。1788年法国科学家J. L. 拉格朗日创立了分析力学，其中许多内容是符合达朗伯框架的。经过相当长的时间，变形体力学的一些基本概念，如应力、应变等才逐渐建立起来。1822年法国A. L. 柯西提出的接触力可用应力矢量表达的"应力原理"一直是连续介质力学的最基本假定。1894年J. 芬格建立了超弹性体的有限变形理论。关于有向连续介质（见广义连续介质力学）的猜想是W. 佛克脱（1887年）和P. 迪昂（1893年）提出的，其理论则是由法国科学家E. 科瑟拉和F. 科瑟拉兄弟在1909年建立的。1900年著名德国数学家D. 希耳伯特在巴黎国际数学大会上提出的23个问题中的第六个问题就是关于物理学（特别是力学）的公理化问题。1908年以来，G. K. W. 哈茂耳重提此事，但当时只限于一般力学的范围。

停滞时期　约从20世纪初到1945年。这段时期形成了以从事线性力学及其相关数学的研究为主的局面。线性理论充分发挥了它解释力学现象和解决工程技术问题的能力，并使与之相关的数学也发展到相当完善的地步。相形之下，非线性理论的研究没有多大进展，理性力学也因此处于停滞时期。

复兴时期　从1945年起，理性力学又复兴。复兴不是简单的重复，而是达朗伯框架在连续介质力学方面的进一步发展。巨大变化是由1945年M. 赖纳和1948年R. S. 里夫林的工作引起的。赖纳的工作是研究非线性黏性流体的。过去长期不得解决的所谓油漆搅拌器效率不高的问题因为有了这个非线性黏性流体理论而真相大白。里夫林的工作是在任意形式的贮能函数下对于等体积变形的不可压缩弹性体给出了几个简单而又重要问题的精确解。用这个理论解释橡胶制品的特性取得了惊人的成功。这是因为对于橡胶这类材料，在变形中体积变化甚微，实际上可以认为是不可压缩的缘故。另外，过去得不到解决的"柱体扭转时为什么会伸长"的问题也自然获得解决。这两个工作揭开了理性力学复兴的序幕。

J. G. 奥尔德罗伊德1950年提出本构关系必须具有确定的不变性。这个思想后来就发展成为客观性原理。积极提倡复兴理性力学的主要代表人物、美国科学家C. 特鲁斯德尔于1952年开始主编《理性力学和分析杂志》(J. Rational Mech. Anal.)，1957年杂志改名为《理性力学和分析文集》(Arch. Rational Mech. Anal.)。在他的倡导下，一批数学和力学工作者系统地开展了理性力学的研究。1953年特鲁斯德尔提出低弹性体的概念。同年，J. L. 埃里克森发表了各向同性不可压缩弹性物质中波的传播理论。

1956年以来，R. A. 图平关于弹性电介质的系统研究，为电磁连续介质理论的发展打下了基础。1957年T. Y. 托马斯关于奇异面的研究是另一重大进展。1957年W. 诺尔首先提出纯力学物质理论的公理化问题，次年，他发表了连续介质的力学行为的数学理论。这便是简单物质的公理体系的雏形，后来逐渐发展成为简单物质谱系。1958年埃里克森和特鲁斯德尔提出的杆和壳中应力和应变的准确理论，德国学者W. 金特尔关于科瑟拉连续统的静力学和运动学的论文，引起了对有向物体理论的重新认识和系统研究。1959年B. D. 科勒曼和诺尔建立了连续介质热力学的一般理论。1960年特鲁斯德尔和图平所著的《古典场论》以及1965年特鲁斯德尔和诺尔所著的《力学的非线性场论》两书，概括了以前有关理性力学的全部主要成果，是理性力学的两部经典著作。这两部书的出版标志着理性力学复兴时期的结束。

发展时期　1966年以来，理性力学进入发展时期。它的发展是和当代科学技术发展的总趋势相呼应的。这个时期的特点是理性力学本身不断向深度和广度发展，同时又与其他学科相互渗透，相互促进。理性力学的发展主要涉及五个方面：① 公理体系和数学演绎；② 非线性理论问题及其解析和数值解法；③ 解的存在性和唯一性问题；④ 古典连续介质理论的推广和扩充；⑤ 与其他学科的结合。

学科内容

理性力学主要包括以下几个内容：

连续介质力学 研究连续介质的宏观力学行为。连续介质力学用统一的观点来研究固体和流体的力学问题，因此也有人把连续介质力学狭义地理解为理性力学。客观上，连续介质力学已经分成为以研究线性连续介质理论为主的古典连续介质力学和以研究非线性连续介质理论为主的近代连续介质力学。而近代连续介质力学又可分为按理性力学的观点和方法研究连续介质理论的理性连续介质力学，和把连续介质力学和电子计算机结合起来的计算连续介质力学。

纯力学物质理论 主要研究非极性物质的纯力学现象。诺尔提出的纯力学物质理论的公理体系由原始元、基本定律和本构关系三部分组成。1960年科勒曼和诺尔提出减退记忆原理。在这个公理体系下，对纯力学物质进行研究并给出各类物质的谱系是纯力学物质理论的中心课题。纯力学物质研究得比较充分，尤其是简单物质理论已形成相当完整的体系，这是理性力学中最成功的一部分。

热力物质理论 用统一的观点和方法研究连续介质中的力学和热学的耦合作用（见热力物质理论）。1966年以来逐渐形成热力物质理论的公理体系。这个公理体系也是由原始元、基本定律和本构关系三部分组成，但其内容比纯力学物质理论更为广泛。热弹性固体和热黏性流体物质是热力物质理论中研究得比较系统的两大类特殊物质。到目前为止还没有一个公认的完整的热力物质理论,它正在各派学者的争论中发展并不断完善。

电磁连续介质理论 按连续统的观点研究电磁场与连续介质的相互作用。由于现代科学技术发展的客观需要,电磁连续介质理论的研究越来越受到重视,已成为现代连续介质力学的重要发展方向之一。

混合物理论 研究由两种以上包括固体和流体形式物质组成的混合物的有关物理现象。混合物理论可以用来研究扩散现象、多孔介质、化学反应介质等问题。

连续介质波动理论 研究波在连续介质中传播的一般理论和计算方法。连续介质波动理论把任何以有限速度通过连续介质传播的扰动都看做是"波",所以研究的内容是相当广泛的。在连续介质波动理论中,奇异面理论占有十分重要的地位。奇异面是按照运动或其某些导数在该面上所经受的间断性的阶数来分类的。传播着的一阶奇异面称为激波,传播着的二阶奇异面称为加速度波。类似地可定义更高阶的波,但到目前为止,研究尚少。

广义连续介质力学 从有向物质点连续介质理论发展起来的连续介质力学。广义连续介质力学现在包括极性连续介质力学、非局部连续介质力学和非局部极性连续介质力学。极性连续介质力学主要研究微态固体和微态流体,特别是微极弹性固体和微极流体;而非局部连续介质力学则主要研究非局部弹性固体和非局部流体。由于非局部极性连续介质力学是极性连续力学和非局部连续介质力学的结合,所以它的主要研究对象是非局部微极弹性固体和非局部微极流体。20世纪70年代以来,广义连续介质力学内容在不断扩充并已发展成为广义连续统场论。

非协调连续统理论 不满足协调方程的连续统的理论。古典理论要求满足协调方程,但在有位错或内应力存在的物体中协调方程不再满足。对连续位错理论必须引入非协调的概念。这种非协调理论宜用微分几何方法来描述。一般说来,存在位错的空间是有挠率的嘉当空间。挠率可以描述位错的密度。最近又开展了连续旋错理论的研究。把非协调理论和有向物体理论统一起来是一个研究课题,但还未得到完整的结果。

相对论性连续介质理论　从相对论观点出发研究连续介质的运动学、动力学、热动力学和电动力学等问题。

除上述的分支和理论外,理性力学还研究非线性连续介质理论的解析或数值方法以及与其他学科相交叉的问题。

与其他学科的关系

理性力学来源于传统的分析力学、固体力学、流体力学、热力学和连续介质力学等力学分支,并与这些力学分支结合,出现了理性弹性力学、理性热力学、理性连续介质力学等理性力学的新兴分支。理性力学就是这样从特殊到一般,再从一般到特殊地发展着。理性力学除了与传统的各力学分支互相促进外,还与数学、物理学以及其他学科密切相关。

力[*]
——《中国大百科全书·力学卷》词条

力是力学中的基本概念之一,是使物体获得加速度或形变的外因。在动力学中它等于物体的质量与加速度的乘积。

力的概念形成简史

推拉物体时,可以直觉意识到"力"的模糊概念。被推拉的物体发生运动以及物体滑行时,由于摩擦而逐渐变慢,最后停止下来,都反映了力的作用。中国古代文献《墨经》就把这个概念总结为"力,形之所以奋也"。就是说,力是使物体奋起运动的原因。所以,力是那样自然地反映到人的意识中来的。但是人们从直觉意识到"力"的概念到获得"力"的严格的科学定义,却经历了长期的斗争。

在西方,力的概念在物理科学中提出以前,首先在哲学中发生争论。古希腊的宇宙论学派的泰勒斯(Thales)等人认为自然是有生命的,像人体一样是自己运动的活的组织。在这种哲学思想指导下,不会产生运动的起源命题,也没有"力"的概念。后来帕门尼德(Parmenides)从逻辑推理提出了运动并不存在的观点。他的反

---

[*]《中国大百科全书·力学卷》,中国大百科全书出版社1985年8月版,第290～291页。

对者提出了运动的源泉是"力"来证明运动是存在的。这样就意味着承认了"力是因,运动是果"的原始的因果论观点。

柏拉图的力的概念基本上是非物质的,他认为自然之所以赋予运动的本性,完全是因为有一个不朽的活着的精灵。自然间的所有力的最后源泉是隐藏着的世界灵魂,它才是一切物理活动的根源。当然,这种形而上学的观点很难用来解释像万有引力所产生的那种运动。

在亚里士多德的著作中,力被看作是从一个物体发射到另一物体中去的。这种发射的力本身不是物质,而是一种"形式",是依赖于物质而存在的。根据这种力的概念,其作用只限于相互接触的物体。只有通过推或拉,才能相互影响作用。亚里士多德的这种力的概念完全否定了彼此不接触而通过远距作用的力的存在。于是只能假设行星自我发力驱使自己运动,恒星自己也是有生命的。但亚里士多德首先提出了所谓"运动定律",认为运动物体的速度和通过介质时受到的阻力成正比。不过他并没有提出所用的力的度量单位,也没有测量这些量的方法。亚里士多德认为物体的重量是表示"自然运动"的,即表示物体有返还其自然位置的倾向,而不是表示物体受迫运动的原因。这种认识排除了把重量作为度量力的单位的可能性。

在整个中世纪的过程中,关于力的概念深受亚里士多德思想的束缚,没有取得什么进展。

伽利略对经典力学的建立有重要的贡献,但对力并没有形成完备的概念。他关于质量的定义是模糊的,所以,他不能给出清晰的既适用于静力学,又适用于动力学的力的定义。当然,他对惯性原理是基本理解的。他的惯性原理指出,物体在不受外力作用的条件下,能连续作匀速运动。他把力和速度的变化联系在一起,破除了亚里士多德把力和速度联系在一起的长期的思想束缚,为 I. 牛顿把力和加速度联系在一起开辟了道路。

力的概念在牛顿力学中占有最根本的位置。牛顿在1664年就提出了力的定义是动量的时间变率(动量等于质量乘速度)。牛顿第一定律(惯性定律)是力的定性的定义,它给出力在什么条件下存在和什么条件下不存在的定性条件。牛顿第二定律给出了力的定量的定义,即力等于动量的时间变率;如果质量不变,力也等于质量乘加速度。牛顿第三定律指出,对于每一个力而言,必有一大小相等方向相反的反作用力存在。它指出所有的力都是成对的,只在两个物体相互作用时才能实现(见牛顿运动定律)。

牛顿的万有引力理论的惊人成就,使超距作用力的概念推广到物理学的其他分支中去。但是,牛顿并不能从物理上说清超距作用的实质,所以长期受到各方的严厉批评,直到A.爱因斯坦于1905年提出狭义相对论,指出一切物理作用传播的最大速度是光速以后,人们才认识到牛顿有关超距作用力的概念有极大的局限性。爱因斯坦1915年在他的广义相对论里明确指出,万有引力的传播速度不可能大于光速。

在历史上,有许多科学家和哲学家曾指出,牛顿力学中的力的概念只是一种方法论性质的工具,或是一种形而上学的东西。G. R. 基尔霍夫、H. R. 赫兹和E. 马赫都认为牛顿的力的概念很难说明力的实质,但都肯定力是一种计算用的量,代表质量和加速度的乘积。当然,牛顿提出的力的概念对科学进展的贡献很大,没有这种概念,物理就会失掉理论的连贯一致性。

力的单位

牛顿第二定律既可以看作是质量的定义,也可以看作是力的定义。前者把力看作是基本量,把质量看作是第二定律的导出量;后者则反之。

我们把长度单位定义为标准衡器在两点之间的距离,或用特定的光谱线波长来度量。同样,时间可以用标准运动的周期,如地球公转周期,时钟的摆动周期,或分子的振动周期来衡量。利用这种长度和时间的单位,我们就能给出速度和加速度的定义和度量。现在,我们通过两种途径探讨牛顿第二定律,即绝对制和引力制。在绝对制中,我们引进标准物体的质量为单位质量,从而根据第二定律,把单位质量产生单位加速度的力作为单位力。其他质量原则上可以和标准单位质量相比,用单位力作用测定它的加速度。这样求得的加速度与它的质量成反比。实验证明,质量是一个标量,而力和加速度则都是矢量,它们服从矢量合成和分解的规律。

在绝对制中,非相对论力学的牛顿第二定律可写成:

$$F = ma$$

式中 F 和 a 为力和加速度;m 为该物体的质量。式右的 m 和 a 如果是已知的,则本式即为力的定义。所以在绝对制中,质量是基本量,力是导出量。力的量纲是 MLT^{-2},其中 M、L、T 分别为质量、长度和时间的量纲。

在引力制中,用标准物体所受地球引力作为标准力,因而,引力制把力作为基本量,而根据第二定律,质量为联系力和加速度的比例因子,成为导出量。在引力制中,标准物体的重量作为单位力,引力加速度为 g。任何物体的重量是用标准物体的重量来度量的。设物体的重量为 W,则它的质量 m 可以写成 W/g。这个导出量 m 的量纲为 FT^2L^{-1},其中 F 为力的量纲。由于地球表面各处的地球引力加速度并不完全相等,所以物体在地球表面各处的重量也不会完全相等。为了避免这种困难,规定地球表面的某一特定点作为测量标准物体的标准重量的场所。所以,引力制的绝对程度并不比所谓绝对制的绝对程度差。

绝对制的力的单位为达因和牛顿。1 达因是使 1 克的质量产生 1 厘米/秒^2 加速度的力;1 牛顿是使 1 千克的质量产生 1 米/秒^2 加速度的力。1 牛顿等于 10^5 达因。国际单位制和中国法定计量单位中,力的单位是牛顿。

合力

如果所有力的作用线都相交于一点,则这些力组成一个汇交力系。任一汇交力系的合力可以用矢量求和法求得,但这个合力必通过力系的汇交点。如果合力等于零,这个汇交力系是平衡的,亦即它们所作用的物体没有加速度。

一般说来,任一较大的物体上可以有三种类型的力在作用:① 在分散的一些点或某几块表面的面积上有外力的作用。② 在物体内部,有外力所产生的反作用力的作用,或由于物体变形而产生的内部约束力的作用。这些内部变形约束力都是成对地产生的,合在一起互相抵消,并不影响加速度。③ 在内部各部分有分布力的作用。这些力一般都和各部分的质量成正比。例如,重量所产生的作用力和加速度所造成的惯性力都是体内分布的力,总称彻体力,简称体力。如果这一物体上所受各外力是汇交的,则其合力必和体力大小相等、方向相反。如果这合力通过该物体的质心,则合力必等于总质量乘该物体所产生的加速度。如果这些汇交的外力的合力不通过该物体的质心,可以把这合力化为一个作用在质心上的力和一个绕质心的力偶矩之和(见力系)。前者的大小和作用线方向和原来的合力相同,只是其作用线平移到通过该物体质心的位置,后者即力偶矩等于合力乘质心到合力原作用线的垂直距离;前者引起物体质心的加速度运动,后者引起物体绕质心的角加速度转动(见刚体动力学)。

一般说来,物体所受各外力不一定是汇交的,但其合成的作用同样也可以化为一个通过质心的合力,和绕质心转动的合力偶矩。

面向未来,进一步开创
教学、科研新局面*

今天,我们怀着十分喜悦的心情,济济一堂,隆重庆祝上海工业大学建校25周年。我代表全校师生员工,向光临今天大会的各位领导、各位来宾和外国专家们表示热烈的欢迎和衷心的感谢;向从祖国各地返回母校的校友代表,表示热烈的欢迎和问候;向在我校建设中付出辛勤劳动的全校教职员工,特别是25年前工大的二百多位创业者表示感谢和慰问;向全校同学、留学生和正在国外学习、进修和讲学的同志们表示最良好的节日祝愿。

1960年,在上海市委和市人委的直接领导下,上海工业大学的前身——上海工学院成立了。在上级的支持和帮助下,全校二百多位教职工艰苦奋斗,开拓创业,建立了四个系、九个专业,招收了843名学生,到1965年第一届八百多名本科学生毕业,我校开始向全国和上海的各条战线输送新鲜血液。

1966年,正当我校蓬勃发展的时候,十年动乱开始了,工学院遭到严重破坏,广大教职工受到了残酷打击和迫害,一些专业被迁出,学校同上海机械学院合并,成为上海机械学院的总部。

粉碎了"四人帮",特别是党的十一届三中全会以后,1979年1

---

* 1985年10月17日在上海工业大学建校25周年纪念大会上的讲话。

月,国务院正式批准恢复上海工学院建制,改名为上海工业大学,在党中央正确路线的指引下,在校党委的领导下,拨乱反正,整顿调整,学校得到了迅速的恢复并有了较大的发展。

在过去的25年中,工大经历了六年建校、十年破坏、九年恢复发展的艰难曲折的过程。今天的大会,标志着工大已经进入成年,进入一个新的发展时期,是我校历史上的一个里程碑。事实证明,正如全国形势大好一样,当前也是我们工大建校以来最好的历史发展时期之一。

现在,全校设有电机、机械、冶金及材料、工业自动化、电子计算机、化学化工、机器人、土木工程等八个系一个经济管理学院和一个基础课教学部。共有本科专业23个,应用数学和力学、机器人、电机与控制、冶金与材料、精密机械等五个学科被评为上海市地方高校的重点学科。全校有一个学科、专业可授予博士学位,有11个学科、专业可授予硕士学位,全部本科专业可授予学士学位。各系(部)共设有49个教研室,40个实验室。学校还有应用数学和力学、色材化学、机器人和预测咨询等四个研究所,23个独立工作的研究室,一个计算中心和一个建筑工程设计室。在上海市经委的支持下,我校还设有微机软件工程部和机械新技术开发中心。目前,在校各类学生有4 537人,其中本科生3 029人,专科生460人,硕士和博士研究生291人,来自24个国家和地区的留学生55名,成人教育和其他学生402人。现有教职员工人数2 209人,其中教授、研究员9人,副教授、副研究员93人,高级工程师5人,讲师463人。已经评审正在待批的教授16人,副教授和高级讲师一百多名,一经上级批准,我校有高级职称的教师人数为教师总数的22%。我校教师开出课程800多门,在国内外发表论文1 300多篇,主编各种教材专著170多种;全校有图书期刊60多万册;校舍13万平方米,校园面积400亩。

建校25年来,我校已为国家培养了各类学生8 822人,其中本专科生8 472人、硕士和博士研究生156人、留学生31人、夜大学学生163人。此外,厂长、经理培训班已有1 097人结业。毕业生在祖国的经济建设、科学研究或高等院校等岗位上成长,他们之中大都已成为所在单位的骨干力量,有的已担任了市长、市委书记和省经委副主任等重要职务;有的是公司经理、企业厂长、研究所所长,有的已晋升为工程师、副教授、讲师,有的继续深造取得了硕士学位或博士学位。我校的留学生毕业回国后发挥了很好的作用,受到派出国家的好评和重用,甚至被誉为他们"国家的宝贝"。

在党中央制订的路线、方针、政策的指引下,几年来我校进行了和进行着一系列的改革,基于高等学校的根本任务一是出人才,二是出成果,因此,我们认为,进行各项改革必须有利于提高教学质量和科研水平,多出人才,出好人才,多出成果。在这一思想的指导下,我们作为一所工科大学,强调要拆四垛"墙":第一垛"墙"是学校与社会之间的"墙"。经济建设和科学技术正在发生着极大的变化,我们学校必须适应社会的变化,密切与社会的联系,为社会服务,不然办不好学校。经市府批准,我校成立了校务委员会,由经委、科委、计委、外经贸办和各工业局的领导同志担任主任、副主任和校务委员,是在领导体制上使我校得到了社会各界直接的指导和帮助,促进了我校各系和各部门同有关厂、所建立了协作关系,使学校更广泛深入地同社会取得了联系。其次是要拆校内各部门、各学科之间的"墙"。现在有的条条块块,部门所有制已经明显地影响了当代学科技术综合化发展的趋势,这垛"墙"正在逐步打通。再次是拆教学和科研之间的"墙",倡导教学同科研结合,教师既要教学,又要搞科研。现在全校大致有80%左右的教师一个人能够挑两副担子,正向着一支队伍、两个中心的目标努力。第四垛"墙"是思想上的"墙",就是要克服陈腐的传统教育思想,树立社会主义新的教育思想,破除阻碍我们进步的旧的条条框框的教学模式,走中国式的社会主义高等教育的道路,要结合工大的实际情况,办出工大特色。应该指出,这四垛"墙"我们是破了一些,但还待于今后继续破。

在教学改革方面,为了迎接新技术革命,适应上海"先一步,高一层"现代化建设对于人才的需要,我们逐步调整了学科、专业和系的设置,使学科和专业点的布局趋于合理,这样既有利于学科本身的发展,又有利于各学科间的互相联结与渗透。几年来我们新建了计算机科学、电子工程、机器人和人工智能、材料工程、环境工程、管理科学、工业外贸等新兴学科有关的专业;扩大了国家紧缺专业的招生人数;大力改造传统学科和专业,在其内涵和外延两个方面都有较大的变革。此外,在开始边缘学科、工文结合和理工结合等新的学科领域方面也取得了进展。

为了更好地贯彻党的教育方针,培养有社会主义觉悟的德智体全面发展的高级人才,根据"三个面向"的指导思想,我校努力提高培养人才的数量和质量。几年来,我们通过反复端正教学思想和明确培养目标,多次修订教学计划等办法,在以下几个方面进行了改革:把每学年二学期制改为短学期制(一学年划分为三个学期和一个暑期学期);学年制改成为学分制选课制;缩短课堂理论教学时数,加强实践环节和增加其教学时数;改革课程体系,加强人文与社会学科的教学;引导计算机技术渗透到各学科、专业中去;改革学生毕业分配办法,进行学生素质综合测评,实行预分配制;重视培养和开发学生自学能力和创造能力,鼓励学生通过自学掌握和发展知识;允许优秀学生转专业,修读双学士学位或提前毕业及对他们之中的佼佼者,可免考直接攻读硕士学位;改革各课程的课堂教学内容、教学方法和考试方法;改革教师管理办法,实行主讲教师聘任制;重视第二课堂活动,开阔学生的知识视野和锻炼学生的多种能力;改革学生思想教育工作的组织,成立了一年级学生工作组等。这些改革已经在教学实践中产生良好的效果,我们必须巩固成绩,克服缺点,继续前进。

为了适应上海经济部门管理干部和工程技术人员知识更新和青年自学的需要,在继续教育和成人教育方面开展了多层次、多形式办学。在市经委的领导下,我校经济管理学院对大中型企业的厂长、经理举办了11期厂长轮训班,他们结业后参加国家经委组织的厂长考试,绝大部分获得优良成绩。我们为广播电视部举办了工程师高级进修班;为上海市科技人员普及计算机知识和应用举办了计算机训练班;此外,还受委托主办了机械工程自学考试,为广大青年开辟了自学成才的道路。我们除重点抓好本科生、研究生教育外,还举办了两年制的政治学、工业管理等干部专修科,同上海市总工会文化教育中心合作开办上海市劳动模范专修班等等。今后,我们将根据社会需要,继续努力使更多的人员能够接受高等教育或扩大知识面和提高学术水平,更好地为社会服务。

在科学研究中,我校坚持了技术面向经济建设的方针,以应用研究和开发研究为主,兼顾基础研究,既搞火炬计划,又打好"短、平、快"项目(星火计划),大力促进科学技术成果转化为生产力。1978年以来,我校共承担研究课题711项,经过评审和鉴定的科技成果大部分已投入生产,取得了可观的经济效益,不少项目的技术经济指标已经达到国际水平,受到社会的好评。从1979年到1984年,我校共获得国家和省市科技成果奖67项,其中国家发明奖2项,科技成果一等奖3项,二等奖11项,三等奖和其他奖励51项。最近又有1项获得国家科学技术进步奖。近年来,我校在教学、科研同经济部门结合上探索了一些新的途径和形式,与上海一些工厂企业、研究所以及闸北区、崇明县、南汇县等单位签订了固定的协作关系和多种形式联合体,促进了智力流动和新技术的转移,密切了学校同社会的关系。

在中央对外开放政策的指引下,学校逐步扩大了对外教育和学术交流,在上级的支持下,我校向日本横滨市立大学、大阪市立大学、加拿大拉尔逊多科性技术学院、美国罗切斯特理工大学和萨克拉门多大学、英国帝国理工学院等建立了联系,我校派出了进修教师,和攻读硕士或博士的研究生出国深造,或双方互派教师进行讲学或考察,我们还十分重视教师出国参加国际学术会议。现在我校正在国外进修的教师有 65 人,已取得硕士、博士学位或结束进修学习回校工作的有 16 人。我们正在研究同国外大学双方合作指导并互派研究生的办法,这些措施将为我校研究生教育和师资培养打开一个新的途径。在国际交往中,我校还聘请了不少国外知名学者、教授为我校名誉教授或顾问教授,其中有著名数学家陈省身教授、工程热物理专家田长霖教授、可靠性工程专家凯塞西奥格鲁教授、钢铁冶金专家川合保治教授等。通过对外学术交往,对于我校师资培养,学科、专业建设和科学研究等方面,均产生了良好的效果。

我校是一所年轻的学校,又经过"文革"的破坏,各方面原有的基础比较差,特别反映在校舍紧张、校园窄小等问题上。近年来,我们十分重视抓好大后勤的建设和服务工作。在上级的支持和基建部门的努力下,一些教学楼、教工宿舍、学生宿舍、新食堂、专家楼相继落成交付使用,征地工作也取得了一定进展。总务部门在办好食堂、绿化与美化校园、师生员工健康检查与疾病防治以及宿舍管理方面都取得了可喜的成绩,受到了师生员工们的欢迎。

图书馆工作也有提高,在加强图书管理、努力为读者服务、提供方便等方面的各项措施正在实现。校办工厂除搞好教学实习,为教学、科研服务外,还积极组织生产新的产品,为学校创造了不少财富。

在学校管理改革方面,1984 年我校从定编着手,制定了岗位责任制和考核制度,经上级审查验收,同意试行浮动岗位津贴,这项改革为学校管理的科学化打下了基础,同时在分配上也初步打破了吃"大锅饭"的局面。在教师管理制度上,我校正积极认真地为实行教师职务聘任制作好准备,以进一步调动教师的社会主义积极性,使教师在教学和科研工作中发挥更大的作用。从1984年起,我校实行了系主任、所长负责制,扩大系、所一级的职责和权限,在校部则注重搞好党政分工,逐步加强了行政管理系统,在基层抽调了一部分教师和干部,充实行政管理部门。后勤改革方面,我们推行了半企业化和经济承包制,全校修订和充实了各项规章制度等。通过这些改革,使学校各部门的工作作风有所转变,工作效率也得到了一定的提高。

在我们庆祝建校25周年的前夕,我们在教师节,表彰了具有30年教龄的教育工作者和1984~1985年度优秀教学奖和教学改革奖的获得者,今天我们还将表彰具有25年教龄的教职员工和优秀政治思想教育工作者,让我们怀着敬意向他们表示感谢,感谢他们在建设学校、培养人才等各项工作中所作出的贡献。最近,我们正在评比"三好"学生,在评比中,为表彰优秀学生,我们向12名学生(包括研究生)颁发了王宽诚奖学金,同时,向考取王宽诚教育基金贷款留学生的一名研究生,颁发了人民奖学金特别奖。我们希望大家向先进人物学习,团结一致,坚持改革,振兴工大,创造新的业绩。

同志们,当我们纪念校庆的时候,我们为过去取得的成绩感到自豪,但是应该看到我们面临着高级技术迅猛发展的时代,面临着四个现代化对我们提出的新的要求,我们的工作还存在着很大差距和不足,我们不但要总结经验,检阅成果,更要面向未来,进一步搞好当前的各项工作,抓好精神文明建设,树立良好的校风、教风和学风,进一步开创教学、科研和学校各项工作的新局面。

近年来,我们制订了学校发展规划,《规划》要求,全校上下,同心同德,发扬工大创业精神,解放思想,立志改革,振奋精神,开拓前进,到1990年,把上海工大建设成为一所适应上海和上海经济区社会和经济发展需要的,教学和科研相结合、学校与社会密切联系的,以工为主,工、管、理、文相结合的高度文明的社会主义新型大学。

我们要坚持党的教育方针,继续改革传统的教学模式,努力提高人才培养的质量,红的方面应该是道德品质好,拥护和坚持四项基本原则,有理想,守纪律,善于识别和抵制资产阶级和其他剥削阶级思想的侵蚀;专的方面,要有坚实的理论基础和不断创新的能力,适应国家"四化"建设的要求和世界新技术革命的形势,总之,应该是德才兼备的高级人才。同时,要积极地实事求是地发展人才培养的数量,增加人才培养的"品种"。到1990年,全日制学生规模计划5 260人,其中本科生4 760人(含留学生约200人),研究生和进修生500人;另外接受代培生1 000人,继续发展成人教育,把上海市在职科技人员和管理人员的继续教育,列为学校的正规任务,夜大学学生计划为800人,工程师研究班、厂长培训班以及科技、管理人员短训班约1 000人。

贯彻执行"经济建设必须依靠科学技术,科学技术必须面向经济建设"的方针,从科学技术的优先发展领域、学科发展的前沿和上海经济建设的需要出发,采取"加强应用,注重基础,发展边缘,促进联合"的原则,组织和协调全校的科研工作,积极承担国家和市下达的重大科研项目;建立跨学科多种形式的研究机构、科技开发和服务机构;大力转移科技成果,形成新的生产能力。

继续加强老专业的改造和新专业、新系的建设工作,集中力量建设好一批重点学科,争取更多学科列入第一批招生计划,多数专业能授予硕士学位,各系都有博士学位的授予权。重点学科(专业)的学术水平要进入国内同行的先进行列,个别学科努力达到国际先进水平,可以接受外国研究生和访问学者来校学习、研究。

要培养和造就一支学术造诣较高、学风严谨、教学效果良好、又红又专、结构合理的师资队伍,具有高级职称的教师达到全校教师总数的30%;要建设一支符合革命化、年轻化、知识化、专业化要求和具有开创能力的干部队伍以及政治、业务素质好的工勤人员队伍。

要大力普及电脑的应用,逐步实现图书、情报、资料的检索以及教学、科研、设备、行政管理的科学化、现代化,提高办学和工作效率。重点建设一批重点学科(专业)实验室、计算中心和测试中心,其他的实验室也要陆续配备现代化的测试手段和实验设备。

继续整顿校园,着手开辟新区,做到合理布局,节约投资和用地,建成新的教学、科学实验、图书馆、计算机中心、风雨操场、附属工厂等高层综合建筑群,缓和多年来用房紧张状况,改善教职工和学生住宿、生活福利条件,努力把工大校园建设成群落谐和、设施良好、道路整齐、绿树成荫的优美环境,让一代共产主义新人茁壮成长。

要加快改革的步伐,改革管理体制和管理制度,进一步解放思想,积极改革试验,使之不断完善;要充分发挥全校师生的创造力和社会主义积极性,切实提高学校的管理水平和工作水平,力争走到改革前列。

我们相信,在党中央、市委和市政府的领导下,在全国党代会和全国教育工作会议精神的指引下,在校友们的关心、支持和外国专家朋友们的协助下,经过全体师生员工的共同努力,我们上海工业大学一定能够实现既是教学中心,又是科研中心的目标,成为与上海经济建设和科技发展相适应的具有中国特色的社会主义新型大学。

就讲到这里,谢谢大家。

国际非线性力学会议*开幕词

国际力学界的一次盛会——国际非线性力学会议今天开幕了。出席这次会议的有来自二十多个国家和地区的二百三十余位学者,其中有许多世界闻名的非线性力学专家、权威。我谨代表中国力学学会和上海市科学技术协会,向与会代表表示最诚挚、最热烈的欢迎!

大家知道,近几十年来,由于航空、航天、航海、水利、建筑、化工、能源开发事业的发展,在工程实践和科学研究中提出了大量亟待解决的非线性力学问题,例如,材料和结构的物理非线性与几何非线性分析,非线性振动与波动,非线性稳定性与分叉、突变、浑沌现象等等。这些问题光怪陆离,错综复杂,用常规的手段难以解决。面对这些挑战,一大批力学家挺身而出,提出了一系列行之有效的新方法、新途径,从解析数值计算与实验角度猛攻难关,使非线性力学得到了迅速发展,取得了一系列富有创造性的成果。这次会议正是这些成果的大检阅。

我们发起、筹备这次会议三年以来,在国内外引起了强烈的反响,一共收到了三百六十多篇来稿,我们遴选了 247 篇论文在会上交流。它们几乎涉及了非线性力学的所有分支。这次会议愿为大

---

* 该会议于 1985 年 10 月 28 日在上海开幕。

家提供一个广泛进行学术交流的讲坛。我深信，通过交换研究成果，互相切磋砥砺，在同行之间建立密切的联系，必定会进一步促进非线性力学研究的更迅猛的发展，这也是我们的共同愿望。

在会议的筹备过程中，我们得到了会议指导委员会全体成员的热情支持和国内外大批学者的积极帮助，中国科学技术协会自始至终对这次会议关怀备至，并提供了必要的资助，国内外许多学术团体也给予我们多方赞助，北京的科学出版社在会前为我们印制了精致的文集，我愿借此机会，向以上各个单位、人士表示由衷的谢意！

最后，我预祝这次盛会圆满成功，并望国内外来宾在上海生活愉快，万事如意！

1986

《多学科学术讲座丛书》[*]
（第三辑）序言

中国民主同盟中央在1983年暑期举办了第一期"多学科学术讲座"以来，在1984年和1985年又连续举办了第二期和第三期"多学科学术讲座"。1983年讲座的讲稿，除千家驹的"中国经济问题"，由于我国经济实际发展变化很大，作者提出不宜出版原讲稿而决定停刊外，其余8种即日出齐。1984年讲座的讲稿亦正努力集稿出版。为了保持编号的连续性，决定将1986年8～9月准备进行的"中国社会经济文教科技发展战略问题"的讲座讲稿编入第一辑，替代千家驹的"中国经济问题"。

1985年的中国民主同盟中央"多学科学术讲座"共9讲，除委托大连市民盟市委在大连举办的"化学化工的若干新进展"外，其余8讲都在暑期中假北京师范大学校园内举行。共有：① 苏步青、谷超豪"微分几何在近代的发展"；② 肖纪美"材料科学与工程的方法论"；③ 赵敏光"晶体场理论及其应用"；④ 段学馥"岩石力学新论及其在采矿及地下工程的应用"；⑤ 章文才"现代果树生产

---

[*] 该丛书由钱伟长任主编，共三辑，20分册，1984～1986年上海知识出版社出版。

技术";⑥潘大逵"比较宪法";⑦王瑶、李何林"中国现代文学、鲁迅";⑧吴富恒等的"西方文学"。所有这些讲稿全部将编入《多学科学术讲座丛书》第三辑,由上海知识出版社陆续出版,与第一、第二辑连续编号。

这次讲座的主讲教授大多数都是民盟盟员。苏步青教授是民盟中央副主席,潘大逵教授是民盟四川省委主席,他们都是年逾80高龄的老盟员、我国知名学者和教育家,毕生从事某一学科的教学和科研工作,还负担着繁忙的社会政治活动。潘大逵教授还亲自上台讲授,而且写出了讲稿,为我国现代化作出了贡献。

这次大连讲座是一种新的形式,主讲教授们以集体的形式,总结报告了各自在化学、化工方面的近期新贡献,综合报道了这些学科的国际发展状况。这是近年来在国际上风行一时的一种工作会议(WORKSHOP)形式,这对推动科学技术发展和促进社会学术界重视社会经济某一重大新课题的探讨特别重要,对我国在开放和改革政策下推动学术界的工作结合祖国两个文明建设是不可缺少的。

1986年的多学科学术讲座现已初步决定采用工作会议的形式,由民盟中央直接组织,名称为"中国社会经济文教科技发展战略问题"的讲座,参加者将有费孝通、千家驹、陶大镛、冯之浚、吴明渝、罗涵先、钱伟长等人。其讲稿亦将编入讲座丛书第一辑,代替原定的千家驹"中国经济问题"。

中共中央的领导同志曾多次在各种场合,肯定中国民主同盟除了是接受中国共产党领导的民主党派外,也是一个拥有大量学有专长的专家学者的多学科智力集团。我们应该利用这个条件,以多学科学术讲座的形式,为党中央的开放和改革政策,为祖国的两个文明建设服务,献计献策,对许多综合性的多学科的各种社会、经济、文化、科技、管理问题,进行深入探讨,活跃思想,来体现百家争鸣、百花齐放的社会主义学术领导体制的优越性。

中国民主同盟近年来损失了不少老一辈的领导人和知名的专家学者,如史良、胡愈之、华罗庚、朱光潜、张文佑等。朱光潜同志曾参加了1983年的讲座。张文佑同志原定于1984年11月进行讲授,后因病延期至1985年3月,但不幸于1985年2月11日逝世。华罗庚同志原定于1986年进行讲授,也不幸于1985年逝世于日本讲台上而未果。我们痛失盟友,不胜哀悼。盟内尚有大量年事已高的知名学者、教授,我们这个讲台,是为这些老盟友提供的,也是为了抢救我国的智力财富而设立的。

《多学科学术讲座丛书》将如实记载这一努力。

20世纪末自然科学发展总趋势*

什么是科学技术

科学技术总的说来有两类：一类是了解、认识、解决社会问题的，这是社会科学和社会技术；一类是了解、认识和改造自然的，这是自然科学和技术。

了解、认识社会有许多方法，最基本的是调查研究。认识以后，作出许多结论，这是社会科学中的理论部分，如政治学等等。管理社会，改造社会，这是社会技术。例如法律学，我认为就属于社会技术。管理社会总得有个规划，这等于自然科学技术里的规范一样。全部管理科学应该都属于社会技术。

自然科学技术实际上分三部分：一部分是数学，是计算数量和分辨空间位置的许多概念的基础和它的理论，是一切社会科学和自然科学应用的衡量工具；第二个部分是自然科学，是人们观察自然现象总结出来的许多共同规律；还有一部分是技术、工程。

工程与技术不同。技术是人们制造工具和进行生产的方法，有的是根据已知的原理创造出来的，有的可能还并不了解它的原理。例如中国人发明指南针的时候，并不知道它的原理，可我们已

---

* 原载《上海科技报》1986年1月11日（根据录音整理）。

经用上了。人们在改进技术的过程中,逐渐总结出它的规律,把它的原理弄清了,这就成为科学了。工程是综合了许多技术,为一个总的任务服务的,例如建筑工程是盖房子的,其中需要很多技术,如采光、取暖、供水、结构的设计计算等等。所以,工程师一定要有组织能力。一个人不可能样样都精通,但至少有关的方面都应知道一点,其中有一门是精通的,他要组织精通各种技术的人与他合作,来完成一个总的任务。

在社会科学里,政府的管理工作实际上也是属于工程的,它要综合所有的社会技术,还要借助于自然科学技术来管好一个城市、一个国家。所以我想,管理科学应该叫工程。

现在社会科学和自然科学很多是交叉的。许多社会方面的问题,要靠自然科学技术来帮助更清楚地进行分析研究。例如经济问题的研究,既有社会的方面,也有技术的方面,与数学关系尤其密切。至于像计算机的运用,更难说它是自然科学还是社会科学了。在教育上,一个好的教师要循循善诱,这就需要懂得心理学,而心理学就是社会科学和自然科学交叉的。所以,现在我们要大力发展交叉学科。讲科学发展的趋势时,这也是一个大的趋势。国家的进步,包括生产的发展、经济的发展、社会的发展。搞自然科学技术的人要懂得一点社会科学;搞社会科学的也要懂得一点自然科学,这样才能把我们的国家建设成最先进的社会主义国家。

自然科学技术的发展趋势

以上是从广义的科学技术上讲的,下面从狭义的方面,也就是自然科学技术方面,谈谈发展的趋势。

自然界是无穷无尽的,人们的认识是不断发展的,科学技术不会有"顶峰"。从大处看,宇宙空间是无限的,往小处看,分子、原子、电子、中子……是无限可分的。分得越小,那里面的结合力越大。化学能是原子与原子间结合或分解的能,这是我们现在大量使用的,蒸汽机、内燃机等用的都是这个能。后来发现原子核分裂和组合时有能,它的能量要大得多。现在知道,所谓的"基本粒子"在分割或组合时的能比核能还大。但要利用它,首先要懂得它,而这是一个大量花钱的科学研究,要搞对撞机等等。我想大概还得经过20年,人们才能对它有必要的认识。

第二个方面是化学人造物质。第一类是自然界并不存在的金属材料。金属矿本来是各种化合物,人们逐步懂得了冶炼出各种金属,并制成含不同成分、具有不同性能的金属材料。特别值得一提的是,金属元素中有一类叫稀土金属,因为稀少,一般不大研究。而我国稀土资源非常丰富,这是我们的"国宝"。把这些元素配合到其他材料中,会有很多新的东西出来。我们应该发展这方面的研究。

还有一类是非金属材料,包括新型建筑材料和陶瓷材料,这也是一个很大的领域。

化学纤维发展很快,为人们衣着解决了很多问题。现在的化学纤维是绝缘的,如果有一种能导电的化学纤维,那输送电的局面会完全改观。现在的输电线全靠金属电缆,不但贵,而且重,因此隔一段要有个铁塔。"七五"期间,我们要搞很多输电线路,据说铁塔就需二十多万个。如果能用导电的化学纤维做电线,外面包上一层绝缘的化学纤维,都把它埋在地下,那投资就将大大减少。这种材料现在正在研究,叫超导纤维,比普通金属导线的导电功能还好,估计到2000年可以解决。

化学工业品是无穷无尽的,这几年我们已看到许多新东西,其中有一类叫金属有机化合物。用金属元素做有机化合物,可以搞出一大批非常有用的东西,现在已有许多人在研究了。

第三是信息技术。现在全世界都在发展,计算机已开发出第五代,近三年里微机价格从3 000美元跌到800美元,而且还在跌,因为它的原材料消耗很少,值钱的主要是技术,技术一普及就便宜了。有人说,中国的计算机不行。其实,中国人在这方面是特别能干的,美国计算机高级科技人员中,很多是华裔。我们国内也有很多优秀人才。我相信,只要有一定的时间,有一定资金,到2000年,我国的计算机事业、信息事业一定会处于世界前列。近一个时期,我们从国外引进了很多电子技术,这些技术不久就会开花结果的。当然花了一些钱,这是值得的,只要不老是花下去就行了。

最后,还有生物技术。从全国来看,上海在这方面是很好的。现在的问题不是在技术上我们不懂、不会做,主要还在于生化药品的数量、品种不够,寿命太短,不多久就变质了。目前生物技术研究的几个主要问题,一是新的粮食品种,能耐寒的、耐旱的、生产周期短的和自己有根瘤的。这个问题研究成功了,我国就用不着15亿亩那么多的粮田了,尤其西北地区的粮食问题可以较好地解决。还有一个是细菌加工。现在的加工工业,除手工业外,有机械加工、电加工、化学加工等。机械加工、电加工要有动力,化学加工有剩余物,会产生污染。应用细菌加工,让细菌吃掉某种东西,产生另一种东西,既不要动力,也不会有污染,这是理想的加工方法,然而到2000年,还不会完全普及。真正的普及,恐怕是下一代的事了,现在20岁左右的人可能会看到吧。

中、小学教育的目标是对公民进行"通识"教育[*]

刚才听了两位教委会同志的意见,指出我们现在的教学计划不适合国家的发展形势。我很同意,也很高兴。几年来,民盟都在考虑这个问题。现在,我们的看法一致了,我们应该把教育看成是我们国家的根本问题。我想,要办好教育事业,有一个外在力量,一个内在力量。外在力量就是国家的支持。从实际情况来看,我国的中、小学教育长期不受重视,又遭到"四人帮"的破坏,情况相当糟。加上近年来出现的一个奇怪现象,就是搞什么重点学校,结果使很多人,大约占98%的人的子弟得不到正常的好的教育,这不能不令我们忧虑。现在,国家多拿出些钱来办教育,教育状况就会逐渐好起来。

现在,外部力量加强了,国家重视教育了,还有一个中、小学教育的目标问题。对这个问题该怎样认识呢?我的看法是:中、小学教育的目标,就是培养一个公民必须有的修养和知识,也就是"通识"。现在的情况是小学毕业准备升初中,初中毕业准备升高中,高中毕业准备升大学,一系列的目标都是升学。因此,又出现了一种不合理的现象,就是一系列的学生都在为考试忙,忙得不可

---

[*] 在"如何改进中小学教育"专题座谈会上的发言。原载《群言》1986年第3期。

开交。而为了升学,考试科目又不能太多,一门语文、一门数学,大部分时间都被这两门课占去了,这就必然忽视了其他各方面知识的学习。我们时常为此而担忧。我们所办的教育,不能不首先考虑到对公民的培养,不能只注意"专才"的培训。我们应该让每个公民认识自己的国家,认识自己民族的传统,要让每个公民具有一个公民应该具有的修养和知识。不这样,高等学校再努力,到2000年社会生产也不容易翻一番。现在我们每年大学毕业生只有五十多万,在校大学生二百多万。中学生就更多了,他们是我们国家未来的栋梁之材,我们今后的政权将要掌握在他们的手里。所以,我认为我们现在如果忽视中、小学教育,将是危险的。

中、小学教育怎么抓?我觉得抓重点学校不是好办法。某些人认为把重点学校搞好就可以了,非重点则让它自生自灭,好像成了弃儿。你想,中、小学生一部分是宠儿,一部分是弃儿,社会能安定吗?98%的中、小学是非重点,这个数字可要注意呀!如果认为重点学校办好了,升学率上去就行了,这不是从国家的需要出发。要办好一个重点学校不难,难在把所有的学校都办好。我主张把学校分成三个等级。这三个等级的学校可以年年变,允许三等学校升级,办不好的降级,降级的校长要换掉,让他辞职。这是足球联赛的办法。三个等级的学校的教学都达到一定水平了,就取消等级制。建立这个等级制学校的目的,就是为了取消它。现在搞重点学校的目的却不是为了取消它。如今很多领导同志的子女都往重点学校挤,搞得班级规模很大,80人一班的重点学校很多,教师受害,学生也受害。

其次,极其重要的就是把学校的师资水平、教育水平都要提高上去。其办法是:第一,现在那些不称职的干部在学校中当校长是不合适的,应把校长都换成师范学校的毕业生。在师范学校中应大量增设教育心理学课。第二,我认为教育部门的人事分配应归教育委员会管,不归劳动人事部管(王明达插话:以后准备这样实行了)。第三,教师队伍的整顿很重要,现在合格的教师只有1/3。许多教师不懂教育的目的是什么,也不懂教学方法,只会逼学生背书,一字不许错,这真是一个笑话!第四,关于教材。我赞成国家教委会的提法,只要有一个统一的教学大纲,课本可以灵活一些,各省可以编写,有自己的特点。第五,教学计划问题。我认为一定要重视"通识"的教育。语文、数学、物理、化学、生物、历史、地理,样样都重要。还有手工课,我认为也很必要。另外,还有体育教员的问题,现在各大学在收退下来的运动员做体育教员,其实好的运动员不一定是好的体育教师,大的运动量会把学生搞垮的。还有,政治教员也应组织轮训,抓紧提高他们的水平,目前是十分急迫的。

在最近几年里,要认真把学校整顿好,不能再拖了。我刚从英国考察回来。他们的教育本来是很保守的,现在英国教育科学部并不要学生死背书,也重视学生学习的灵活性。我们的学校应增加学生接触实际的训练,仅是课堂教育还很不够。当然这需要钱。我们学校的经费实在太少了。这一点,我们民盟已经呼吁多次了,好像反应不大。现在,我再在这里呼吁两声,舍不得在教育上多花点钱,那是短视,后果堪忧。

在全国汉字输入方法评测
工作开幕式上的讲话*

  首先,让我向领导这次全国汉字输入方法评测工作的国家标准局有关测试小组的成员致以最崇高的敬意,同时也祝贺参加这次评测的各个编码的发明者和工作人员,希望他们在参加这次评选工作中能够增长自己的才智,互相交流,看见自己的缺点,逐步改进。中文信息研究会一直在推动这项工作,因为汉字是我们国家两千年来变化不大的文字,也是全世界使用人口最多的文字,预计有 12 亿人口在全世界使用汉字。也可以说这种文字是使我们的国家能够团结存在下来,成为一个统一体的一个很根本的东西。假如当时没有这种汉字,而用的是拼音方法,那么我们这个版图中到今天就会像欧洲一样出现 30 个到 50 个国家。然而我们虽然有那么多种方言,可还是一个国家。汉字的功劳是不小的,它使我们存在下来,使我们壮大,使我们有一个统一的文化,使我们今天还能大讲祖国统一,还可以与台湾同胞、香港与澳门的同胞们一齐交谈,一齐交换信息,而且逐步地走向大统一。世界上以这种符号文字为基础的文字在历史上有好多个,到现在只剩下我们一个了,而且还在丰富起来。我们现在进入一个新的时代了,这个时代是以

---

* 1986 年 3 月在全国汉字输入方法评测工作开幕式上的讲话。

电子技术为主的。我们的信息交换要大大加速，要使用计算机，那么，我们的文字能不能使用计算机就变成了我们这个民族能不能振兴起来的一个关键问题，因而受到各方面的普遍重视。我在六年前碰到一个外国人，他说："你们最大的缺点就是中文，这个文字没法进入计算机，因此你们趁早搞拼音文字吧。"这样的言论并不是外国人有，我们中国人也有。假如我们要改成拼音文字，按现在的方言的种类说来，要不了多长时间，我们就会走向分裂，可是我们的历史是一直走向统一的。我第一次接触到汉字输入计算机的问题，是参加了一个在香港召开的国际中文计算机会议，这个会议我们有十几个人去参加。在中文信息方面我们刚刚开始，我们已经有了个别的方案，那时外国人还是很神气，说："你们甭搞，我们有的是方案"。这个公司说它的方案是最好的，那个公司说它的方案是最好的，主要是大键盘方案。我那个时候说过一句话："你们搞了，你们爱护我们的文字，我很感谢，不过，我们的方案应该是中国人搞出来的，一定比你们的好。今天没搞出来，过两年你们就看见了。"我们回来就成立了中文信息研究会，来推动中文信息处理技术的各个方面的发展。从那时起，时间过去五年了，在这五年中，我们从个别的几个方案开始，到现在已有574个方案了。当然有不少方案还是纸面上的，也有不少是从微机进入我们国家后开始研制的，发展特别快，其中有很多优秀的方案。这些优秀的方案使所有的外国人都感到惊讶。我们中国人的脑袋是好的，我们的软件是不错的。所以我相信我们最后会有很好的方案出来的。今天这许多方案里有好的，有还没有实践的、纸面上的，也有需要改进的，各种各样都有。我们开始就不用大键盘，就造了外国人的反，我们都是小键盘，把小键盘作为我们的起点，这是我们民族的优点。用小键盘就要多用脑袋，就得想法解决小键盘来处理字形种类繁多的这样一种文字的困难。我们用编码的办法处理，开始时大家尽可能避免重码，重码多总是不好的，所以开始的许多方案都是极力避免重码。使重码字少，就只有一个办法,击键的次数要多,码子的位置要多,都是五个以上,勉强的用四个,这就有重码率问题,这是很容易算出的。这是第一个阶段,尽量避免重码,使击键次数增多。以后,我们才有人指出来,不必要绝对避免重码,重码固然不好,可是有的时候这个坏事可以当好事用。假如我们允许重码,就可减少击键次数,只要有选择重码的能力就行。这样一个思想,在近期的方案里大量使用,这是一个转折点。第二个转折点,是从个别字的输入进一步到用词的输入来代替个别字的输入,充分运用软件功能,使我们中文的输入质量大大提高。别人是不是也在进步呢？也在进步,像美国国际商业机器公司,现在已经基本上放弃了原来的设想,开始利用我们的思想,使用我们的软件来充实它们的机器。因此,我们并不是没有竞争对手的。现在美国有二三十种编码方法,澳大利亚有十几种编码方法,香港有好几十种,台湾也有一百多种,其中有些是雷同的,小有区别,有些还是有很优秀的内容的。所以今天我们搞这样全国规模的首届评测,也是第一次在国家的机构领导下进行的,我们祝贺全国评测能推动我们的工作前进。尽管我们现在取得了很大进步,但我相信最优秀的编码办法还尚未出来,以后还有许多新的思想会改变我们这个编码的发展、输入技术的发展。这是一种群众性活动的类型,很多编码方案不是个别人提出来的,都是很多人集体研究后提出来的。因此,我们这个评测的过程就是各方面不同的思想交锋,同时促进我们进一步发展,我相信今后还会有更大的发展。许多这类的事情要经过长时期的磨炼的,如我们现在常用的打字机,其键盘是经过137年的竞赛后才落实的,经过整个19世纪,一直到20世纪初,UNDERWOOD才把这个键盘肯定下来,得到大家的承认。它经过长时期的统计和实践,还有心理学、生理学的训练,因为很多的方案你认为很好,结果操作员很累也不行。如我们的编码很好,但操作人员却不能长期使用,用一个钟头就累得要死,这就不一定是将来发展的方向。一定要既方便又容易学,又容易用,还要使操作人员不累,这是一个很重要的要求。如缝纫机也是经过了73年,每年开一次会比赛,最后才定型,才有了上下针这种针法。因此,这种评比是很重要的,可使先进的东西逐步出现,被别人承认,最后得到统一的决定。因此,我们也应高度重视这个工作,动员更多的编码研制者来参加这个工作,使我们国家的汉字能够继续在现代化的社会里存在下去,作为巩固我们国家、我们民族统一的一个很好的工具。

我祝贺大家成功!谢谢大家!

基础研究与应用开发
必须宏观综合平衡*

近年来,某些部门和企业在科研的组织和安排上出现了一种急功近利的倾向。由于片面强调近期微观经济效益,往往只重视一些开发性的工程研究,而忽视必要的基础研究。不少大中型企业,目光盯住国内市场,只抓近期见效的"短、平、快"项目,实行"拿来主义",生吞活剥地吸收现成的技术和理论成果,不愿投资于周期长、收效慢然而后劲足的中长期科研项目。有些研究机构急于争取科研资金,将主要力量转向开发研究。而一些基础研究的单位资金短缺,有些研究工作不能得到社会的恰当承认,科研人员报酬相对递减,项目难以为继。这些现象,时常使人感到忧虑。

众所周知,科学研究大致可分为基础研究、应用基础研究、应用研究和开发研究四类,它们之间是相辅相成、缺一不可的。前两者是后两者的基础,后两者是前两者的发展和联系实际的桥梁。周恩来同志曾指出,我们党历来是重视基础理论研究的,科学规划中,一定要加一项基础理论的研究。科学技术发展史也表明,科学研究的正确道路应该是:从生产实践和人类认识实践中总结经验,提炼问题,经过长期的基础研究和应用基础研究,总结出规律

---

* 原载《文汇报》1986年4月7日。

性的东西,上升到理论高度来认识,再到实践中应用和开发,接着进行高一层次的循环。

在资本主义国家中,对待科学研究存在着资产阶级的功利主义倾向,但也不乏明智之士。许多大企业(如贝尔电话实验室、柯达公司等)尽管主要抓产品的研制和近期开发,但仍抽出可观的资金,为数以千计的数学家、物理学家和化学家从事的基础研究,提供良好的环境和条件。他们既培养出了诺贝尔科学奖获得者这样的精英人才,也使商品和技术不断得到更新和发展。

李政道教授最近总结说:"近30年来,美国的半导体、集成电路、激光、新材料等产业中的重要领袖几乎都是由基础和应用基础科学培养出来,然后转移过去的。"这些话很有道理。联想到我们国家,要是不切实抓好基础科学研究,就很难在科学技术上打翻身仗,很难取得突破性的成果,很难尽早实现社会主义的四个现代化。

我自己从事科学研究已有五十余年了,在长期的实践中也深切地体会到:必须把四种研究紧密有机地结合起来。我早年学物理,而后转攻应用数学,接着搞过工程研究和基础力学研究。我的大部分精力花在搞有应用背景的基础研究上。40年代和50年代,我根据当时航空航天事业发展的需要,搞过板壳的内禀理论和薄板的大挠度问题研究。在那些是非颠倒的日子里,虽一直被讥为"理论脱离实际",但我从未动摇过。上述领域中的工作最终还是得到了国内外的承认,并在各个工程部门得到了实际应用。十年动乱中,我不得不搞了一段时间的高能电池的开发研究,但还是从基础研究入手,翻译了几百万字的资料,然后进行创新,就得到了优于别人的成果。这说明,不仅是国家的宏观全局,即使是个人的研究实践,想要在学术上创新,是无论如何离不开基础研究的。不认识到这一点,就只能跟在别人后面亦步亦趋。

新中国成立以来,我国的科学研究取得了巨大的成功,但走过的道路是曲折的。撇开十年动乱期间的取消主义不谈,在其他阶段,时而刮"应用风",时而刮"理论风",政策的不稳定性搅乱了人们的思想和步伐。拨乱反正初期,报刊上片面渲染了几位搞基础理论研究的专家,人们"一窝蜂"地搞数学和理论物理研究,引起了国内外包括数学家、物理学家在内的有识之士的忧虑和担心。最近,风向又开始逆转。在部分单位,弄得搞基础理论研究的科研人员叫苦不迭,无所适从,这是很不正常的。

综观近期来的政府决策部门的意见,都在不断强调基础研究的重要性。最近,李鹏副总理在视察上海交通大学时也述及了这一点。国家已成立自然科学研究基金会。这是改革科技体制的又一项配套措施,是一项持续稳定地发展基础研究的战略性措施。这些正确的提法和政策在付诸实践时,还需要有必要的、实在的保证。有不少企事业单位的实际决策者,有的不懂科学,不懂科学研究的规律,有的只顾追求近期微观经济效益,自觉或不自觉地把基础研究项目拒之门外。有些本来从事基础研究的科研、教学人员,迫于提职、提级、创汇、创收评估指标的压力,不得不忍痛割爱而转行。这些都是令人痛心的现象。

我认为,为了改变现状,舆论工具必须对科学研究的规律作全面宣传。为了振兴经济,在当前必须将主要的科研力量投入应用和开发,同时社会应鼓励一定数量的人专心从事基础研究,决策机构必须对从事基础、应用基础、应用和开发研究的人力物力作出全面测算和配置,各部门在科研资金的调拨和分配上必须切实照顾基础研究工作者的需要和利益。更为重要的是,要使人们充分认识到基础研究的重要性、长期性和艰苦性的程度,绝不亚于应用开发研究。例如,我的老师周培源教授为湍流理论研究投入了毕生的精力,耄耋之年仍在矢志不渝地研究着,并取得了很有影响的成果,人们也认识到了湍流研究的难度和实际广泛应用的可能性。而当代中青年科研工作者却把湍流研究视为畏途,不敢染指。这种现象再也不应继续下去了。

　　对基础研究重要性的认识关系到科学事业发展的全局,关系到"四化"建设的千秋大业。因此,这里我要大声疾呼:千万不要采取"杀鸡取卵"的愚蠢做法,要重视基础研究,搞好科研项目的宏观综合平衡!我还要对有志于基础研究的同志们讲一点希望:认定目标,坚定志向,安于清贫,孜孜以求,把你们从事的有意义的工作做下去,最终定能得到社会的承认!

从"七五"计划谈智力开发[*]

同志们：

我是第一回到唐山来，唐山是座英雄城市，早已闻名。唐山这十年来的辛苦建设，我也从各方面都了解到了。我虽然没有来过唐山，但唐山我有很多朋友，因此，好多的信息我还是晓得的。

今天我想跟大家谈三个方面的问题：一个方面是我学习"七五"计划的体会；第二方面我讲一讲我所想的有我们国家特点的社会主义的现代化，它的将来的面貌和过程；第三个方面我谈一谈，要达到这个目标最关键的问题是什么，是全民族的智力开发。

一、关于"七五"计划

"七五"计划是我们国家多少个五年计划里头最进步的一个五年计划，这是一个贯彻了改革精神的"七五"计划。我们晓得党中央最近公布过三个关于体制改革的文件，一个是经济体制改革，一个是科技体制改革，还有一个是教育体制改革。这三个体制改革文件的精神全部反映在"七五"计划里头。

第一，是经济体制改革，我们晓得我们的国家要站起来，经济

---

[*] 1986年4月14日应政协唐山市委员会和民盟唐山市委员会邀请所作的报告（根据记录整理）。

体制不改革是不可能的。我们要富裕起来,我们的国家才有前途。通过经济体制改革,我们的生产发展了,逐步建立起一个社会主义的现代化的新中国,这是我们祖祖辈辈多少年来向往的社会,我们现在还没有达到,这是很重要的。

第二,要完成经济体制改革,我们必须要开放。因为我们远远落后于世界各国现在发展的水平,不能把我们的人民永远置于这个落后的条件下面进行生活,要赶上去必须要开放。开放就是让大家看见别的国家的情况,我们要赶上去而且超过去,我们关起门来看不见,我们就没有这个动力。我们相信各个民族都有他的优点,他们也在创造前进。我们应该把别人所长全部变成自己的,这个也得开放。我们看一看,国际上的发展前途,世界上技术发生的巨大变化,这些变化是什么?这种变化是必然的,不是人为的,是客观的,不是主观的。将来这个变化的规律也会引着我们往这许多方面变化,因此,我们必须了解人家往什么方向变化,这样才能使我们的工作更有主动性。对外开放,资本主义和封建主义的许多腐朽思想一定会妨碍我们进步和改革的。改革就意味着向这两种思想开火,思想上的斗争是会长期存在下去的。因此,"七五"计划里面特别强调两个文明建设一起抓,紫阳同志报告里头特别强调了这一点。

第三,为今后我们国家的发展,要搞九年制义务教育,但这不是短期内能完成的,而是分三个步骤,第一个步骤,在"七五"计划里要达到的。这三个步骤的完成,会使我们国家整个社会经济、文化面貌发生很大的变化,这是我们要长期努力的一种设想,也反映党中央非常重视智力开发。过去,智力开发只是高等学校,就是搞人才,人才我们是要有的,可是人才是建立在广大人民的文化素质提高上面的,所以,现在把义务教育提出来,这是非常英明的措施。最后,应该看到,我们在各科的领域里头是落后的。因此,我们怎样能短期搞上去,这是一个大问题。所以我们应该贯彻科技体制改革的方针。我们有那么多工作要做,我们必须先抓住一个国际和平的条件,获得一个比较稳定的建设我们国家的条件。还有对国内的政策,我们虽然强调两个文明建设一起抓,不过别忘了,我们要争取一个团结的条件。当前党中央、全国人民所仰望的工作条件、工作目标,是我们应该团结起来,来完成这个"七五"计划,我估计到1990年一定能超额完成。因为这是符合大家的要求的,而且比较稳当的一个计划,不是那种"大跃进"性质的计划。稳妥不是说我们满足于它,肯定要超过。所以我是带着一种很兴奋的心情跟大家来讨论这个问题的,这是总的情况,是我两个星期参加会议的体会。下面我着重谈谈第二、第三两个问题。

二、中国特色的社会主义现代化

我们今后要建设有中国特色的社会主义的现代化。这个讨论得很多,因为我们的国家,是有悠久的历史文化传统的,又是有广大的农业人口,有那么多的人。这是全世界少见的、独一无二的国家,她有她的特点。建设我们的国家必须符合这些特点,照抄是不可以的。

我们过去的工作在改革的过程里头,已经体现出一个东西,全世界没有过的,就是农村经济的问题。农村的改革,已经引起全世界人民的注意,不论社会主义国家还是第三世界国家,都在赞扬我们农村经济的改革,很多总统、各国的领导人都来参观。为什么?因为我们走出了一条中国特有的道路。现在我们的经济情况虽然还有很多的问题,在发展过程里没有问题是不可能的,但我们应该看到总的是健康的,人民群众总的讲比我们历史上任何时期生活得都好,他们收入大大地增长了。小问题不少,只要改革就有问题。有人专门喜欢挑剔问题,他们是反对改革的人。在进行改革的人中想的是怎么往前走,当然我们也欢迎各方面提出我们的困难和缺点,我们可以改革前进嘛!而不是从改革过程中看出一些新的问题、新的困难,做绊脚石,来绊着不让我们前进。农村经济改革是一件了不起的事情,这牵涉到8亿人口,当然现在还没做到8亿人民全富起来,还有若干地区是落后的,少数民族地区、边远地区、穷困地区、山区都还是落后的。也有个别的山区、沿海地区发展得较快,如沿海地区尤其是像广东、江苏、福建、山东等。

我给大家讲个数字,我晓得江苏省长江南岸有一个小的区域叫沙洲,沙洲这个县在解放时还没有,后来把江阴、常熟、无锡三个县一部分划出归并起来叫沙洲县。沙洲的特点都是沙,农业生产很差,很穷,穷到在五年前它60万人口大部分都是住茅草屋的,没有一个城镇,都是农村,好多人到外头去谋生,是江南一个特别穷的地方,不产稻米,吃的是白薯。可是经过了五年奋斗,60万人口原来的总产值只有6亿,前年达到26亿,去年达到39亿,今年正在要冲破50亿。一个60万人口的穷县,只五年的功夫,从6亿变成五十多亿,就是靠党中央的政策翻身了,成了江南数一数二的一个县。有哪个县产值超过50亿的?在三年前公布过,全国有三个县超过20亿,那是无锡、江阴、常熟。现在它已经超过这全国最有名的三个县。

所以看到只要政策对头,人民努力,领导得法,什么事情我们都能干出来。沙洲本来中小学就很弱,现在开始自费办大学,已经批准,叫沙洲工学院。那里过去有一点知识的人都到外头去,这次他们很多人却回来了,有一个长春地质学院的副院长回去当院长,一号召都回去了,建设家乡。现在交通非常发达,全是柏油路,一间茅草屋都没有了,农村全部盖了新房,都是二层楼,去年在盖三层楼,甚至盖四层楼。在那个地区为解决运货的问题搞了一个码头,一个港口叫张家港,有6个万吨级泊位的码头,这是长江南岸最好的一个港口,计划要建48个泊位,全部建成后,抵半个上海,上海的总吞吐量一年是1亿吨,它要达到5 000万吨,在苏南是一个很重要的港口。现正在建设港口设施和高级公路,通达无锡、苏州、上海。你看,也就是5年啊!不能想象的,他们的农村工业里头,不只有一般的产品,他们以建材业为主,什么水泥、钢筋、玻璃、墙纸、铝等等方面的工厂都建设起来了。而且他们有各种产品,一个以高中学生为主的农民办的仪器厂,生产出来的东西在全国达到了第一名,用在我们放到太平洋去的导弹上面,我们的农民是有办法的。国家没有投一点资,什么事情都能做到。这证明我们党中央政策是英明的,而我们的人民是有能力执行政策的,我们的人民是富有创造性的,现在全国很多的农村翻了身,就像沙洲这样翻身。

因此,我们相信,我们的经济体制改革是有中国特色的。现在全世界都在走这条路,连苏联也在走这条路,他们也要搞改革,也要搞经济体制改革。所以,最近来的人很多,是要来看看,很多外国人不相信,我们也没有很好报道,没有报道得那么生动活泼,使大家相信这是真的。因为我们都是报道一些数字,报道一些非常原则性的东西,人家不相信,说你们的教育那么差,像沙洲这样的地方,能搞出什么东西出来?沙洲能搞出来,翻多少番啊!6亿、12亿、24亿、48亿,五年翻了三番。所以我们翻两番不要以为多难呀!看你怎么做。外国人来了提出到那里看看,他们晓得我跟沙洲关系很多,我是经常去的,经常提点我想到的办法等等。他们去看了回来觉得不得了。给他们原来的相片和现在的相片看,他们都不能相信,是五年里头搞出来的吗?他得亲自去看,在那里农民就是工人,工人就是农民,农业的现代化进展得很快,它叫以工带农,贫富的问题解决了,每个家庭既有工人又有农民。他们的商业也搞得很好,现在他们有三分之一的产品是出口的,可见他们的水平不低。

中国特色就是结合中国实际,中国的实际就是有几条,地大是大得厉害,人口多,农村占的比重太大,文化是落后的,因为有2.35亿的文盲,而且近两年来又有所发展(这是两年前的数字)。这就是我们的特点，我们全国的贫富不均，西部区域是个金饭碗，可是没有开发，交通不便。沿海地区矿产并不丰富，可是发展得很好，比较来讲在国家是个先进的地区。中间还有非常复杂的关系，我们长期以来搞的是条条块块的经济管理的体制，这个条条块块完全不符合现代化的管理体系。现代化的管理体系是用系统工程的眼光看，虽然分了各个系统，也应该强调各个系统之间的关系和联系。可是我们习惯上各个系统之间完全是独立的，不讲关系和联系。因此发生了很大的困难。面对中国的这个实际，我们提出来加强横向联系，最近报上宣传得很多，这是针对我们中国的实际提出来的政策。我们国家的经济要发展，就得强调条条块块之间的联系。横向联系包括地区之间的联系，包括工业之间的联系。地区之间的联系已经在进行，很早在进行，在前年连云港发明了这个办法。连云港要发展，因为已经说了是要发展的14个地区中的一个，可是它既无人又无钱，是一个很穷的地方，它有一个码头，有个陇海铁路，交通很不方便，有条公路是普通的二级公路，怎么发展？它有办法。它就找了安徽、河南、山东、河北、陕西、甘肃、四川等地召开了一个联席会议，研究连云港能为周围这么多省做什么工作，当然是进出口贸易工作啦，运货的工作啦，这一下得到了这许多省的支持，提出很多的设想，连云港就得到了资金，得到了各方面的支援，现在飞速发展。它有个计划，要从洛阳搞一条高速公路一直到连云港，将来高速公路上集装箱可以大量地过去，要把连云港到徐州的铁路改成双轨，在连云港的港口地区划了很多很多小块给各个省盖库房，这个是必要的。还有连云港要发展各种各样的工业，都是各个省结合他们自己的情况投资的，这就是地区之间横向联系的作用。最后新疆也加入了，新疆唯一的出口就是往东，往西到苏联去，这是有限的。这样，一条线都活起来了。横向联系是搞活经济很重要的东西，这是地区之间的。苏南经济发展跟横向联系很有关系，上海、无锡、南京、常州这许多工业区都是互相联系着的,上海有很多产品,或者部分,或者部件,或者整件,是在苏南地区做的,做了以后又运回上海来的,资金也是上海去的,扩大了生产,贴上了上海什么什么厂的招牌,就在全国全世界卖。这是横向联系,把那地区的经济搞得很活。上海发展得很快。比如沙洲的玻璃厂,是上海的耀华玻璃厂投资的,技术是耀华玻璃厂的技术,可沙洲的石英沙非常好,就地取材,成本很低,从长江里运出也很方便,一下子玻璃工业发展很快,四年前盖了一个厂,两年前又盖了一个厂,现在听说要搞第三个厂,而上海的耀华玻璃厂石英沙的来源问题也解决了,你看这也是横向联系,各种各样的横向联系。这是经验,也是带有中国特色的。所以我说中国特色在于创造,因为结合中国实际的必然有中国的特色,实际问题就是按中国的实际来发展。

  刚才我说的是见到的,已经开始了的,现在正在酝酿着的还要多。老实说沿海地区分各级各等的经济区,这个也是中国特色。在国际上从来只有个加工区,要不然变成一个殖民地工业地区,我们不是,我们既有主权又不是加工区。我们这个像珠海、深圳等,是经济特区不是政治特区,因此不是殖民地。那么其他14个口岸的发展,以后再往里还有许多开放的城镇等,这一系列一整套的形式,开放的形式,都是我们的创造。各个等级的开放,这也是中国特色。中国特色还在创造中,我们将来还会看到许多新的富有中国特色的建设社会主义的形式。我们不要抄人家,人家好的东西我们要有,也得衡量国情。我们是社会主义,但是我们现在有差距。我们是有计划的商品经济,我们有一类是指令性的,有一类是指导性的,社会主义的最大特点是有计划地发展经济,可是又加上市场调节,这也是一个创造性的东西。还是保持社会主义最大的特点,又使我们的经济生活能进一步灵活,进一步促进它高速度地发展,这是社会主义的。我们强调两个文明建设一起抓,这也是社会主义的。那么什么叫现代化?我们提出到2000年达到小康水平,这样的提法,是又谨慎又积极的提法。实际上,现代化国家一定是用现代化的技术装备起来的,我们人民的生活也是慢慢地要现代化的。因此我们很值得讲一讲当前世界上技术发展的情况跟大家现在生活的情况。因为我们开放了,因此有条件去认识国际上的情况。国际上的情况不一定是我们将来的情况,因为它们也在不断地变化中,可是有一些技术肯定对我们的社会将发生巨大影响的,我想向大家介绍一些。

当前国际上还在搞工业建设,可是有一个很大的倾向,就是把几种工业建设在慢慢地分辨出来。在前一个半个世纪,全世界的工业建设,大部分集中在大型的,这些所谓叫传统性的工业,以劳力为主的工业,炼钢是被大家作为标志的,我们也提过"以钢为纲",这是以劳力为主的工业。还有一般的机械工业,所有的工人都站在机器旁边,为了机器转动,人是为机器服务的,以劳动为主。建筑工业也是以劳动为主。这种工业当然也要求工人有一定的技术和文化水平,可是在这种工业里头劳动力是占主要地位的,工程技术人员只占很小的比例,很多专业性劳动也是劳动,老干也就会了,就是训练也是短期的训练就行。以体力劳动为主的工业,一般工人和技术人员比例,像建筑工业一般的是20∶1,炼钢大概是10∶1,机械工业是7∶1,这样一个数字,大量需要劳动力,少量的需要智力劳动者,这是我们前半个世纪里面发展的形态。因此必然是大量的农业人口转到城市里头来,因为劳动力都在农村,国际上也都是这样,城市不断扩大,人口越来越多。这是技术发展影响社会的一个很重要标志。解放以来我们国家城市人口发展得很快,大家都要进城来,那是堵不住的,我们想了户口的办法,不给你户口,数字长得慢一点,结果堵住没有?没有堵住。因为必然这样子。譬如我们上海的情况当时是450万,现在是一千多万,据说唐山人口最近也增得很多。全国各个城市都在增长,可是现在呢?发生了新的倾向,就是以智力劳动为主的工业,就是电子工业,还有个叫生物技术工业,这是两个新的工业。我们从日本进口很多很多电子设备和生产线,进口的是人家的设备,而智力劳动化不够,因此我们并没有获得他们的精华。这两个工业的特点就是四个字,叫"日新月异"。他的产品一年变好几次,不断地变,不断地进步,进步非常之快。他们的生产线一下子就作废了,又立了一条新的生产线,又进步了嘛!日本把旧的生产线交给我们了,因此我们最近生产线进得很多。可是要记住只是捞到人家以智力劳动为主的一条工业生产线,生产过程里头要有一定的智力劳动的要求,可是还不是智力劳动为主的工业,工业品生产线还在变。我们一条生产线进来了以后,以为跟过去钢铁厂一样,我至少可以生产十几年,二十几年,这个技术还是能用的。这些生产线在日本已经被淘汰,用了新的,它把旧的卖给了我们,我们也用不了几年,过几年就要换,有的不换就老化,人家的产品进来了没法子跟他竞争。计算机也是如此,这种电子工业的特点就是因为计算机工业的进步。计算机工业现在是从第四代走向第五代的交接的地方。第五代的技术已经成熟,可是还没有变成工业,这个时期,正是改朝换代的时期。

我们晓得计算机工业在30年里进步了五次。1948年底,第一代计算机出来了。是用真空管装在一座两层楼里,每层楼的大小就跟这个礼堂一样,一个一个书架上面是一个一个真空管单元,连在一起成了一个二进位制计算机,用来计算比较复杂的东西。那时要求计算两个难题,一个是原子能反应堆的控制阀应该放在哪里。第二个就是导弹飞向一个目标有点错的时候,如遇风了等等,这个不能预先计算好,离开了,偏位了,怎么纠回来,用多大力量纠回来,用人计算来不及,导弹速度很快,每秒钟是5 000米左右,每秒钟,假如你一晃5 000米出去了,因此计算速度必须要非常快。这种决定都要在百分之一秒内作出,因此非要计算机计算不行。第一代计算机,是满足这两个要求出来的。很可惜这个体积太大了,用了2.4万个真空管。中间设计这个机器的时候,有一个中国人参加的,叫朱传榘。这个机器在哈佛做出来的,这个人是交大的毕业生,现在经常回来捐给交大很多东西。交大有两个毕业生,两个搞计算机的,一个朱传榘,一个王安。这第一代计算机缺点太大,不好搬动,经常发生问题。因为2.4万个真空管,哪一个出了毛病这个机器就完全错了,错了以后就得找,很费事,一年顶多用两个星期,剩下的是诊断哪里出了毛病。可是,人们说这是一个新的时代的开始,它最主要的发展是给人们指出了一条新的道路。应该说这是一个新的技术的开始。一个新兴的东西不应该光看它的缺点,首先应该看它的进步,很多新的思想、新的开始被抹杀了,通不过,这种情况我们在新的建设时期一定要避免。现在我们体制改革,许多人讲它的缺点,改革是从新的开始,必然会有很多缺点,人民没有经验,改革是在克服这许多缺点里前进的,这个思想人们到现在还没建立起来,改革的人老实说都是被枪打的出头鸟。党中央对这个问题很重视,有些倡导改革的人是受到党中央重视的,可是他是受到很多人批评的,他们有缺点,要不然就不叫改革。新的事物都会有缺点,因为老的事物经过若干年代的修正,把许多缺点都掩盖起来,可大的缺点都暴露在那里。新的东西,都是在大的问题上前进一步,小问题来不及修改,计算机就是这样。人家说这是人类的一个最重要的进步,要为我们开发一个新的世纪。人家在1948年就下了这个结论了,现在证明这个结论是对的,我们进入了一个新的世纪。

第二代计算机呢,就是把真空管改成半导体。半导体是1952年物理学家发明的,搞计算机的一看这个有用,这跟真空管一样,跟二极管一样,他们把同样性质拿过来。在1954年出现了第二代的计算机,用半导体做的,其运行的可靠性大大加强。第二代计算机同样是两层楼房的计算机容积,但变成了八个大立柜。这一代计算机,可以开始用到导弹控制上,八个大立柜虽不太方便,不过可以搬来搬去。计算机的发展就是改革的发展,我们就是要有这种思想。这八个大立柜还是不方便,所以有人就想,就琢磨,一个片子上可以打一个管子一个电路,把电路缩小一点,多画几个电路上去不就行了吗!一个片子抵10个、20个片子,计算机不就缩小了吗,一直到1962年才成功,叫集成电路计算机,这是第三代。

我们到第三代为止并不落后,只差半年,我们第一代计算机还是解放前的,第二代计算机人家是1954年出来的,我们是1956年出来的,第三代计算机人家是1962年出来的,我们是1963年出来的,那是关了大门,没有引进任何设备任何技术,所有设备都是自制的。所以这里证明中国人并不笨。这要理解中国的知识分子一点不次于任何国家的知识分子。可是我们现在很多人觉得洋知识分子比中国知识分子好,我就不相信。第三代计算机是不是人们满意了,第三代计算机变成一个大立柜,仍不理想,以后来了一个"文化大革命",就把这个也革掉了。因为它有缺点,成本很高。人家还在进一步地考虑,为什么没有办法缩得更小一点,一个片子上放几百个、几千个、上万个,能不能这样?到1968年的时候,人家成功了,搞出了一个叫大规模集成电路的第四代的计算机。

到第四代计算机,使电子工业得到了巨大的革命。过去一个大立柜的,现在变成了一个片子,计算机容量扩大了,体积缩小了。过去控制操作程序用的计算机和机床一样大,我们60年代就搞出来了。有了大规模集成电路计算机,这个一样大的计算机变成了很小的东西,可以放在机床里头,从那个时候起,这个程序控制的机床看不见计算机,很小了,跟一个打字机差不多。有了第四代计算机以后,很多电子东西出来了,什么电子表,电子琴,什么电子这、电子那,现在是满街飞。日本的东西都飞进来了,这也好,让大家开开眼界,让我们看看是落后了。是不是就到此为止了呢?科学技术是没止境的,搞科学技术的都是改革派,因为他们从来不会满足的,现在就在搞第五代计算机。

第五代计算机跟老的计算机最大的区别是它有人工智能，它是根据外界的条件来作出自己的反应来工作的。而老的计算机呢，是人工制动、人工指挥，它对外界条件没有反应。这是第五代计算机的特点，现在正在发展，好多国家声称已经搞出来了，日本首先声称，美国也声称，法国也声称，说第五代搞出来了。我相信是可以搞出来的，我相信现在第五代计算机还有若干缺点，因此还没有进入市场。可第四代计算机本身也在进步，以后搞出一种微型机出来，微型机就是叫个人用计算机。最有名的是苹果牌计算机，价格便宜且效率又高，一个苹果牌计算机大概和我们一个打字机差不多，可是它的功能比当年两层楼房的计算机还大 10 倍，以后就是个人用计算机 ABPC、ZPCX、PCIT 一大套都出来了。

现在我们大量用的是微机，微机的功能足够为各方面服务了，所以我们国家也生产了不少微机，像长城牌的，当然有些地方是落后的，也有些地方是先进的。计算机在我们国家并不是十分落后的，尤其是软件。中国人的脑袋是"实在型"的，美国的软件专家大部分是中国人，或是中国血统的搞软件有名的专家。在五年前，我到香港去开过会，叫国际中文计算机会议。那时我们的软件用的都是英文，所以用计算机必须懂得英文，开始有人想要搞中文的，我们的计算机的普及与实用，必须使计算机用中文，开会时就碰到 IBM（国际商业机器）公司的人。这个公司是搞计算机的，那时他们说国际 IBM 公司已经创造了中文的计算机，用大的键盘，一个盘容纳 1 920 个中文汉字。常用字放在第一块板，是日本人设计的，次常用的放在第二块板上。王安把它简化了，简化到偏旁部首 100 个，应该是 99 个，也是一块板。一个字总是由几部分组成，每个部分点一下字就出来了，他叫三角码方法。还有德国的等等，好多呢，都在展览。有的跟我说，你们买我们的吧，有了这个你们国家就可以利用计算机了。我倒是有一句话，我说中文计算机是关系到我们 10 亿人口的前途，我们肯定能搞出来的，你们这个是落后的,那么大的键盘,我们受不了。我说我们走自己的道路,两年后我再和你们见面,我有点火了。因为他们看不起我们,所以回来我就建立了一个"中文信息研究会",动员有兴趣的都来搞。两年以后我们就搞出十几种类型的机器,都用普通的小键盘,我们就开了个国际会议让他们来看,看完了他们不太有话说。可是没有一台是已能生产的,因为我们的生产是落后的,这一点我们得承认才行。可是我们的脑袋不落后。到现在完全不一样了,我们现在有572个方案,中间大概有200个方案已经投入生产,当然里头也有许多问题。明年我们准备在中国开一个国际计算机会议,我们要把所有比较好的已经生产的机器陈列出来,给他们看看,别以为没有外国人我们中国不能解决自己的问题。我觉得中文计算机这个问题我们自己不出来解决,对于我们民族的尊严有损,现在我们基本上解决了。现在是怎样大规模投入生产,挑选好的先生产。我们现在是不是到了最高点,还没有,最好的办法还没出来,这个要逐步来积累经验。所以我们准备比赛十年,每年比一次。就是你的机器要好用,最好的一个机器,最好的一个人,一分钟能打38个字,最差的一分钟打8个字,你看差别那么大。我们估计一个半月以后,最好的可以打到90~100个字,因为我们现在已经训练了两人,能打100个字,最差的就难说了。

  计算机的出现改变了我们的时代,我们现在还没有进入计算机时代。在国外基本上那儿都用计算机管理,银行、保险公司、图书馆,许多工厂的管理全部用计算机。计算机管理加速了整个工作的步调,我们现在出国的人都晓得,工作的节奏、生活的节奏国外比我们快得多。我们的工作节奏是最慢的,连电视里头、电影里头的动作也是慢的。当然我们在改革过程中要统一思想,有时很费劲。我讲平时的工作,从决定到做我们常常是非常之慢的,国外跟我们签订合同,那是害怕透了。那负责人一来得住两个月,合同才能定下来。他说我一天不在那里就可能损失是15万、20万美金,我两个月下来损失了多少万美金了,还不能定下来,有人就拂袖而去,走了。生活节奏和工作节奏太慢,有了计算机便快了。现在他们正在发展,使用计算机的资料用于演说讲话,不再用打字,文字出来也是用语言出来,那就更厉害了。所以国外已经进入一个计算机的时代,我们还没有。生产起了很大的变化,现在所谓自动生产线基本上都是计算机控制的。譬如我们的宝钢,每一个厂都是计算机控制的,整个的宝钢公司没有总的控制,计算机都是大型的,我们没有买进来,认为这个不需要,而没想到现在恰恰是需要这个平衡。因为每个厂之间都有关系,出来的产品进第二个产区的时候,有一定的时间、一定的量,都由计算机控制,问题就解决了,现在人来控制,接不上,对不上号,现在想搞一个全面的计算机控制,当年订合同的时候忘了订,现在日本人敲我们的竹杠,要多少多少钱。他们很多的工厂全部用计算机控制,一般的操作人员首先得会用计算机,这样就改变了管理,变成计算机管理,脑力劳动也很多,对于我们工人的要求大大提高了。所以计算机作为我们人的得力助手,这样一个社会叫智能社会。这种新型工业体力劳动跟脑力劳动的人员比例是倒过来的,7∶1,我们现在脑力劳动为主的工业刚刚开始,因为我们习惯于在不懂科技的情况下进行生产,只是动手,因此工业的质量不高,尤其这种工业的废品很多,产品很贵。

第二个工业方向是叫生物技术的工业。什么叫生物技术?生物技术就是人们逐步懂得生物细胞里染色体的构成,这种染色体是控制生物的遗传性的,现在我们已经懂得怎么样通过改变这种染色体的结构来改变生物的遗传性。改变染色体结构的时候,由于太小,是不能动外科手术的。它是用一套其他生物技术保存它的生命,改变它的结构。现在已知的有七种,都是成功的,用在不同的染色体上面,这样生产出来一些自然界没有的生物。这些生物是可以用来作为加工用的,我们过去只有机械加工、电加工、化学加工等。现在开始有生物加工，用生物细胞来进行加工，生产产品，当然这些也是危险的东西，比如将来搞成一种生物细胞，人治不了它，那可麻烦了。所以国外对这个争论很厉害，许不许可科学家自己来搞这个，宗教人士出来反对，说这个将来要危害我们全人类，将来搞出一个魔鬼来专门吃人，你治不了他，多麻烦啊！可是它对我们人类非常有用，两个方面有用，一个方面我们人类人口越来越多，粮食有问题。我们的生态环境破坏得很厉害，现在还有大片沙漠地区不能生产粮食，我们能不能搞出能在沙漠里生长的粮食品种？如能这样，那么我们这个国家别怕10亿人口，20亿、30亿也不成问题。我们的沙漠是最大的，如有新品种能增产50%就不得了。新品种都可以用生物加工的办法来得到。现在国外的稻种比我们的进步得多，比如菲律宾的稻种，比我们的产量要高50%。现在的品种是通过自然的配制，杂交得到的，我们这方面最近进步也很快。可是我们用的是天然的加工，不是人类的生物加工的办法，是在实验室里搞的。一头牛能不能50天成长？现在我们用化学方法，实际可以找到这样成长快的品种。粮食也是这样，假如使粮食作物的生长期缩短，那么我们更北的地方同样可以种粮食，种得更多，这是改变它遗传因子的办法。所以生物工程也叫遗传工程。在农业上面、在畜牧业上面是非常重要的，同时在工业上也很重要。

我们的工业加工，能不能用细胞来加工？酿造就是细胞加工，我们的臭豆腐就是细胞加工出来的，臭豆腐发酵本身是一个加工过程，食用菌是食品加工，但他们想的比这个更远得多。我举个例子，现在，我们国家开始发生一个问题，人家十年前就发生了，就是塑料口袋，唐山不晓得严重不严重，北京很严重，塑料口袋满天飞。我上次到常州市去，山坡上全是塑料口袋，游人们吃了东西撂在那里，风一吹就贴到山坡上面，我以为开的桃花，仔细一看全是塑料口袋，各种颜色的。在国外垃圾中塑料口袋很多，现在我们国家还没有到那个时候。买一样东西，铺子就给一个口袋，塑料口袋是方便，在香港就多得多，到了家里这个塑料口袋往垃圾筒里一塞不要了，垃圾筒一收集变成了固体垃圾。这个塑料口袋有个缺点，它可以在很湿的地方泡着，甚至维持二十多年不变。所以他们处理固体垃圾里头最麻烦的是塑料口袋怎么办，把它抓出来费的人工太多，它又不腐烂，那怎么办？英国人开始发明了个办法，到处挖窟窿把它装在里头，上面覆盖三米多的土，以后这个地方还能种树，英国人已经搞了20年了。现在国际上发明了个办法，在固体垃圾里引进一些新的菌，这个菌最喜欢吃固体垃圾，最喜欢吃塑料口袋，吃得很快，吃完了它自己就腐化了变成了肥料。这个发明，也是专利，只要引进一点菌，它自己成长很快，很短期内就在垃圾里头全吃光了。细菌吃很多东西。我们的垃圾堆里头有很多废铁，也没人拣，废铁是个麻烦，而现在有一种细菌吃铁。假如有这个能力，我们将来的固体金属加工可以用细菌，现在逐步地在寻找。当然现在首先是要做很多药品，制药大量用的是生物技术。

现在，美国有三个生物技术中心，规模都很大，叫生物技术公司，正在发展。英国也在搞，欧洲也在搞。这个是下一代的新技术，现在推广还很少。基础研究做得差不多了，现在的问题是，怎么工业化？怎么寻找新的品种？有没有发生什么人们治不了的病？人们管不了什么细菌？因为科学家对于人还是有责任感的，不会随便去搞的。现在许多国家正通过法律，来控制生物技术的发展，它有一定危险性，这跟原子弹一样。其实科技的发展是永远对人类有益的，对人类造成困难的这种科技发展，不是科技人员的责任，是社会的责任。一些社会上的野心家利用这些东西来达到他个人目的，原子弹就是这种性质的东西。

所以新的技术，不断在发展，这种发展要改变我们的生活面貌。我们一定要研究这些发展，要不然是自甘落后。所以我们说的现代化，应该是人民生活有很大改善的，为我们国家的建设服务的现代化。老实说人民生活的改善是无法限制的,它必然要改善。我们眼前是艰苦的,以知识分子的收入为例,他平常的能够依靠的资料和环境,那与国际上比差得很远。可是我们的知识分子同样地进行工作,有很多的创造。我们的老百姓也是这样。我们都理解国家的困难,大家来负担这些困难。在座的大量的是知识分子,我们的生活现在是艰苦的。当然现在有谣言,说出国留学的这批知识分子都不回来了。虽然有这样的人,但大部分都是回来的。我是30年代的留学生,那个时候,我们国家内部比现在落后得多,国际上也不比现在差多少,可是我们出去很多,多数人回来了。现在在国家各个岗位上工作,并没有为生活问题影响自己回来。我们都清楚,国外生活、工作条件好,可是我们都回来了,所以不要把这个强调太厉害了。有不回来的,他们根本用不着出国,说清楚了,他们在国外也没学多少东西,真正去学东西的有决心为祖国建设而出国的人,很少有不回来的。所以我说:要建设有中国特色的社会主义的现代化的祖国,是所有知识分子的向往,自己都有一份,要为这个去努力。至于对知识分子的各种污蔑,那是一些别有用心的人搞的。比如说在"文化大革命"中,我有两个问题最难回答,一个问题说你在美国过得很好,你回来干什么?我说我爱国。他说你爱蒋介石的国家。说你一定是特务、是特嫌,闹了半天我是特嫌。这是"四人帮"干的,是污蔑。对多数的出国回来的人的污蔑,对整个知识分子的污蔑。因为只有到过国外的人,更亲切地理解我们的国家需要翻身。你没出去过是没有体会的。这是第二个问题,就是我所理解的有中国特色的社会主义现代化的国家。我们想的是这些问题。

三、智力开发

关于智力开发的问题,不是一个孤立的问题,是我们社会里最重要的一个问题。就以"七五"计划为例,事事需要智力开发。比如现在我们全国的工作质量问题和产品质量问题,是谁都晓得比较差的。我们的学生质量就不是很好,不念书也能毕业的现象是有的,假如我们的学生质量的确好,如小学毕业生能达到小学毕业的水平;高中毕业生也是如此,给他一定的成绩是可靠的,学校的分数是认真的,那么大学就勿需要搞统一招考,为什么大学统一招考的时候,最高分跟最低分可以差到10倍?为什么我们的工业产品,有的工厂生产的没人要?为什么我们很多的产品一用就坏了?为什么我们出口的东西经常发生检查通不过,在进口口岸附近只好撤回来,甚至放弃在太平洋里头?我们整个的工作质量和生产产品的质量都是不太好的,但不是就没有好的,我是说不太合格,绝不是90%合格,假如能有90%合格就不错了。究竟百分之几合格,我很难说啊!为什么不合格?为什么工作达不到质量?就是工作人员的水平没有达到应有的要求。这就要开发他们的智力,现在还有很多人认为我们什么人都能做任何事情,我们分配劳动力的计划,只管人头,只管数量,并不管质量。我们现在还有文盲当小学校长的,这是事实,我不是在这里危言耸听,有一个就不得了。现在看来这种事情不止一个,所以普遍的文化素质的提高是很重要的。因此我们提出来国家要搞九年制义务教育,这是完全正确的。可是我们希望不要搞成九年制的"文凭教育",让你上九年给个文凭就算达到水平了。应该有一个文化素养的基本要求,要注意质量,因此这里有个智力开发问题。

譬如说,我们定了很多的法律,但现在法盲遍地。现在党中央号召要消灭法盲,要学习法律,这里也是个智力开发问题。前几天报上还登这么一件事情,一个法官对律师有意见,把他开除了。法官可以把律师驱逐出法庭,这个法官本身就是没有法律知识。天下大笑话,竟然在我们国家出现了。我很怀疑,我们的法官多数是不错的,但是不是都懂得法律。从这个法官看,他是不懂得法律的,后来受处分,法官被撤职了,所以普及法律知识本身是一个智力开发问题。你不晓得你怎么在这个社会里生活,这个社会的生活是有许多关系的,要讲关系学,但关系学是法律,哪些事可以做,哪些事不能做。因为法律就是处理人与人之间的关系的,一个社会,它一定有关系,不是生活在真空里的。最近我进旅馆大门,发现墙上贴着大字,不要随地吐痰,这个问题是个智力开发问题。你不许他吐,他吐了一辈子了,因他也不晓得吐痰的危害性。这一个月谁都不敢吐痰,谁吐了痰抓住可能要罚款,一个月运动过去了,第二个月他照常吐。因为没有人抓他,罚款并不能解决问题。所以,最重要的还是要提高智力,这也是智力的范围。

智力不是天才,现在有误解的,以为智力开发是要培养一些天才,不是这样。老实说我们的国家假如得到了100个诺贝尔奖金,假如是文盲遍地,法盲遍地,是现代化不了的。绝不是天才的问题,我们恰恰是缺乏"地才"。这次"七五"计划里的重点,是要搞法制。再这么下去不行,应该有个共同遵守的生活规律和生活关系,这就是法律,只有这样才能使我们的工作正常进行,这个东西不是搞运动能解决的,什么杀一儆百等等,都解决不了这些问题,主要是靠智力开发。

我们要搞现代化工业,刚才已经讲了,国内还有一大截差距,我们首先需要开发智力。我们的乡村经济还要进一步发展,我们的日用生产还要进一步发展,这里有智力问题,你不能老生产那些东西。如我经常愿意举的例子,吉林长春的第一汽车制造厂也是同意我的看法的,解放牌汽车从开始生产到1982年连油漆都没有改变过,永远是这个样子,没有发展观点。我们刚才说科学技术是不断发展的,我们的市场也是不断发展的,人们的需要也是不断发展的,不能老是这个样子。我们整个的社会习惯于叫张小泉的剪刀300年不变,这种生产方式看不见技术要进步。我们叫名牌产品,现在当然有名牌学校,名牌什么,其实这都是一个时代的问题。尤其现在发展快了,新产品明摆着比名牌产品好嘛! 你不改进就变成落后的名牌产品。我们不是也在一次一次的评比嘛,就是要督促产品进步。这也需要智力开发。日本的丰田牌汽车,我们进口的历史有六年之久了,六年前的跟现在进口的是不是一样?不一样了,很多都改变了。这是新兴的现代化社会的一个指导思想,不断地要变,不是我这里已经占领了名牌地位就可以吃一辈子。谁来变?靠智力开发,靠工程技术的智力开发,靠我们工人的智力开发,靠管理人员的智力开发,靠市场的信息等。

我再举个明显的例子,一个你们天天都要碰到的东西,就是电灯开关。我们的电灯开关是20年前的型号,现在叫典型化、叫标准化。我在瑞典看见一种电灯开关(后来我一注意那里都是这样),都变样了,我们还没见过面呢?因为走廊是黑的,白天也开灯,晚上反而关了,大家睡觉了,尤其在旅馆里,一关灯全黑了,万一有事情你晚回来了,黑着灯找开关相当麻烦。有时在旅馆住一夜,往往不会记得开关在那里。所以他们搞了一种开关,上面有个小红点,老远就看见了,看来事小,可是现在全部通行了,这就是通过智力开发的结果。智力是通过需要者的要求来进步的。

我再举个例子,我们现在封信封的胶水,是滞销的,大家都讨厌这种胶水,胶水瓶开盖后一干没法再用了,剩下的只好扔掉,因为头上都被胶水黏住了。现在已经有新的出来了,我在国内好像还没看到过,它像女人的口红那样一拧就出来了,一拧又缩回去了。它现在是用泡沫塑料做的头头,里头是胶水,一拧这个头就缩进去,与空气不接触了,不会干。用的时候拧出来的是湿的,就可以擦抹胶水了,可以完全用光。这个结构非常简单,他们改进了,我们还没有。这就是说要不断地改进,不断地改革。这也是局部的小问题的改革。这样的小改小革,我们要不要?我们也要。

我们的台灯,各种各样的越来越漂亮,可是还有个缺点,我看书时是要亮一点,不看书时可以暗一点,要节电,看书又方便,这样的台灯最近有了,是我第一个从国外带回来的。其实很简单,一想就想出来了,里面用个变阻丝嘛,就是分压的电阻丝,电压降一点,灯光就暗一点,那么扭过来灯光就亮一点。就是在里头加一点点东西,一个很小的改进。我带回上海后让我们学校做了 2 000 个,市场上一下子就卖光了,现在不得了啦,全国做这个"书写台灯",普遍在搞,都是塑料壳子的,又便宜又好。人家通过不断改进来满足人民的需要,所以人家的工程技术人员是改革家,不是墨守成规的人,他们不认为任何东西今天好明天还好,而明天比它更高明的东西又出来了。

我们的工业要不断改变,管理体制上要有所变化,工程技术人员的智力开发是最主要的。现有的工程技术人员就不能不改变他的知识结构,假如不改进叫"知识老化"。用这个词不一定对,可是很形象。我们的工程技术人员要不断地更新知识,它的来源是什么?来源是市场信息跟技术信息,要关心这些信息的传播,不是死水一潭。现在我们管理也有很多缺陷,我不光指工厂管理,企业管理、行政管理上也有许多缺陷。一个现代化的社会,这样的管理办法是很不合适的。怎么样使管理前进,老实说这不光是纪律等等的问题,是个管理知识的问题。工厂管理必须重视市场信息,可是现在我们很多工厂不重视。沙洲他们就很重视,就发展得很快,出来的东西都是市场上需要的,符合市场上的要求的。整个管理的思想必须得改,不能今天管理好了可以安心十年了,年年都要有进步,我们现在差得很远。要完成这五年计划迎接我们伟大的新的社会主义的现代化建设的时代,这个五年是做准备的,我们应该看到改革是永远改下去的,不是一个五年计划以后就可以停下不改了,不改的思想实际上不是马列主义的思想。马列主义的思想是一切东西都是能动的,是不断地在变化的,换句话说是不断地在改革的。所以最重要的是开发智力。我讲的开发智力是广义的,开发智力的目标,一个是全民的,整个的青少年。首先,我们要办好义务教育,要办好大学教育。大学假如是一本经可以念 30 年,这种教师以后越来越不吃香了,因为他不是改革的人,是一个墨守成规的人。他教出来的学生不但技术上不先进,而且在思想品质上也不符合我们一个不断进步的现代化社会,所以学校教育要有很大的改变。第二个,我们经过学校教育出来的工程技术人员知识分子,对待知识问题上,也应有个很大的改变。就是我们决不能让"知识老化",这个工作更难。因为在工作岗位上,不断地更新自己的知识,要比现在困难得多。我们现在许多的工作制度、人事管理不符合这个要求,总是用停顿的眼光来看待知识分子,而不是用发展的眼光来看待知识分子。第三个,广大工人农民劳动者,有一个职业教育问题。在我们教育体制改革里有这么一条的,叫学会了再做,而不是做的时候去学。原始社会是一边做一边学。因为它要求比较低,现在不是这样子,已经进入现代化的社会了,不可能一边学一边做。这样做的产品,不合格的是多数。还有一个全民怎么展开业余教育问题,这个全民包括了"四人帮"时候过来的一些中小学生,现在已经大了,但知识结构是很不相称的。还有一批大学生,过去叫工农兵学员,工农兵学员已经补了很多知识了,可是实际上还不太够,还有其他的一般的社会人士也要学习。

怎么样展开业余教育呢?我想谈这样三个问题:

首先,说说学校正规教育。学校正规教育中央很重视,提出来几个东西,一个叫不要走独木桥,要搞技术教育、智力教育。第二个提出九年制义务教育。第三提出来加强研究生的培养。这都是正确的。可是实现这些却非常困难,因为我们长期以来不重视质量,光重视形式的文凭,造成了很多苦痛。我们的大学毕业生是不是真的大学毕业了?我们的高中毕业生是不是人人都达到高中毕业的水平了?等等,现在是很难说。我们都晓得,文凭是假的,质量不是真的。现在义务教育有这么一个问题,有很多的困难。现在中小学教师里头有人说有 1/3 教师是不合格的,有人说一半的教师不合格,有人说 2/3 的教师是不合格的,各种人对中小学教师要求是不一样的。有的从知识水平讲的,有的是从马列主义水平讲的,有的是从品德的水平讲的,有的是从教学能力的水平讲的。教学能力跟知识水平不完全一样。那么大量中小学教师,就是1/3这个数字也很大,淘汰不淘汰?淘汰了这些人去做什么?不淘汰这些人怎么改造?他们教出来的学生是不是能合格?这个数字很大,光小学教师就是1 300万,1/3就是几百万,还有中学教师。大学教师都合格了?我看也不一定。这怎么办?

还有,现在有4 600多万平方米的中小学校舍,是跟电影《新星》里的一样是危险房屋,电影《新星》很形象,塌下来了,本来可以搬到乡的空房子来解决,结果没有搬,后来塌下来了。危险房屋,现在要不要修?要修费用哪儿来?这是个问题呀!这个数字不小,当然也许可能有很多稍微修一下就行,有的根本要重建。这个数字,我也不晓得怎么来的,怎么叫危险房屋,这个定义我也不清楚。1平方米花50元、100元、150元,我也不晓得,假如1平方米花100元就要花40亿修这些房子。我们晓得用100元盖1平方米大概全国哪里都盖不上。修修可能便宜点,这个数字不得了啊!当然,据说还有1/3的学生没有课桌椅,一套课桌椅得多少钱,这些课桌椅哪里来?现在还在吵,免学费,有人主张义务教育应该连杂费都免了,有人说不行,杂费免了学校一点办法都没有了,必须要收点杂费。这个杂费是个大窟窿,无底的,有的人就是想挣钱,弄得学生都没有法子进。学费有规定一人多少钱,杂费怎么规定?什么杂费都会出来。所以有的人不主张收,有的人主张收,最后义务教育法上没提杂费,就是可以有可以没有,我看将来这是个大窟窿,不知怎么填补。教育经费是增加了,可是学生数量也增加了。今年大学生就增加了十几万,如按学生比例增加教育经费也满足不了,只有降低水平才能满足,所以困难不少。

智力开发首先应该开发我们的儿女,国家没有力量,再加上重点学校、重点中学、重点小学,什么省重点、市重点、区重点、县重点，下面还有乡也可以重点，一路地重点下来。重点学校嘛，财力、物力、师资力量都放上去，可是非重点怎么过呢？日子不好过。重点学校是"大寨式"的，"大寨式"的重点是谁也没有法子学习的。所以学习大寨标语很多，成功的很少，大家都清楚嘛！它钱多，国家支持它。我们的重点学校谁都想学，你多给钱我就搞重点学校。我是一直反对设重点学校的，并不是我不喜欢重点学校，我是不喜欢现在非重点学校的"吃紧"，他们非常艰苦，而且造成了小孩不良的意识形态。这个意识形态是非常重要的，非重点学校的小孩是一个"弃儿"的意识形态，被社会抛弃了的自卑感很强的，甚至于有叛逆性质的小孩，他觉得对他不公平。教育有这个心理，我们把全国的小孩分成两类，一类是优越于其他的人，一类是自卑感很强的小孩，新文盲，这是社会主义国家不应该有的。我反对设重点学校是公开的，我的意思是应该把所有学校都办成重点学校，对得起人民，而不是放弃大量的非重点学校，光搞一个两个重点学校，这样对我们的人民是不利的。有人发展到天才教育，那是更不利。我们晓得没有天才，人是平等的，出生以后是环境促成了有一些人愚昧，有一些人进步。我们国家应该改进环境给予平等的待遇，这才是社会主义。让每人都可以发展，只要他能有发展的条件，对国家有利。当然我们不可能一下子都那么做，我们应该分批做，分阶段做，最后应该是平等的。不能巩固这个重点学校制度，最近不谈重点学校，实际上还在搞，招生的时候有区别的嘛！叫第一批分配，第二批分配，所以都是独木桥。从小学开始，就决定了他终身的命运。只要进重点幼儿园的，一定进重点小学，以后进重点中学，都是如此，以后进了重点的大学，多数都是这么一条独木桥。为什么现在大家对升学考试那么重视，尤其知识分子，他为他的子女争取得到较好的学习条件，整天花了许多时间。很多中年知识分子很艰苦，他工作岗位上工作很重，回去还辅导他的小孩。越是非重点学校的小孩越艰苦，因为还有相当比例教师质量不好，不符合要求。知识分子最愿意他那个孩子跟他一样有知识，可现在办不到。现在知识分子有个倾向，都要到大城市里来，都要到沿海城市，为什么？因为现在教育不均衡，在内地的学校是差一点，重点学校比较少，过去没有重视这个问题。如去新疆这些地方工作的人他们说我个人没有问题，我志愿来的，我的小孩贴进去了，受不到良好的教育，因此他动摇了。可是很少人注意到这个问题，假如我们建立这么一个制度，可能问题就解决了。就是支援边疆，可以不要带家属，这样就解决了。或者是把边疆教育也办好，从此也能解决。这两个都不动，那么人才定向流动都白说。新疆政府曾经下过死命令，谁也不许往外调，可是没有办法，现在还是每个月有1 000人往外调，因为他有后门嘛！这个"后门"我们都晓得，现在是"后门"和前门一样大，因为事实在那里。所以智力开发里头，中小学教育第一条先要把重点学校取消，以后应该是大学的重点学校也取消。现在差别太大了，有重点学校，老实说基层的教育局长最容易交卷，我的教育办好了，重点学校的学生有百分之多少进大学的，升学率高。但剩下的一塌糊涂，他还没有交卷，他连提都不提。他永远可以上报他那个功劳，还有多少没有考取，成绩怎么样，他就不作这个统计了。我的意思是应该努力把非重点学校都办好，这是我们努力的目标，而不是光把重点学校办好。

要做到这些，首先是要整顿教师队伍，其次是要整顿学校的领导队伍。因为事情办不好跟领导有关系，现在有些领导是不称职的。好容易省里搞了一批经费，国家搞了经费给这个县，有的县教育局长就先盖他教育局的"衙门"。去年据财政部的统计有九千多万元是盖了"衙门"，学校撂在那里，这个数目是不小的数目。中小学教育要变，当然现在投资不够，我是力争的，千家驹同志也是力争的，我们好几个人都是力争的，我们是从全国考虑的。从全国的安定团结和改革的发展来考虑的，必须要增加一些教育经费，要增加多少？是不是要加倍，我看用不着加倍，但至少要加个30%～

40%。再一个要整顿队伍。现在当小学教师是人事部门安排的,安排劳动力,分配到小学、中学去。小学中的教师是灵魂工程师,关系到我们国家前途,绝对不能按劳动力来安排。应该有一个最低要求,进行考核,不合适的是不是可调剂一下,不合适的可以去做别的工作。工资还可高一点,现在小学老师工资是很低的,低得比一般人都低,不如售货员。日本不一样,日本的小学老师是大学讲师的待遇,在街上所有的人都要向他鞠躬的,他的名称叫"先生",日本"先生"两个字只用在小学、中学老师身上,大学的老师都不叫"先生",在社会里得到尊重。可是他们对小学老师要求也是非常严格的,第一必须大学毕业生;第二要经过考试,所有的大学毕业生都要经过考试;第三要学两门课,一门叫心理学,一门叫教育心理学。考试及格才能当小学教师,不是谁都能当小学教师的。因为他们是灵魂工程师,牵涉到子孙后代的问题,牵涉到国家的命运。我们现在的小学教师受到这个尊重吗?也不过有那么少数当了"政协委员",当了"人民代表",但社会并不尊重他。换句话说,中小学老师政策没有落实。在这个情况下面,我想把那个最低限度的估计,1/3能不能让他转业。比如他当售货员收入还高呢,他还是愿意去的。对安心的、认为这是他人生职责的这种小学老师留下来,从社会上还可以公开招聘一批,社会上面有合格的小学老师,愿意教小学,让他们进来。还有最近我们退休了一大批中小学老师,这些老师是已经在中小学有三四十年的教龄了,富有经验的,而且往往是学校里的好老师,挑他们中没有病的,因为退休是一刀切,女的55岁,男的60岁,再请他们负担五年没有问题。只要他们愿意,你看这样中小学不就一下子上来了。当然首先要使教育行政领导的队伍经过鉴定,不一定都合适。至少文盲当教育局长是不合理的。教师必须都是能为人师表的,走在路上像一个教师,品质应该是好的,不能在讲台上面骂"他妈的",这样的教师不合适,你们同意不同意?"他妈的"是上下一齐喊,连校长也说

"他妈的"。

小学的教学计划太重,教师以照本宣科为主,不能很好地启发学生。用不着那么重的教学计划,要求用不着那么高。一年级学生念语文用不着懂得同义词,现在有这样要求的。老实说同义词我们也搞不太清楚,报上公开批评了。要求应该是合适的,执行应该是严格的。现在不能谈严格,所谓从严是增加分量,这个是错的。我们叫执法从严,那就是说该关2年的关6年,该关10年的得枪毙,这叫执法从严?不是的。我们认为执法从严,是严肃地执法,他该是犯什么罪,该是判什么刑,不能打折扣,就是这个刑。这叫从严,是严肃的严,不是严重的严,不是加重。现在我们说对学生要求从严,这一下不得了,本来做10个题目,就让他做20个题目,不是的。我觉得还是应该做10个题目,可是不能让他耍滑头,应该好好自己做,不能让他去抄。现在我们学校里作弊之风盛行,去年大学里不是搞了一下,现在还在那里搞。老实说有人下了结论,只要有考试,就有作弊。作弊是很厉害的呀!我们考研究生,考一个工科,据说要规定这个工科是按哪本书还有范围规定,这就是作弊,教师和学生统统作弊。你念了四年大学,还不晓得这门课的范围,还要规定。因此我们这一次招考王宽诚的教育基金贷款留学生,我们这个题目是没有规定的,就是考哪个科目,你要写信到招考委员会去问,我们是不答复的,我们不能跟学生共同作弊。现在作弊之风盛行,要严肃不是加重,我觉得首先教学计划要合适,第二个执行的时候要严肃。对于学生的要求要严格,严格不是严重,不是加重,而是实事求是。我们现在缺乏实事求是的作风,高等学校我希望把现在这个作弊之风压下去。压下去的办法主要是思想教育,不是惩罚。因为它是一个作假的风气,是社会上流行的,在学校里的反映,这是个社会问题,不是学校里的问题。学校不是生在真空里头的,我们现在是说大话说假话,卖假药,用假商标,多得很。像千家驹同志提出来的"钓鱼工程",现在有一种工程叫"钓鱼工程",开口的时候开的价很低,只要批准了以后逐步加码,可以加好几倍,叫"钓鱼工程"。鱼上了钩,就跑不了啦,这种就是说假话的一个很明显的例子,这种风气得刹下去。报喜不报忧,也是假。要老老实实,实事求是是我们党的教导。现在在教育上重数量,不重质量也是个假。文凭主义就是假,现在好像有文凭就行了。大学多得很,现在各种大学都风起云涌,但是质量不管它,就是抓文凭。现在还有卖文凭的,这个可以和资本主义国家看齐了。资本主义国家有卖文凭的,有的大学以卖文凭出名的,拿了文凭就不得了啦,我们应该把这股风刹下去,教育里头这个假的空气再发展,教育质量就不像话了。大学里头也有一批教师是不合格的,我们对这批同志还是很关心的,他们在大学里头不合格,是很苦恼的,还得想办法解决。或者让他们逐步提高,给他们一定的条件,让他们满足要求;或者是转业,给他们安排更好的地方。

我们的教学要求也要降低,我们现在教学要求太高了,都是培养尖子的、培养天才的,天才教育的思想很严重。因此有"神童"班出来,我就不相信天下有天才。我们都是后才,都是从社会里头培养出来的,学习里头成才的,只要有条件,谁都可以达到高的标准的。

第二,就是知识怎么更新。我们现在有一千多万大学毕业的知识分子,还有那么一千多万是高中水平可是经过自学上来的。这批同志包括我们自己在内,有一个问题,怎么适应这样新的条件,不断改进科学技术发展的条件。怎么改变?有两个方面,要不断地学习。譬如计算机,今后你无论如何是要用的,现在不用将来得用的,你要老不会用,对你是一个很大的耻辱。像我这样30年代的学生,那时根本没有计算机,这个词都没有。因为计算机是1948年第一代出来的,可是你就得学,这叫再教育,我赞成再教育。再教育有两个成分,一个是自己学,一个是听人家讲,向人家学。计算机以后不光是懂计算机的人来用,一切工作都要用计算机,计算机相当于我们一支钢笔,你只要做知识的工作就要用它。现在还有各种技术都在变化,都在前进。譬如煤炭工业,这里是一个重要的地方,煤的使用现在发生了新技术,叫水煤浆技术。就是煤粉对上20%～30%的水,再加上一些添加剂,这个煤粉溶在里头,不沉淀的,可以待那么1年、11个月、12个月,不沉淀。运输是用管道运输的,燃烧的时候,喷射燃烧,效率非常高。用管道运输,运输价钱很便宜。这样用煤的技术是七年以前瑞典一个科技人员搞出来了,他五年以前开始生产,现在发展很快。以后美国、英国都在搞,我们也开始搞,我晓得抚顺是搞成了,是不是唐山也在搞?山东也有一个地方搞出来了。搞出来推广使用的问题,延长寿命的问题,可能初步搞出来,4个月不沉淀也能用嘛,最好延长到1年不沉淀。稳定是添加剂问题,要选择很好的添加剂。选择添加剂的目的是为了改变表面张力,这可以使它不沉淀。这个技术对于煤炭工业影响会很大,因为煤炭问题,一个开发,一个运输,煤炭工业的两大项缺一不行。我们现在开采速度还是很快,但运输很差,很多地方有了煤炭运不出去,要解决运输问题。第二个,煤炭使用过程里头效率高、污染少这些新技术我们怎么跟上?那就要不断地更新我们的知识,更新的方向只有一条,就是拓广你的知识范围。怎么更新呢?一般都是把其他行业进步的东西吸收进来,就充实了。我有句话叫"借刀杀人",借把刀来把问题解决了,刀本来在那里,是在别人手里,你把它借过来。我们过去常提的重视所谓专业培养,我们各专业之间是老死不相往来,别的专业的人,简直连话都听不懂,这是我们教学上的缺陷,过分强调了专业教育。我们行政体制里也是专业化的,煤炭部只管煤炭,其他一概不管。煤炭部又分了好多,我只管这个不管那个。这个对知识分子讲来是一个不好的条件,专了以后永远很难进行改革。改革是吸收其他专业的知识,来促进你的专业。因此要不断扩大自己的专业范围,不要以为我是只搞这个的,其他都没有关系,不是这样的,但至少要有点常识。煤里头有很多的讲究,譬如煤灰的运用,这是一个很大的问题。煤灰煤渣的出路也是个很大的问题,这牵涉到微量元素的很多问题。日本人就比我们厉害,他们对我们每一个煤矿的许多稀有金属都搞得清清楚楚,他来订购我们的煤,指定说就要这种煤。在四年前我晓得茂名,茂名是搞油页岩的,油页岩烧掉以后渣子很多,几公里长,两公里高的一条山堆在那里,日本要买这些渣子。这些渣子占了很多地一直没有用,越堆越多,他要,开口360元美金1吨。这里头有近代工业需要的东西,我们不晓得有什么用,从来不去研究这个问题。当然他只出360元美金1吨,这个价不行,我们的利益不能外流,就没有同意。现在还堆在那里,也没有人去研究,反正晓得里头有东西,到现在没有研究,不晓得有什么东西。人家肯出那么多钱,利益虽没有外流,可是利益也没有内流,我们也没有得到利益。因为我们太专业化了,搞化学分析的人员不愿意去分析这个,因为跟我这个学问没有多少关系。所以,知识更新有一条,要拓广自己的知识范围。不一定去当其他的专家,可是里头有常识,汲取其他的营养来丰富你的工作,这是我们改进的最重要的一条,能补充我们专业教育的缺陷。如没有别的技术的帮助,而你那个技术能上去是很有限的。水煤剂就是通过对沉淀理论的发展,搞出水煤浆来的。懂得表面张力是决定值,怎么来改变表面张力可以使水煤浆不沉淀,这是物理化学,而且属于现代物理化学的范畴,只要利用这个常识,就会深入钻研。因此知识要不断地更新,要把新的东西吸收进来。那么中间要听、要看,要看很多书。我们老一辈的科技人员大部分会外语,不是俄文就是英文,或者德文,都不错的,忘了的现在可以捡回来,不要等翻译过来再看,由于翻译的工作量是很小的,印刷也很差,来不及印出来。自己去看,应该多看看。所有的工作部门应该重视这些老一辈的和中年的科技人员,提供资料和条件。他们绝不是为了自己,假如为自己的话,这些人完全可以出国,条件也比我们国内好得多,可是我们都没有去。过去"四人帮"时代,是不能看业务书的,尤其不能看外国的业务书。所以我们看书,旁边都放一份《人民日报》。有人来检查的时候,我把《人民日报》一盖,就来念《人民日报》,人走了我再看书,我不能不看书,不能让他翻起来看。所以我还有个发明,假如碰到领导你还可以加个《人民画报》,那么《人民日报》盖在底上,他来的时候,你把《人民画报》给他,《人民日报》还盖着,假如你光是一份《人民日报》,《人民日报》他一拿过去底就露出来了,就不好看了。我强调学习再学习,要不然知识就老化,不能符合现在的要求。

第三,就是一般业余教育。业余教育是面向全国的人民,由于种种原因没有得到合适的教育,通过业余教育使他们工作上方便。现在业余教育国家是提倡的,提倡业大、电大,还有什么函授学校等等。这个当然可以搞,不过这里有一个很大的缺点,是为了文凭。现在"文凭主义"很厉害,我反对这个"文凭主义"。我们学习是为了建设,不是为了文凭,把人们都引到文凭上去这是错误的。

我最近出国好几次,到过好多国家,我就调查人家怎么样来提高人民的工作水平的,为什么人家的产品就是质量高。我到过美国、法国,日本我没去过。我发现他们都是单科的业余教育,结合职业训练。他们是从事任何职业都需要通过单科的业余教育,一般的当然一个大学毕业生就不要求了。譬如做一个秘书他要叫你先学,只有一个课程,一般是业余的。譬如做个会计师,他只教你怎么做会计师,所有做会计师的国家的法律和怎么记账一套东西全教给你,学时不很多,不讲理论。我们现在一上课就从历史理论讲起。我们现在大学的课程都是各自一套,这个理论玄妙得很,而实际讲得很少。人家的教育不是这个样子,我已经听了这种课,我发现人家是讲有用的,普通一个星期晚上至多上3小时课,连续大概半年,一门课是30小时、60小时、顶多100小时,结束后,这门课要考试的。人家规定上100小时,你缺课很多超过25%的课程没来听,不让参加考试。考试非常严格,我已看了他们考试,也看了题目,那绝对不许作弊,完了以后,教师签字发一个证书,你是合格的。这种业余的训练有学校,校长也得签字,拿了这个证件,是学完一种课程的证件。他们招工作人员都是公开招聘,银行要招一个会计师,那么它出广告,你来应招必须有这种证件,不一定是哪个训练班训练的,有了它才跟你口头谈,谈话考试后,它有个委员会再决定聘不聘你,他聘人都是这个办法。就是我们教育体制改革里面的一句话,要慢慢做到没有学过的不要做,要做到要做什么必须先学会,这个是对的,这样才能保证我们所有的工作质量。我们的汽车司机都经过考试,一级司机,二级司机,考的内容不一样,才给你表格的。给你题目,不管多少道题目你都得回答,以后经常还有考试,考试交通规则。二级司机会修汽车的,一级司机只会用汽车,我们有这个。当然农村的司机就一概不管,因此,现在车祸很多是农村司机干出来的,因为没有训练。以后应该所有的职工都有这样的训练,没有训练的以后补。

那么都想上学行不行?他们是这样,像香港有五个大学办这样的业余教育,五个大学有香港大学、中文大学、理工学院、第二理工学院,还有个浸会学院。这个教育必须经香港教育局批准,如中文大学有6 000个本科生,可是业余教育的学生有2.8万人,一般是4~5倍,用的校舍是全香港的中小学校,晚上用,他们出钱。教师怎么样?是三类教师。一类是本校的教师兼课,但有限度,只准兼一门课,给钱的。第二类呢,是社会上的专业人员,比较优秀的,经过教育局批准的,可以当教师上这个课。第三类是退休的专业人员。譬如退休的会计师,如汇丰银行总会计师退休了,他来教课,是经过批准的。那么有人说了,这个专业人员忙得要死,他来干这个干什么?工资并不太高的。教师的收入是上一堂课120元港币,假如这个课程是60堂课程,那么讲完有7 200元港币,那是很少的。大学毕业生一月的工资就是8 000元,他们说没有问题。一切专业技术人员都有他自己的工作经验,他讲课里头讲了一般的规则以后,主要讲他的心得,这个心得他愿意讲给其他人听,讲完后他的教材是可以出版的。并且他名片上可以印上,他们叫校外进修部的教授,在社会上是受人尊敬的,他在香港的地位就高了。退休人员愿意做这个工作。

那么学生是哪些人呢?课程有三类,一类是职业性的课程,如会计、微机、软件等这种课程,都是社会上很需要的。律师、打字员、计算机操作员等等,都要通过这种训练。要不然是不能工作的,甚至于裁缝,裁剪是一个技术,这个技术也要训练的。很多了,还有学绘画,等等,这是一类,专业训练。第二类是补课,他们也有高中考大学的问题,高中生要补课,一个是英语,一个是普通话。他们那里现在普通话课程很多,就是教香港人说普通话。香港人只会说香港话,接近于广东话,在里头夹杂了很多英文,这个英文都很难听的。譬如出租汽车,他们叫"的士太克斯",是翻译过来的,这样的字很多。那么他们学普通话,很多我们从大陆出去的人都在那里做教师,尤其北京的。还有是英语,因为他们跟国外来往太多,英语人才很多,还有其他的语言,他们都分类培训,做市场的他教你市场用语,做公司的让你学公司经理用的英语,这一大批人数目很多。最后还有一大块是老年人学的,也有很有名的社会人士在学,写字、画画、欣赏音乐、作诗(作中文诗)等。有讲中国文化的,一般都规定30人一班,满30人开班,不满30人不开班。上一堂课每人交10元港币,在他们那里一般的助理员的收入、清洁工的收入是2 500元,所以交10块港币是1/250,这个是很少的,很多人都愿意去听,全香港听说有15万人经常在听课。那么上一堂课给教师120元港币,所以有12个学生就能养1个教师,教师是该拿点钱,因为他们究竟是付出劳动了。其次大概有8个学生来支付租教室的钱,还有10个学生是用于支付管理人员的。管理人员有开课单子、排课堂、记分数、印讲义等一大套工作，这样完全可以自负盈亏。教师是香港政府聘请，要求比较严格的，因此质量都很好。我查了一下，有一个教师，他是每堂都点名的，名单在那里，上课时数不满3/4，不许考试，考试很严格，据说这样一个课下来大概顶多六七个人可以通过的，并不是马虎的。先交费，你要不来上课费就算白交了。对教师有什么监督呢？很简单，考完了以后就给学生发一个通知，上面大概有20个问题，就问，这个教师你满意不满意哪？他好在哪？缺点在哪？学生就对通知上的问题打钩，勾了以后进行统计，错误多的教师下一年就不聘他。有这么一种制度，因此普遍地都在学习，只要有志的都在学习。香港人口550万人，中间有15万人在进行业余学习，那是不得了的，它不给文凭给个证书，不给学位，不给学士什么的。学校叫某某大学的校外进修部。

在美国也是这种制度。美国有个别州立的学校批准可以给文凭，那不是一门课，是3～5门课，决不能拖得很长。现在我们的业余教育，到大学毕业，常常是四年、五年、六年，这是很艰苦的，因为它不脱产，当然现在我们的业余教育已经进步到脱产，厂里给他钱去学习，现在这个时期这样做有可能，将来进一步真正是不允许的，这把国家的钱给了个人用，这是个过渡时期。

这样一个业余教育有个好处，大城市都能进行，大城市有很多高等学校，每个高等学校都可以办这些东西，这样普遍地把工作人员的水平提高，以后慢慢地做到必须有这个知识才做这个工作。那么绝不会记账时把收的地方记到支的地方，把支的方面记到收的方面。现在经常这样，老实说我们的账目是没法子查的，谁也看不懂的，查账是一个艰苦的工作。因为我们的会计训练不够，很多是没有训练过的，只是经过长期经验积累。不一定要上大学的会计系、会计专业，我觉得也不必要，现在国际上都是这么搞的。我们这个业余教育，应该增加这个，这样我们工作的质量能普遍提高,这是全民族提高的问题。所以智力开发不光是中小学、正规大学,也不光是我们现在这种形式的业余教育,最重要的是我们已有具有大学毕业知识的人才以及高中生等等,怎样让他们能自己培养自己,让他们能够上去。各个工作机构要创造一定的条件,譬如说给他们买点书吧,现在是书买得越来越少,买点书让他们看嘛!按我们现在的工资他们是买不了书的,书价涨了几乎1倍。图书室设备应该增加一些,这是首要的。第二个,领导应当重视工作人员,尤其是科技工作人员知识分子的进修,这个进修我不主张完全脱产。我是进修一辈子的,老实说我所学的东西百分之九十是大学毕业以后学来的,在工作里头学来的,很少是老师教的,都是自己看来的,听来的,以后再看一些参考资料提高。很多人都是这样的。大学学的那些是完全不够的,连研究生、博士生都是不够的,都是刚刚开头,关键是经常不断地学习。所以智力开发是社会问题,是关系到我们国家能不能建成现代化的社会主义强国的一个最根本的问题。我们还要在相当的时间才能做到。我们决不能像现在这样下去,现在连正规的教育也处在一个从属的地位,所以谈不上业余教育,一谈业余教育现在是"文凭主义"。现在大学多得很,谁都要叫大学,这有什么关系,无非是一张文凭的问题。你又没有查过,这个文凭值多少。所以我讲的最后一个问题是,我们是有希望的,希望我们大家动员起来,造成一个形势,使我们国家能上去。

杜绝作弊要从端正教育思想入手*

作为一种社会现象,学生考试作弊确实普遍存在,并且有蔓延的趋势。把这个问题提出来,在报纸上开展讨论,引以为学生、家长、教师、领导乃至社会的警策,是十分有意义的。

依我看,学生考试作弊现象之所以普遍存在,手段趋向"现代化",观念上也不以为耻,这固然有学生素质差、思想教育无力等方面因素,但当前多从社会生活中找找原因还是必要的。现在社会上有一股作假风,什么假药、假酒、假文凭、假证件,都离不了一个"假"字。有些干部也作假,谎报军情,欺上瞒下,一些政协代表严厉批评的经济建设中的"钓鱼工程"就是典型的造假。问题的严重性在于,党中央一直提倡实事求是,三令五申严刹作假风,就是刹不住,而且某些人作假得逞,非但未受任何谴责,反而从中得利,受到提拔。这就使作假风更加盛行。学生不是生活在真空中,社会上的作假风自然会影响到他们稚嫩的心灵,考试作弊就是社会上说假话、做假事在学生生活中的具体表现。现在的作弊不是盲目的,而带有自觉性,是自觉地作假,这就不能不引为教育界一个严重的问题。欲杜绝作弊现象,必须狠刹社会上盛行的作假风,实行法治,树正气,刹歪风,改造社会生活大环境。

---

* 原载《青年报》1986年4月18日。

有的好学生考试也作弊,为什么?他们明知作弊可耻,还是干了,为的是要高分数。这就引出一个学习目的性问题。教育界通常说"教学相长",在我看来,学比教更重要。教是外在的,学是内在的,外在只有通过内在才能起作用。

如果学生缺乏学习积极性,就谈不上教学。现在教师地位依然不高,有的缺乏引导学生的方法,只有靠用分数、考试压学生,压是压不出学习积极性的。另外一些学生,平时不学习,考试时投机取巧混过关,自觉作弊。对这样的人,就要从严处理,不仅算零分,还要记过,让他知道作假是错误的,是要受到处罚。当然,法律里的"从严"不是指该关两年的关六年,而是指严肃认真。对作弊从严,就是要严肃认真地帮助学生认识错误,痛改前非。

同时,教育界要切实端正教育思想。一个国家、一个民族为什么要兴办教育?在我国,流行的说法仅仅是为了培养人才。我认为,教育的主要目的不单是为了培养人才,更重要的是为了提高全民族的文化素质。由于教育指导思想不端正,我们的学校围绕培养拔尖人才办教育,一会儿搞"重点",一会儿又刮"神童风",争着挖天才。这样,为了提高教学质量,就使教学计划要求越来越高。现在小学一年级的语文课,要求辨认同义词,这个要求是否偏高了呢?为追求升学率,搞题海战术,搞考海战术,功课太重,使学生和家长不胜负担。再加上不合理的教育管理体制,教育局以升学率压校长,校长压教师,教师压学生,学生要分数,一层压一层,而且层层加码。最后,受罪的是学生,损害的是国家的长久大业。所以说,要根治考试作弊,应当确实端正教育思想,不能围绕高考指挥棒转,不能让分数牵着鼻子跑。端正教学思想,教学计划要合理,要求要适度,制度要严格,师资队伍要整顿,要能为人师表。可以说,教育改革是一个较为复杂的系统工程。

我在教学实践中,历来主张对考试作弊要从严处理,不仅是给予校纪处分,还要进行严肃认真的思想教育。现在看来,效果不是最理想。为什么？主要是教育者不正。一方面在抓考试作弊，一方面又层层加码，甚至自身在为人处世上经常作假，那怎么行？学生对你也来两套：一不理睬，二给你一个假，表面上应允，背后又另一套。所以，思想教育要进行，但首要的是身教，"正人先正己"。要在社会上狠刹作假风，使人人都认识到说假话、办假事可耻，一害自己，二害别人，三害国家；倡导说真话、办实事的良好党风和作风。这样，我们的青年学生就能在一种良好的环境中接受熏陶，培养出高尚的道德品质，而且随着教育改革的深入，进一步端正教学思想，那么，目前存在的考试作弊现象就可望杜绝。

新技术革命与高级专门人才的培养*

当前,我国所面临着的是急起直追的局面。许多国家亦莫不如此。因为国际社会在急剧变化,其变化迅猛之势是无可阻挡的。最近,我同英国教育界以及英国议员中专门从事教育、科研工作的人士有接触和交谈,发现他们极为重视眼前的教育和科学技术不符合当前技术发展需要的情况。最有代表性的人物是英国的皇子,他说在新的技术时代,小工业越来越重要。因为小工业易于变化和改造,尤其是信息技术产品这一方面的工业,几乎是一年或几个月就得更新换代。谁要不认识小工业在今后社会发展中的作用,那他的国家是要落后的。"我们英国若再要忽视小工业,我们将可能成为第四流国家。"当前发展速度较快的,如南朝鲜、日本、新加坡和我国香港地区等,莫不主要依靠小工业。教育是为培养社会生产力发展所需的干部,尤其高等学校,就更不能忽视这个要求。而且教育还应当走在实践的前面,所以教育工作者首先要了解社会生产力发展的要求,这是指导我们当前教育的一个很重要的思想。

教育包括很多方面,要而言之可分为两大类,这就是国民教育

---

* 在中央教育行政学院举办的高等学校教学改革研讨班上的学术报告。原载《中国电力教育》1986年第Z1期。

和高等教育。前者是每个公民应该接受的训练,后者则是培养专门人才,或者说培养社会中坚分子。这就要求做到"通识"或者叫做"通识教育",过去我们把"通识教育"译为"通才教育",是欠妥当的。"通识"意味着具有广泛的知识,有一个知识面;大学教育最基本的目标是要在一定广博的基础上培养人才,这与我们通常所说的"专门人才"是有很大差距的。过去我们的"专门人才","专"到"理论力学"的教师不会教"材料力学",要把这两门课分成两个教研组来管。而在"理论力学"中又分成两段,一段是普通的理论力学(以静力学为主),另一段是动力学,到了广义坐标以后则叫经典力学,还得另请教师来教,这可以说"专"到牛角尖去了。我是不主张这样"专"的。1946年我回国,在清华大学,我既教理论力学,又教材料力学,600名学生,每周上17节课,我并不感到困难。是那时的教师比现在的好吗?我看不一定,是太专了。现在大学里学固体力学的不懂流体力学。其他专业亦分得过细。最近一机部提供的情况是"这批人我们没法用"。江苏工学院最近提出一个专业,叫一般机械专业,而有关此专业的知识什么都要学一点,这就对了。这就是我们当前所需要的人,特别将会受到农村工业发展的欢迎。

我觉得大学的"通识"教育应该首先教育大学生成为一名很好的公民,其次才是工程师或文学家。一名很好的公民对我国的历史、地理、人情风俗、以至于经济问题、社会生活均有所了解,然后他才是从事某种专门工作的人。搞得太专了,就失去了适应性。比如现在从工厂提拔出去任市委书记,或市、县领导干部,他们在工厂原来的专业知识就不够用了。他们所面临的日常工作不仅有专业的,而且有思想的。一个党委书记若能懂得一点心理学,特别是社会心理学,那他做群众的思想工作效果就会明显提高。又如过去搞技术可以不懂经济,现在搞改革则不同了。一部分技术要作为商品来处理了,有市场了,这就要有经济观点。不懂经济学知识,很难把工厂办好。办教育也一样,要求懂得经济,因为教育中也有经济问题。如办学少花钱,且能满足社会需要,这是一个经济学的问题。

在大学教育中过去强调了专,既忽视了基础知识的训练,又忽视了道德的培养。前者主要表现为对大学生缺乏科学研究工作如何做的基础训练;后者表现为忽视了对大学生进行"为人之道"的培养,这是一个很根本的问题。大学生必须懂得正确处理个人、家庭、社会三者之间的关系,现在大多数人只考虑个人,对社会的责任则很少考虑。最近我去美国,与留学生们交谈。我说我是老留学生,当时我们对社会有责任感,如科学救国、教育救国就是这种责任感的表现。我们想回来救国,当然要通过革命,这个我现在懂得了;而革命以后,还是需要教育科学的。我们当时明明知道,在国外成名成家是较容易的,至少实验设备条件更好;而回来则是牺牲,国民党又是那样一塌糊涂,想回来干什么,愿望是不会那么容易实现的。尽管如此,绝大部分的人还是回来了。祖国解放以后,他们还是想方设法回来了,每年回来六千人,一直到一九五七年。而现代的青年人,责任感都不那么强烈,我看是由于教育不够。我们的知识分子应当有像在解放战争中那样冲锋陷阵的精神,这个"锋"不冲是不行的,不往前进,我们的国家就可能在技术革命的潮流中落后,可能会成为"五等"的国家了。

对于"通识"教育也要结合社会实践,不一定把具体内容排进课表里去。我在这方面做了一些工作。如我校有两个环境专业,一是环境化学,一是环境保护。招生既不好招,招进来的学生也不安心专业。怎么办?我们找了上海环保局,由他们出钱,对污染严重、奇臭无比的闸北苏州河搞了历时两年的全面的调查,学生们很积极,全套数据都出来了,去年夏天,学生用图表数据在黄浦滩宣传了三天,这在上海历史上是没有过的事情。今年十月又得到上海市委领导的支持,在上海青年宫搞了"上海市环境保护展览会",

江市长还亲自主持了开幕典礼，取得了更大的效果。这一活动使学生受到了教育，理解了社会需要，理解了一种"责任感"，立志搞环保研究。我认为这是思想政治教育，同时也是通识教育。

其次，我觉得一个工学院的学生，同时必须具备艺术修养，音乐、舞蹈、美的感受和欣赏等均属之。在这方面我办了几桩事情：第一，请人民艺术剧院来校帮助和指导学生自编自演，在上海大学生比赛中获了第一。第二，请上海美术教育研究会在我校搞美术教育，如摄影、绘画、雕塑、美学讲座等，还专请美国罗杰斯特教授来校讲了三周的摄影艺术；我们还搞了一次展览，有些照片还是具有相当艺术水平的。艺术本身是同工业产品相连的，我国工业产品正是由于设计"丑陋"，以致在国际市场上缺乏竞争能力。我们的广告也是艺术性不强，往往丑化自己，至少让别人看了有一种不值钱的感觉。这是由于我们的工程技术人员没有受到足够的美的教育。

除了美的观念之外，我们的工程技术人员还必须具备"竞争"的心理。如何培养呢？大搞各类比赛即可。诸如棋类比赛等。棋类比赛最容易培养人之全局观点，这正是一个工程师应受到的最重要的训练之一。斗争的决心也随之而来，抱着必胜的观念下棋才是有意义的事情。

我们的工科院校的学生还必须学习一些经济管理方面的知识。我们在上海举办"社会、经济、科学讲座"，这三者是现代社会中密切相关的问题。我们经常碰到的问题多与此三者有关。这样实质上是贯彻了全面培养的原则。去年，我们还花了一笔钱做了一件很有意义的事情，就是让三年级的学生骑自行车走向全国，去找我们的毕业生，回来做了很多报告，影响很大，所以今年我们毕业生的分配一点问题也没有。原因是他们有了责任感，他们懂得全国的面貌，知道各个部门的困难。校友们也在鼓励他们出来为祖国做贡献。像这样的问题，平时在校内你跟他们讲一千遍，他们也不相信、不理解；现在出去亲身经历一遍，他们相信了、理解了，思想问题就自行解决了。

为了适应社会需要，经过调查我还办了一个"商业函电"专业（英文的），因为在同外国人做生意时，函电来往，一字之差，即被敲走几百万元，至于在签订合同上所吃的亏就更大了，我请外国人来讲课，这样准确可靠。其他如学生的书写基本功以及体育训练等我们也很重视。我是清华出来的，当时清华有马约翰教授，对于体育训练的要求是很严的。每天练两小时，多半是"斗牛"式的，我当时的身高只有1.49米，打篮球时连篮网都扔不到，后来居然成了很好的运动员，这是我在清华最大的收获之一。

在现代的我国大学教育中，有一件事值得引起严重注意，这就是"分数贬值"。其根本原因还是在于领导的决心不大。现在的情况是教师多给分，最好的学生100分，最差的学生90分，大家皆大欢喜。现在进大学的学生没有不毕业的，除非犯了罪被抓起来了。我主张有一个标准，进行淘汰。我就干了几件事，如开除了有四门功课不及格的学生。当然阻力很大，但我事先得到了上海市长汪道涵同志的支持，还是顶住了。又如去年我对学校20门课的考试分数进行了全面分析，发现扣分标准普遍放松。当然对这些教师要给予适当的批评。

上述这些都是我认为全面教育所必须注意的问题，德、智、体全包含于其中。我所说的全面教育，不仅是文理渗透，不仅是智能结构完善，我们为国家培养人才，必须是能继承革命传统的、能进行祖国未来建设的一代，要求应该严格。

现在我们高等院校中的困难当然很多。第一个大困难就是我们队伍的建设。全国高等学校有一千余所，师资队伍从哪儿来呢？绝不是一个大学生就能当大学教师的。我们的教师队伍很不整齐，有许多教师是不称职的，而且还有品质很坏的也在当教师。教师本身就不具备德、智、体全面发展。全面地看，现在教师队伍的状况大致为"三、三、三"即三分之一的教师按现有标准是合格的，三分之一的教师是不合格的，三分之一教师略加培养是可以合格的。现在教委建立研究生制度，这个很好，通过研究生培养教师是合理的，我们拥护这个方针。大学的课程是随社会、科学发展而变化的，尤其在信息社会，在60年代以后，大学教师绝不能停留在一本书上。严格说来，一本书的教师是不合格的。大学教授必须至少把一门学科讲"活"，把学生引进一个园地，让学生自己去找园地里的"活"所在，而不是把某一种理论讲"绝"了，绝则死，就不可能有创造性。我在清华时遇见两位好老师：一位前科学院副院长吴有训先生。他上课从不带书，没有固定教材，只给学生指定三本参考书。每次讲课只讲一个问题，从历史的发展一直讲到现状，从国内讲到国外，以及每个概念如何应用；有些内容上课时不讲，但考是要考的，这就要求学生自己去学、去思考、去探索。他讲的大学物理使我眼界大开，至今还留下深刻的印象。另一位是清华大学物理系主任叶企孙先生，他讲"热力学"每课一个讲稿，年年都要吸收新的内容，特别是国外的新资料。我那时才懂得当个老师不容易，不是一本书可以吃30年的饭。

在国外我还遇见西蒙先生，他把科研与教学结合起来，他的每本教材出来，都是世界上最先进的东西。第四位教师就是柏蒂先生，他曾是周培源先生的老师。他讲应用数学每次讲课时总带一大扎卡片，没有讲稿，但讲得"天衣有缝"，让学生探索不尽。这实际是他的科研成果和见解。他死时曾遗嘱将其所有卡片交清华。因清华付不起运费，现在美国已将卡片整理成六本书了。有人认为把课讲得"天衣无缝"就是好老师，我则认为讲得"天衣有缝"，永远把科学之门敞开着的才是真正的好老师。要做到这点，必须从事科研。那种30年不变的、至今还在使用的教材我看是不行的。这方面的例子我也是见过的。在西南联大时有一位系主任刚从国外回来，知识很先进，开了"机械设计"课，很受人欢迎，但他未能力求更新，以至于后来学生把他的讲课笔记偷去，他就无法上课了，闹了个大笑话。其实知识本身是不会老化的，科学技术每日每时都在向前发展着，这些新东西你不认识、不吸收，你的知识就显得老化了。知识的老化与年龄并无必然的联系。最近报纸上说年龄大的知识老化了，让他们退休吧，这是错误的。老化与否是要看你的知识是否在成长，是否你在成长的队伍中居于第一线。亲临科研最前沿的教师，才能给学生以巨大的影响。关键在于教师必须从事科研，这样才可保证教学有生动活泼的余地。我们主张是：教学是做一个教师的必要条件，但还不是充分条件。要教好靠科研，绝不是仅仅凭点教学经验就能把课教好的。我刚才举的例子都是自己不断在这个学科中前进的人。但在我们学校的现实情况则是有一部分教授既不上课也不搞科研，有一部分教授则只做科研不上课，另有一部分教授则专上课不搞科研。这都有其不足处，应力求改进。要做到基础课由有经验的老教授来讲。特别是一年级的学生更需要老教授一开始就予以严格的训练，这对他今后几年的大学学习是一件有决定意义的大事。现在恰恰就缺少这样既不断搞科研又能担任基础课教学的老师。那么基础课上不上呢？还是要上的，而且应当上好。所以我主张人才流动。那些副教授多的学校，既受到名额限制升不上去，就可以到别的学校去嘛，人家那里连副教授都缺，你来了还可升你当教授。但现在的情况是，即使流动也做不到恰当的晋升，原因是我没有权。我就要这个权。现在校长的本事只是挖人家的教授，所以有"一江春水向东流"的感叹。我认为原因不在于东边，而在于西边太不尊重教师了，所以"向东流"。他流到能更好地发挥作用的地方去，有什么不好呢？真的这样做起来，人才流向那最需要的地方，我们的教学质量就提高了。现在各院校都在自己培养研究生充实教师队伍，这个办法我是赞成的。因为研究生是靠科研起家的，这个科研一直搞下去，将来就会改变师资队伍的面貌。国外很多名牌大学就是靠科研成名的。麻省理工学院是大家所熟知的。斯坦福大学是以"工业园"养科研,到处搜罗人才。从1963年起仅花了20年工夫,出的科研成果最多,就从原来名列第三十几一跃而为美国第一流的学校。我到英国去,见到剑桥大学在搞"科学园",是商学院搞的,同IBM这样的大公司合作。还有索尔福大学本是新办起来的,也搞了一个"工业园",破格延聘人才,科研活跃,在英国搞得很有名气。由此可见,科研在大学发展中之地位是何等重要。

我们过去在培养人才问题上,还存在着一种偏向,就是忽视对学生自学能力的培养。比较强调"教",而忽视了学生的"学"。为了转变这种指导思想,我在本校机械系一个拥有60人的普通物理班里挑了12人出来,其中6人考试成绩优良,另6人入学考试成绩最差。我对他们说,你们不要听物理这门课,老师是照书念的,有了书你们自己学好了,不记你们旷课。第一次参加考试,12人全不及格,师生哗然,结论还是得听课。我就不相信,亲自来抓,教给他们如何学,习题和实验都得做。第二次小考好一点,第三次学期考试达到中等,到学年考试时全班成绩最好的,就是这12名学生。现在的学生,中学教育使他们受害很深,认为背下来就懂了。其实不然,必须弄明白了道理才会运用。只要在一、二年级时训练好了,到三、四年级就容易了,用不着听课,精心自学就可以了。教与学的矛盾,教是外因,学是内因。而且教还必须教会学生如何学,外因才能起到真正的作用。忘记了这一点,教是搞不好的。把教学思想端正了,那我们的教学计划和课程设置就可大加改进,课程门类和教学时数均可大为缩减。比如微积分,我们是210学时,麻省理工学院是90学时。为什么我们非要210学时不可呢?其他课程也是如此。人家的教学量就是讲课量,比我们小得多,这个不改是没有希望的。所以我不认为现在的教学计划是法律,这个法律要不得。我最近"奏了一本",向上海高教局要了教改权,被允准了,所以这学期我和大家不一样了。我现在搞的是一年三学期制,第一学期从9月1日开始,讲课十周,考试两周,休息半周,整整三个月。第二学期也是上课十周,考试两周,因中间适逢春节,直到3月15日结束。第三学期仍是上课十周,考试两周,即进行实习。这样,我们一学年上课30周,比现在上课36周少6周。四个学年少24周。因而学时削减,如微积分减到140学时。所学课程全面考试,取消了考查课。只作图设计和实验实习尚属考查,即根据平时表现来判定其成绩。这样做的结果,大家反映很好。读书之风大盛,校风完全改观了。为什么呢?因为过去一学期上课18周离考试远着呢,大家松松散散。现在所学之课都得考试,所以学期一开始就自觉抓紧。学生欢迎,教师也欢迎。

其次,我们搞了选修课。选修和必修之比是1∶2。各年级都开。当然也遇到来自老师方面的意见,顾不得那么许多,意见就意见吧,办事总得有个方向啊!实行起来以后,学生感到很好,学得也活泼,没有什么问题。

我对研究生的培养也采取了一些有力的措施。我认为研究生的培养绝不是多念几门课,主要是告诉他怎样开题、怎样选题、怎样动手。课也是要听的,但一定要讲最近五年里发展起来的东西,教科书上没有的东西。还有一门课叫习明纳尔(seminar),一定要上好。我们规定每周有一次习明纳尔,给2个学分。导师对此要严格,要观察学生对习明纳尔的态度,并且要善于引导,使他们积极参与讨论,并抓住要点,对所讨论的问题,当前国际研究的现状如何,那些学派是怎样攻研这个问题,取得多大程度的进展;要让学生自己提出问题,想做什么,如何着手去做,等等。导师要帮助他们选择学校、设备、时间,使之符合实际,行之有效,困难虽有但可以克服,这是培养研究生最重要的一条。通常遇到的情况是导师很忙,自己有科研工作,要参加国内外学术会议,因此我主张开短课。是讲发展方向、重点、现在考虑的问题。这样教师可以自由了,学生也可借此开展研究。还可请国外的教授来讲他自己的科研成果，这对研究生好处很大，他的眼界就开阔了。

对于国家重点项目，可告诉硕士生，由他们挑选一个，导师指定方向、指导工作，让他自己去练。博士生则不是这样，研究课题都是他们自己提出来的，要有严格的开题报告，自己做，这样导师的科研工作和研究生的培养是完全结合的，矛盾较少；还可利用校外的、国外的力量。这与原教育部的规定似乎不太符合，可不必有所顾虑，其优劣可于毕业时看得出来。我所要的是教改权，既要教改就应当让其放手而行，才可能见其创造性。而创造性是要放手做才可能获得的。

当然学校不只是教学，还有个教育问题，作为教师则有个育人的问题。有人要求教师少做学生的思想工作，这是不对的。教师是最好的思想政治工作的执行者，这是一种符合马克思主义的、通过教学形式的、活的教育，是一种以身作则的教育。教师本人的行为就在教育学生。育人首先就是帮助学生树立起正确的人生观、世界观，这对教师的要求是很高的。教师们应当认识到责任的严肃性。这次在英国有一位大使告诉我，有一个得了博士学位的中国留学生，公开宣传"我要三子（即票子、房子、妻子）"，闹着要同他国内的妻子离婚。当然坏学生是个别的，但我们必须看到其所起的作用是极坏的，这正是我们应该深思而力图改善的大问题。因此我认为我们在对学生的教育中存在的问题是很严重的，不要把这种严重性看轻了。只有从思想上重视，才能使我们对大学生的思想政治工作做得更有成效（根据录音整理，未经本人修改）。

学习之路*

同学们：

我看我应该叫你们是同志们，不应该叫同学们。因为，你们是各种年龄都有，有夜大学的、有厂长班的、有总工程师班的，还有一些是其他方面的同志。很多同志在这里学了一年、两年、三年，还有五年的，你们在这里学习的情况，我是有些了解的，可是从来没有跟你们见过面，我觉得很不应该，觉得很遗憾。今天，我就来补这个遗憾，我首先向你们道歉，我这个校长做得不好。

我们晓得你们的校风是好的，学风是好的。我们希望你们的良好学风在全体学生里头传播开来。学风里头最重要的一条是有责任感，学习不是为了个人的生活，不是为了混一张文凭，当然文凭也要的，没有文凭，现在的制度之下也行不通。我觉得作为一个公民，最重要的是对我们的祖国有责任感。我们的民族，说来已有五千年的历史了，实际不止。我说四五千年是指有文字记载的历史，过去有一些人搞民族虚无主义，说我们历史记载的东西是叫神话，否定我们的历史文化；也有人说，我们过去四五千年里头，都是奴隶制、封建制。可是，我们的民族就是在这个里头成长起来的，我们是在跟这些落后于时代的政治制度不断作斗争中间成长起来

---

* 1986年5月22日在上海工业大学各类成人教育学生大会上的讲话。

的。我们的文化是独特的,曾经是世界上最先进的文化,但时代在进步,我们现在有些落后,不过也不要自暴自弃。在一百年以前,我们在鸦片战争、中日战争中打了败仗。本来是关了门,夜郎自大。那时是不开放的,那个皇帝天朝,关了门是老子天下第一,结果跟人家一打仗,人家拿大炮把你大门打开了,一下子就垮下来了,从精神上面垮下来了,以为我们中国整个不行。那是一百年前,大批的学生出国留学,中国有梁启超、严复等。出国留学以后,发觉那一套制度不行,要改革,他们成了改革派。你要改革嘛总有人反对的,因此有了戊戌政变。留学生终究起了震惊的作用,搞出了一个中华民国来。辛亥革命牺牲了很多青年,多数是留学生,黄花岗七十二烈士全部是留学日本的,很多留学生偷偷地回来了,在各省市搞起义。当然,我们要认识到,以历史唯物主义看问题,他们的革命是不彻底的,是一个资产阶级形式的革命,因为他们没有重视这个资产阶级革命的一些基本东西,他们的革命形式上成功了,皇帝打倒了,可是封建意识在社会上没有扫除。一连十几年搞复辟,中间有袁世凯、张勋都是闹复辟的,出现了军阀混战的局面。这以后,又来了一个大的留学风潮。五四运动初期,喊的是科学、民主,这个民主是资产阶级民主,可是对于封建社会来说,它是一个进步。以后把马列主义引进来了,引进这些革命意识的人都是留学生,中间包括现在还在的聂荣臻同志、邓小平同志等等,当然也有资产阶级革命家,像胡适之。把马列主义引进来以后,引起了中国共产党的诞生,可是还是混战呀,因为革命的力量在那个时候还不够强大,资产阶级、帝国主义、封建思想的力量在社会上占很大的成分,因此知识分子又是极大地不满。在 30 年代、40 年代又是大批知识分子去留学,我就是在这个潮流中出去的。我并不隐瞒自己的缺点,我是科学救国论者。我觉得,他们整天讲这些都没有用,人家的枪炮一来,我们一点办法也没有,所以我去学科学。这样的人很多,在 40 年代战胜了日本以后陆续回来了,有很多人参加了党的队伍,我们现在有很多学部委员都是在那个时期回来的。以后在党的领导下,革命成功了,才发现这个科学还是救不了国的,太理论了。那时主要学理论科学、数理化呗,数理化并不是完全没有用的啊!不过,要急于救国,要急于促进生产建立新的工业,数理化是不够的,不是没有用,是不够!因此党开始大量送人到苏联留学,那是50年代初期。现在我们学校各个研究所的中坚分子大部分是这个时期到苏联去培养的,相当多,我们学校就相当多。从说日文变成说英文、德文,后来说俄文,我们以俄文为主,学英文的转学俄文,我们现在还有一批老师是俄文老师。我那时已是45岁,我学俄文呐,不学俄文不行呀,有些参考资料都不认得,我要学习俄文,后来到了60年代我们开始关起门来了,什么文也不学了,留学生就慢慢不吃香了,甚至于在"文化大革命"中,留苏学生还倒了霉,叫修正主义苗子,我们这种人不叫苗子,叫资产阶级反动学术权威。到了1976年以后,1977年、1978年,党中央在邓小平同志领导下拨乱反正,三中全会作出了改革开放的英明决定,让大家看看国外是怎么样的。从此以后,掀起了第四个留学高潮,留英、留美、留法、留德等等,这一下我们英文人员不够了,所以现在我们很多外语老师有个名字叫俄转英,本来教俄文的转教英文了,那当然是年纪大了,转一个语言也并不是容易的,他们也是很辛苦的。

  为什么一个一个潮流要出去学,实际上反映了民族的一个意志,这个民族,只要一开门,就会发现我们落后于当时的时代。落后,现在我们都晓得落后,可是不甘心,因此我们出去都很简单,打定主意我出去几年,我学些什么,回来我干什么。我记得我们出去的时候,曾经有好几个同学立过誓的,说自己学好这门学科回来以后,这门学科用不着再送人出去留学了,留学是为了无须再留学,这是一个很鲜明的东西,绝不是为了留了学以后,拿了学位,拿一个绿卡以后变成什么假洋鬼子了,我没有这个想法。当然我们有一个时期回不来，因为我们是穷学生，我们在国外做工作，一到胜利以后，大批地回来了，明知回来的日子很不好过，我们也晓得，蒋介石统治的味道我们都尝过，可是，我们就不相信这个社会不能改的，我们不改变这个社会，谁来改变这个社会，因此我们大批都回来了，甚至很多人是解放以后中美没有建交时一船一船地回来的，并不是一个一个回来的，在"文化大革命"期间，当然他们是"特嫌"了。中国知识分子有一个民族自尊心，民族自豪感，承认落后，不甘落后，要解决这落后问题，宁愿牺牲自己在国外的舒适生活。老实说，我在国外的生活是非常舒适的，我就领导了600人的工程师的队伍，我就是做"洋官"的人，当然我是"技术官"，可我不稀罕这个，我是为美国做事情的，我做出来的火箭导弹都是为美国用的，我干嘛，我要回来就回来了，1946年我乘坐第一条船回到上海。回来了当然是在蒋介石统治下，哪有好日子过？我第一个月的工资买了一只热水瓶，其他没钱了，只一个暖瓶，就这么过的。我们很多人是这样回来的，但并没有对我们的民族丧失任何信心，我是赞成留学的，差，就得留学去学，可是留学的同志们应该懂得，自己负有民族的责任，学成归国应当为国家建设作出贡献。去年我曾经到过英国，跟一批留学生讲这个问题，很多人为这个事情内疚，也包括我自己在内，我们流了眼泪，我们是有责任的，不要把责任推给别人，我们每个人都有责任。也正是这种责任感使你们大多数人那么大年龄了还在学习，因为"文化大革命"耽误了大家。你们中有许多是厂里头负责的工程师，为了继续提高自己的业务，为了了解你们本行业先进的科技知识，愿意再做学生在这里学习，这种精神是很可贵的。

这个学习有没有"了"呢？绝大多数人是误解的，以为大学是最高的学习，现在当然提高了，说博士生最高，念完博士以后就可以得什么什么待遇，以后就再也不用学习了，就把你学到的拿出来就行了。是不是这样？从来不是这样，所有人都是需要不断地学习的，我不懂得革命理论、不断革命论等等，我也糊里糊涂过了很多时候，可是我对一条理论是深信不疑的，那就是不断地学习，我对这个从来没有怀疑过，一辈子是那么做的。有人说我大概是一个神童，也有人说我是一个万能科学家，有人在"文化大革命"中贴我大字报，写我是万能科学家，因为我对什么都有点兴趣，都想干一番，都想提点意见，所以就写我。其实，我是一个很笨的人，我是一个非常笨的人，你们不相信，我跟你们讲我的历史。

我是一个农村里头没有一片瓦、没有一块地的一个小学教师的儿子。我父亲是个小学教师，只念过中学，没有进过大学，我还有三个叔父也是如此，我家里实在太穷，为什么要去念到中学毕业呢？那个时候在辛亥革命时期，中学毕业也不是太简单的，那是因为我祖父是农村的老法教师，他觉得他的儿子就得念书，可是穷得一塌糊涂，穷得连大褂也是几个人合穿的，我就是在这样一个环境里生长的。

我父亲整天在外头教书，是不常回家的，我母亲是一个大字不识得的农村妇女，我们就靠父亲8元钱一月的工资养活一家，我还有祖母和两个小弟弟，我父亲还有两个小兄弟正上小学，我父亲和我一个叔父养活这么一家。我们的生活是非常艰苦的，什么金花菜、荠菜我都会挑的，地里活我都能干，我会捕鱼捉虾，我什么都会，我要靠这个过日子么！我不出去，桌子上什么也没有呀，金花菜自己去挑，挑了腌起来，我们吃饭就吃金花菜叶。我没有钱上学，父亲或叔父在哪个小学里上课，我就只能偷偷地跟着挤进去，如果父亲换一个学校，我也跟着换一个学校，所以我是三天两头换学校，我几乎把乡里所有学校都走遍了。从来没有很好念过书。怎么能念呢？因为那时候，一个小学教师的职业是很不牢靠的，哪个校长眼睛一瞪，你就得走了。我的父亲和叔父从来不拍马屁，还尽提意见，我这个脾气跟他们是一样的，看见不顺眼就要提意见。因此我从小念小学，没有很好学，就一年年混过来了。这个学校是初小二年级,我念了六个月,停了四个月,父亲换了一个学校,因为另一个军阀来了,又得换学校,那么我就上初小三,但只念了半年,就是这么搞的。到后来,我的父亲一点办法也没有,在城里(北伐时)找到一个初中,他居然做了教务主任,因为我父亲很严格,大家都还佩服,这下我有生路了,我就进了初中,我是走后门进去的,要考,我一辈子也考不取的,因为我没很好学,父亲没工夫管我许多,家里祖母、母亲都是不识字的。以后呢,到了1928年,我只念了一年初中,我有个叔父在苏州中学当语文教研组主任,我父亲一想,走个后门吧,让我去考苏州中学。我一考居然取了,怎么取得呢?我是榜上最后一名,因为又是走的后门,人家买我叔父的面子嘛,只得取了吧,你说我的功课能好到哪儿去呢?可是我的语文不错,我的中文还是有点底子,因为我的祖父、父亲和叔父都是教语文的,所以我的语文很好。因为语文好我还念过半年国学专修课,唐文治是校长,后来唐文治做了交大校长,他讲课没有书,闭着眼睛讲了,都是古文,现在的教师照本宣读,他没有本儿,他眼睛看不见,不过他讲得很好,我从他那儿得益很多。后来进了苏州中学,在苏中勉勉强强毕业了,大概是很多老师放我过关的,他们没有法子不让我过关,碍于我叔父的面子嘛。我叔父在我二年级时就到北京大学做教授去了,那是有意思得很,我父亲和叔父都是非常认真自学的,他们都没有进过大学,靠自学,从小学教师、中学教师到大学教师,变成北京大学有名的教授,可是他没进过大学,也没念过洋文,我的叔父现在还活着,在台湾,叫钱穆。最近他还发表了一篇讲话,说:按中国的历史来看,文化看来应该统一,不应该分裂,谈判是积极的,不谈判是消极的。我不了解他目前政治安全怎么样,他的脾气还在那儿,到时候他要说话的,94岁了,瞎了,眼睛看不见了,他的小孩都在大陆,都是共产党员。那么毕业了,我在中学里就是喜欢文科,耍笔头还是很能耍一下的,因为是念文科,我的历史也不错,中国史也不错,因为这个很容易,看看史记,我就看了二十四史,我不去看那些教科书,因为二十四史材料比教科书丰富得多。可数学是一塌糊涂的,作弊都没有法子,抄不齐一个本子。我平面几何从来没念过,因为我初中只念了一年,平面几何是初二的,三角是初三的,这些我全没念过。到了高中呢,我对小代数还糊里糊涂,还什么大代数、解析几何,简直是莫名其妙。

叫我考大学了,那时我年纪太轻了,父亲也死了,家里穷得要死,我叔父供我上学,他叫我考大学,我就考啊,我考了五个大学。那时不是统一招生,是一个一个考的,上海交大我也考取了,那时上海交大文、法、理工都有。五个大学要考取必须功课很好,但我很差,可是我总是有两个分数不是一百就是九十几分,一个是历史,一个是语文,剩下都不行,剩下几个20分、30分,都是这种样子,加起来也能考取(我们考六门课呢)。我的功课并不好,我也没有什么才能,我对数学最怕,还有物理老搞不清楚。后来我决心进清华大学,清华大学的语文系主任叫朱自清,大概你们听说过的,有个教授叫闻一多,你们也听见过的,这两位看中我了,因为我的语文100分呐。我做了一首词,非常富丽堂皇的词,那两位老先生想,这个人一定是念语文系的(那时考取后我们是不分系的,进去了再由自己定系)。历史系呢,想来我一定进历史系的,因为我的历史非常好,考了个100分,你说出什么题目呢?那时,我们国家有个历史的"国宝",他教二十四史,也是眼睛瞎了,但很能背,哪句话在《史记》第几卷、第几页、第几行,他可以告诉你,所以叫"国宝",此人叫陈寅恪,"文化大革命"中故世的。他出了一套题目,是二十四史的卷数、作者跟加注的人。这个题目,我全答对了,这也是个怪题目。所以他们以为我一定进历史系。的确,我在中学里也写过一些中国历史的文章,我在中学时就能写了,有几篇文章还在什么《江苏中学生》上发表过。

那时是1931年,我在9月10日进了清华。进去一个星期选系的时候(首先有一个星期时间选系),我选了语文系。朱自清非常高兴,特别把我召到他家里去,要跟我谈谈,问我是怎么一回事。后来他晓得我是钱穆的侄子,他说,你们有点家学。第二天就是"九一八"东北事变,一夜之间,日本军阀把我东北三省全部占领了。这个你们晓得,学生哗然,我那时还很年轻呀,一个青年人都有这个劲,为什么我们见小日本这么怕呢?那就是我们的科学技术不行,人家的枪炮比我们厉害。所以我一夜之间就要求改学理科,而且填物理,因为我打听清华哪个理科最凶最难。人家说物理系历来最厉害,难得要死,很多人被淘汰,只剩三分之一,我就决心念物理。那时候的物理系主任是吴有训,解放后做科学院副院长。我一去就到他办公室,我说我要学物理。他一查成绩,他说你的物理才考15分呐,他看语文不错,说你进语文系不是很好吗?他怎么也不肯收我,我执著地立在那儿不走(现在也有同学赖在我办公室,我很原谅他们),年轻人有个劲,我相信是对的,当然是不要自私,我是很清楚,我学这个就是受"九一八"的刺激,我是科学救国,没有别的话。搞了一个星期,惹得他一点办法也没有,他到哪儿,我就到哪儿,后来他屈服了,他说:"你那个热情我同情,你的成绩太差,我可以同意你学,可是你不能后悔。有个条件,第一年的大学普通物理、微积分、普通化学三门课都要过70分。"这三门我最差,那怎么办呢?我铁了心,说:"白念一年我也干,让我试试吧!"终究,他特许让我试读物理系,是试读!我读中学时,什么物理化学,从来没弄清楚过,数学是七零八碎的,代数符号都搞不清,我的英文又不行,可是,我有决心!我干了一年,这一年你们是不能想象的,我这一年是拼了命干的。怎么拼法?我也上了不少当,用功没有问题,晚睡早起这都没问题,那是必然要的,因为差得太远了!我还得补中学的功课呀,要不然大学的课我就听不懂,硬补!开头我用学语文的办法,我就背,好家伙,什么都背,这个元素周期表,倒过来翻过去地背,什么公式全背。哎呀,两个月,背得我最后神经衰弱,每次考试都很糟,清华每星期这门课一定考一次,15分钟,我考得一塌糊涂。后来我就问同学,你们怎么学的呀?他们说我很用功,大家都很同情我,晓得我是痛下决心的,同学说:"你不能这样学,你死背没有用的。你得弄懂它,不要背,懂了就行了,懂得了是不会忘的,你不懂的背下,不用三天就忘了。"我就开始想办法弄懂,哪弄得懂呀,因为我最基本的都不懂嘛。后来是夹着的,一部分我实在弄不懂的,就背;弄得懂的,我就弄懂它。自己弄不懂,人家懂的,我就找老师,老师用的都是熟练的技术语言,没用,再找同学,同学不是用技术性语言来翻译问题的,跟他讨论。我有不少同学、朋友就是那个时候交起来的,我是打破砂锅问到底,我的办法就是这样,不弄懂我决不后退。例如我学微积分,中间有代数运算我不明白,我就问同学,我弄了几本中学教科书,查哪一节呢?同学就告诉我查哪一节,我先把中学教科书念完了,弄懂了,我再来看,我就是这么干的。这一年里头,我大概一天顶多睡五个小时。我早晨是6点起来的,我自以为了不起了,晚上熄灯大概是10点,我大概是12点睡的。灯在哪儿?我在厕所里看书,宿舍里厕所的灯是通宵开的。我不是在鼓励你们这样做,就是说有的事必须得这样拼一拼,不拼不行,要有个拼劲,不能一辈子拼,那是不行的,想过一个基本关就得拼。我自以为了不起了,我说我是清华最用功的一个人,结果有一天早晨6点钟起来,走到一个我常去看书的地方,坐在一条露天的石头凳上,忽然看见有一个人,老远一摇一摆的,再一看是谁呢?是华罗庚。华罗庚也没有进过很好的中学,也是靠自学的。跟我同年进的清华,他是清华数学系的文书,专门管发讲义、收卷子。可是,他和我一起听微积分,他是天才,我不是,他比我用功。我发现他每天是3点钟起来的,当我6点钟起来时,他已经念完了三个钟头的书,在散步了,华罗庚就是这么上来的。他不是正规念大学的,同我一年去的,以后我们就一年一年拼下去,这真是拼搏。当我念四年级的时候,他大学的课全听完了,因为很多课是不听的,他比我花的时间多得多了。因为我到二年级、三年级的时候分心了,我喜欢运动,变成个运动员,一到考试,总开运动会。5月底,清华有个规矩,不管你是不是参加校队,一律考试,决不能打折扣,三门不及格照样开除,所以我是很苦的,一边考试,一边还要去开运动会,分心得很厉害。他呢,反正他那条腿是不行的,他不分心,一天到晚就是干。所以,在座的诸位,不要以为自己数学不行就放弃,有什么东西一辈子学不会呢?没这回事。你要下决心,都能学好的,可得改进自己的学习方法。我在四年里头是不断地改进。我们的班里有个同学是学得很好很好的,开头我是最后一名,是勉强进去的,只因为这两门课考得太好了,其他的分数他们都比我高得多,我就一路赶。毕业的时候,我也不比他们差,因为他们把好的学习方法都教给了我。

有一个同学叫林家翘,他比我低三班。我毕业了,留在学校里当研究生,他是二年级。三年以后,1938年的夏天,我和他同时考取留英公费生,那时候是在抗战时期。我觉得我四年里头的学习方法大有改进。我学会了一个办法,就是一堂课听完以后,我不记笔记,仔细地复习一下,从脑袋里复习一下,两分钟够了。这个两分钟很有效,要了解教师,第一个问题,今天教师讲的是什么问题,很短,几秒钟;第二个问题,这些问题包括哪几方面?跟前面有什么联系?他开了好多"后门",就是等待下面没有讲完的下次再说。就这几个问题,帮了我一辈子的忙。现在我就有这个习惯,每次听报告,我总不是听完就走,坐在那里,只要五分钟时间,他讲的是什么?中心思想是什么?有几个方面?哪几个方面?他的观点是什么……完了,这样回忆一下,就变成你的了,不再是他的了。这叫什么呢?这叫"吃了东西要消化透,消化快",才能是你自己的,要不然永远是老师的。听讲我学会了的,完了以后呢,我就在晚上写笔记,我是回忆写笔记的,不懂的地方,翻书,写那么一页、两页,都是很简单的,到考试的时候,再翻翻这个就完了,假如你还记得,就不用看了,不记得的,再看看。考试笔记很简单,一学期的课大概是两本练习本,这是大课,小课一个练习本就够了。我以为我了不起,可是后来抗战,"七七事变",一下子都丢光了,因为我们是逃出来的。那样,我只好向林家翘借笔记,我一看,他每一门课的笔记都没有过十页的,他的笔记比我还简单,再一看,他记得都很明白,要点非常清楚,我问他怎么弄来的呀?打哪儿抄来的?他说不是,他在考试前把原来每天听完课写的一页页笔记再重写一遍,变成不到十页的东西,次要的都拿掉了,重新整理回忆一遍,这个是他的"文书"。他把学来的东西浓缩到最有系统的东西,这两个浓缩过程使你终身不忘。可以做到这样的话,那是真正弄懂的了。我是经常得到我的好同学林家翘的帮助的。大家晓得,林家翘现在是美国麻省理工学院终身教授,美国科学院院士,还经常回来的。我是不断地从同学那里吸收个人的学习经验,来为自己服务的,我们决不互相包庇,也决不互相保密,因为希望每个人都学得好。我们在清华是非常团结、非常友好的,有竞争,我有好的办法,是不保密的,希望谁都学好的。

我是学物理的,后来出国了,可是考是分科的,我们考了个应用数学,明白物理有人比我学得好,应用数学,我还有点希望。我们也是取巧的。林家翘考的也是应用数学,还有一个叫郭永怀,是北京大学的,跟我们同班,也考的这个,全国大概有一二百人考。本来只取一人,我们三人分数都差不多,总平均大概只差小数点后面第二位,没有办法,考试委员会也无法决定,最后说三个人都取吧,所以,我们三个人是一个门道出去的。

后来,到了加拿大,学的是应用数学,找的是一个老师。你看,学物理的学数学去了,可以改的,没有什么了不起。可是,我们学物理、学应用数学时也没有什么原子能,没有导弹,也没有激光、半导体,也没有计算机,什么也没有,现在用的样样都没有。当时学的没有什么用处,都已过时了,我们几个人都是用这个方法,干什么,学什么。从那以后,因为我们已经自己形成了一套学习的方法，懂得怎么学一个新东西，因为我们在学校里学习时，就是这么办的，很多课是很深入自学的，我们学的东西都比老师讲的多得多，我们自己看书。1940年时，我在加拿大搞过两年雷达，我是学物理的。我在雷达上是有贡献的，那时是保密的。完了以后，因为我是理工学院出身的，我就到了美国，搞了两年航空工程、四年火箭。对于火箭，人类那个时候不晓得，没有理论，完全是工程设计、工艺及制造。我为了对付这个问题，学了，我的机械工程就是那时学的。我是中国第一个被美国航空协会接受的正式会员，当然现在很多了。我是搞物理与数学的，结果要我到那儿去搞火箭，因为那个时候根本没有这门课嘛！谁来教你！没有人教你，我只好综合各方面知识来搞这个。我不愿在美国待下去。抗战胜利了，1946年回国了。他们不让回国。我说，我是中国人，我还得回去，你给我待遇再好，我也离开你这里。

回国后怎么办呢？回到清华大学，很多老师在那儿。工学院缺力学教师，整个工学院力学是基础课嘛，可是没有力学教师。他们晓得我搞过航空，什么乱七八糟的都搞过，就让我教力学课。1946年起，我就把工学院全部班级的力学课都包下来了。一个人，每星期上17堂课，包下来了。我从来没有学过什么"应用力学"、什么"材料力学""理论力学"，怎么办？可是我用过，因为我设计过火箭等等，那么，我就自学，提前两个星期学就够了，足够了。我一边学，一边讲，讲得学生还很高兴。所以你们不要害怕，都不是学好了再干的。当然，你得有基础，我在大学拼了四年，基础打得很好，别看我中学没有学好，大学里我把中学的课都补过来了。我常说，大学四年学了十年的东西。六年中学加上大学四年，我是这么干的。所以，改成力学了，还教得学生很满意。过去有几位力学教授给学生撵走了，可他们不撵我。我是个外行，我不是工学院出身的，我连机械制图都是在美国搞航空设计时学来的，我自己不会画。后来变成机械系的教授，教力学了，一直到解放，我变成国家的力学专家了。我没有学过力学,这个还不稀奇。"文化大革命"中,我开始搞电池。我的电池呢是与众不同的。现在电池都是低能的,我要搞高能电池,体积小,重量轻,能量要高出普通电池10倍。可是我从来没学过电池,因为我觉得有需要,为什么有需要?坦克里头有两个电瓶。那时我们有军宣队,军宣队里有的是坦克兵,我就问他们,坦克里头最大的问题是什么?他说最大的问题是电池。我说什么叫电池?他说启动坦克要两个电瓶,240 V,这两个电瓶充好了电以后,只能启动15次,电压就不够了,你能不能多启动几次呀?我说这有道理呀,而且这两个电瓶每个电瓶是40公斤,要三个士兵才能把两个电瓶装上坦克车,从窟窿里钻下去,那是非常麻烦的事情。所以我要搞的是高能电池。后来,我就四面去查各种各样军事上用的电瓶,发现大有用途,潜水艇全部用电池。在潜水艇里不能烧东西,烧了东西就要出气,出气要冒泡,所以只能用电池,而且电池装得满满的,还开不远。鱼雷里头用电池,一个鱼雷100公斤银锌电池,放出去就全掉到海里头;导弹用电池,现在电池也不行,很重,需要体积又小、能量又高的电池。我说我就干这个,这把化学教研组给吓了一跳:这个反动学术权威、力学家钱伟长又要搞电池,这是我们电化学的专业。我说我不管你专业不专业,我要搞。后来这个倒是很妙,我们军宣队队长是坦克兵,他说我支持你,你搞。我就搞电池了,一边搞,一边学。我搞了六年电池,做出来了。这个电池当时是世界上最好的电池。后来,总理有一次接见杨振宁的时候让我陪在那儿。总理问,你现在干什么?写什么书呀?我说我现在不写书了,我现正在做一样具体的东西。他又问,你在做什么?我说做高能电池。他说什么是高能电池?我说哪儿、哪儿有用。他说,这个重要,我晓得。总理关照当时有关的人要给我以支持,但实际上当时的领导是反对周总理的,我的电池也搞得不了了之,都批光了,把我的设备(我们的设备没有一个是买的,都是从垃圾堆里拣出来修理修理才用的)全部拿光了,资料全部烧了。

后来到了1976年以后,我就晓得计算机很重要,那时候不许我接触计算机。1976年我解放了,我可以看点书了,我就学计算机。那时我多大年岁了?我64岁了。1970年我58岁,我58岁学的电池;我学俄语是几岁?是42岁;我学力学是36岁。不要以为年纪大了不能学东西,我学计算机是在64岁以后,我现在也搞计算机了,当然不像年轻人那么好,不过也吓不倒我。真理只有一条,国家需要你干你就学。可要有个基础,这个基础是靠你们在正规的教育里头培养的,不要轻视了基础。没有我当时的物理、数学、化学的基础,我现在什么也干不了,学什么东西都有困难。所以我不是天才,我的学习是非常勤奋的,我发现很多东西我还不懂,需要,我就学。

我讲那么多东西的目的是什么呢?目的是希望大家今后不断地学习,根据需要来学。现在腾出时间专门让你们学,这是很不容易的,在工作里学习绝不是这样,先学最需要的,当场要的当场学,有些不懂也不要紧,我晓得怎么做就行了,我完全不懂,做了再慢慢弄懂。所以要求大家在这里要好好学,离开了这里不要以为学完了,学习是一辈子的事情。因为学习的目的是为了工作,为了适应新的挑战,尤其是现在这个时代,我们科学技术瞬息万变,你一个月不学,就有很多东西过去了,你没接触过的,你永远落后于时代,我们要抢先于时代,就要靠学习。学习是辛苦的,我希望你们努力一辈子。我现在74岁了,我还在学。在学习上面,我敢于跟大家比赛。

在中文信息研究会全国会员
代表大会上的开幕词＊

中国中文信息研究会全国会员代表大会今天隆重开幕了。中文信息研究会是在1981年成立的，这次全国会员代表大会也是本会成立五周年的纪念会。今天，我们这次大会又是在国家全面展开对经济、科技、教育三个体制改革、贯彻"七五"计划的起始之际，以及迎接中国科协"三大"的召开前夕开幕的。我们研究会伴随着"六五"计划的胜利完成而成长前进。在今后振兴我国信息产业的历史使命中，任重道远。这次会议的目的是总结五年来的工作，表彰先进，选举产生第二届理事会，讨论今后学会工作的方向。

五年来，中文信息处理技术发展很快，输入编码在涌现出大量方案的基础上，在国务院电振办、国家科委、国家标准局的领导下，已组织了评测。中文信息处理系统和专用设备已有百余种研制成果。随着我国计算机应用向着深度广度发展，中文信息处理已在许多领域和部门得到使用。许多办公文件、统计报表、出版印刷都已使用中文信息处理系统。在自然语言处理和基础理论研究方面也取得了重要进展，少数民族语言文字的处理也取得了可喜的成果。

＊ 1986年6月在中文信息研究会全国会员代表大会开幕式上的致辞。

在座的80名代表代表着六个专业委员会、各地方研究会、团体会员单位的1790名会员,同时也带来了我国中文信息处理界广大的专家、科技工作者的想法和意见。我相信,通过大家的共同努力,集思广益,团结和谐地工作,这次会议的各项任务一定会圆满地完成!

在这里,我要向支持、帮助我们研究会各项活动的团体、单位和个人致以衷心的感谢!向全国1790名会员致以问候!还要向各研究会的组织管理者,也就是学会的专、兼职干部致以亲切问候!没有你们的辛勤劳动,研究会的活动是难以开展的。

在这次全国会员代表大会上,总结性的工作报告是请学术组织国际联络方面的主任委员向各位代表汇报,同时还要请陈力为同志和六个专业委员会的同志分别做学术方向和发展方面的综合性学术报告。这样,我想大家会在工作活动和学术发展等方面得到一个完整的印象。

最后,我预祝这次大会圆满成功!祝各位代表和同志们身体健康,工作顺利!

培养全面发展的人*

一、培养组织工作能力是学生的一门正课

学生的任务不光是读书,大学生应该学会自己管理自己,或者说是锻炼组织工作能力。大学生毕业后都要做各种各样的干部。干部中最大的一条就是组织人,会调动各方面的积极性来完成工作,组织工作能力是一门正课,我们培养的人才不是书呆子。按我们现在的趋势,我们中间会有相当多的人要走上各种各样的行政工作岗位,有可能做县委书记。我这次到扬州,碰到好几个县、局级领导,都是 1965 年清华的毕业生。为了这个,我们学校要进行研究,我们想改变现在管理学生的一套方法。当然这不是一下子能实现的。我的初步设想是这样的:要加强学生会的工作,将来学生会的主要干部半脱产,他们不是四年毕业,而是四年半或五年,毕业时还是算原来那一届毕业,不然,工资要吃亏。做学生工作的学生,实际上也是学校的一个工作人员,通过学生会的工作得到了锻炼。学生会现在管的工作不多,都是学生活动,现在有一些学生生活的工作他们可以管,要学生自己管自己。比如食堂,食堂里的问题很多,学生要自己管自己。管有各种各样的管法,学生会应该

---

* 1986 年 6 月 5 日在上海工业大学学生政工干部会议上的讲话(根据录音整理)。

设一个膳食委员会,和承包单位订合同,进行监督。现在的每一期校报有一版是学生办的,我主张进一步给他们一个刊物,每一期两版而不是一版。学生会组织一个编辑部,要发动同学来投稿,由他们自己来决定该不该发表。这个出版工作与编辑工作也是一个组织工作,很难的,蒋南翔同志当年就是清华学生刊物《清华周刊》的主编,做过一年,办得不错。他那时是地下党员,该刊除了对学生生活的情况报道外,还对学校中的不良现象进行反映,有漫画、小诗,什么都有。像曹禺的《雷雨》就发表在这个刊物上。当然,这个刊物量就多了,一星期24张,是学校给的钱,人人可以看。办刊物必须紧密结合学生的思想,不能离开这个,离开这个就没人看了。尤其现在,教学在不断改进,你们可以对某些教师提出批评,可是要在对方接受的条件下,不要进行人身攻击,否则人家可以起诉,学生要懂法律。可以用漫画形式来批评某些很不合适的现象,或很不合适的事,看漫画的人一看就知道这是什么事,这个同学自己就会感到可耻。要结合学生的活动进行报道,包括体育活动,比赛、赛场的描写等。能办的事很多,要动脑筋去办,我们曾经通过《清华周刊》培养了大批的人才,除曹禺外还有上海的张骏祥,是个电影工作者,他们都是会经济的。总之,学生的生活活动要自己管自己。当干部的,都应该是功课好的。那么有人说,功课好都去搞社会工作,成绩要下来了。不会的,现在很多学部委员当年都是搞学生工作的。"一二·九"运动的学生组织人就是现在中南矿业学院的院长,他的功课当时是全校第一。学会自己管理,学会组织能力,学会对一个集体的责任感。关于体育活动,还可以搞学生体育运动委员会。那时,我们清华负责体育活动委员会的是荣高棠。你们都熟悉,乒乓球就是他一手抓起的,组织得非常好。当时是学生会的体育活动委员会的干事,后来成了国家栋梁,人就需要通过这样来锻炼的。当然第一阶段学校要辅导,不能放任不管。同学中要有个传统,现在没有这个传统,谁也就管不了谁,有了这个传统,学校就可以减少辅导。三年五年,在学校造成一个学风,一个良好的学风,自己管自己。所以主张建立学生法庭、模拟法庭,学生推荐一批法官,有辩护人,请闸北区法院的来指导,这个模拟法庭处理民事案件,还不是刑事案件。当然偷了东西,伤了人是另外一回事,要送公安局。有些也可以由这个法庭初步处理。现在不是要加强法制教育吗,空讲没有用,我历来反对空讲。通过实践,引起广泛的兴趣,让大家知道,什么叫违法,什么叫守法。这样可形成一种舆论,这个舆论可以使我们同学懂得对和错,从整个社会看,我们现在的毛病是光从个人立场看问题,各说各有理,归根到底要由社会利益来决定。我们应该是群体,是一个集体,就有社会利益,我们要提高自己的法制观念。总之要提高学生自己管理自己的能力。

二、抓紧教学法改革,努力多出人才,出好人才

我们的行政体制要改革,改革到学校的教职员工共同来管理这个学校。很多权力要下放,不是下放给系主任。这个大权力下放给个人,等于没下放。我们应该下放给集体,或者是一批代表性人物。我们组织若干委员会来管理这个学校。要不然,一闹就到校长、党委书记那里。我前年在政协会上发过言,我们的校长是两种"长",一是派出所所长,因为权力很小。最坏的是救火队队长,有了火就得救。我们没有充分的时间来考虑学校的发展,总体问题不能及时考虑。一个学校总要发展,现在的学校还不能适应我们五年后社会的需要。

短学期、学分制的指导思想没有错,但是有一些跟不上的问题,就是新瓶装旧酒,酒还是旧的。短学期制突出两个问题,一是对于教师要提高教学质量,课程中有些内容可以不讲,讲最主要的。有的讲课太琐碎,重要的也作为琐碎的讲,叫重点不突出,学生不需要这样。没讲清楚的可讲慢讲清楚,学生自己看得懂,根本

不要讲,这是一个方面。另一方面是短学期制要求我们学生不要在前几个星期麻痹。一开始马马虎虎,短学期一下子就过去了,这对学生要求提高了。每个星期都要认真地学习。当然并不是开夜车,认真学习的人时间不会很长。现在我们背书的人占了相当的比例,不要看轻。还有一点,一到考试一律要教师讲重点,出参考题目,学生依样画葫芦一画,这个是叫教师和同学共同作弊。这种不是教学法。听了一学期的课,应该知道什么是重点,自己应该学会总结。我以后要下命令,教师不许总结,总结是学生自己的事情。我记得我第一年来的时候就讲了学习方法,如何总结。以后我还要给全体同学讲一次学习方法。教学改革和学生学习关系很大。我们要抓这个问题,还要坚持短学期,要改变教学法。

大学教学法是培养一个人毕业了以后自己还能学东西,将来你们用的大量东西课堂里没有。我1935年大学毕业至今已有51年,所用的东西不知换了多少专业。哪儿需要我,就到哪儿干。这些专业我都没学过,都是临时找资料看,看完干。大学毕业不是一辈子做这事了,社会在进步,知识分子应该懂得更多,将来不知有多少技术你们没有学过,是否需要"回炉"? 我主张不"回炉"。这是教学方面的问题。

我们是一个工程学院,从某种意义上看,工程学院出去是当工程师的,专门搞技术的。我认为他首先是社会的人,要适应社会上人与人之间的关系,懂社会学、经济学、心理学,还有国家的历史、地理、文学、美术,要有一定的素养。中央关于教育体制改革的决定中对于学生教育有两句话。第一句话,教育是为了提高全民族的文化素质,这是最大目标。第二句是要多出人才,快出人才,出好人才。人才需要有文化素质的修养。我们过去的教育没有满足这一要求,因此在这里设一个人文社会科学部,让这些教师来补这个缺,开一系列选修课,使学生在这些方面有一定的素养。

三、努力形成好的校风

思想工作实际上是政治动态和社会心理学的结合。不懂心理学的人无法做政治工作。社会心理学是非常复杂的。谈思想的人不懂心理学,不可能做好工作。马列主义要精通,决不需要背。马列主义充分懂得社会的矛盾、社会的结构、社会的背景。我们要逐步形成一支政工队伍。思想工作应该全校共同来做,而不是靠少数人。团委、学生会要做工作,每个教师更有责任来做。同时还有一批专业的同志来组织、了解、统计现在总的情况。可这是一个过渡。是不是大学毕业生留校做一两年思想工作,再来搞其他的专业。甚至我们可以这样规定,第一年搞思想工作,第二年搞专业。要挑品学兼优的学生,真正懂得学生的思想问题,将来这样的人是组织能力很强的人。

做思想工作,既要防止左又要防止右,左的什么都不能容忍,右的是什么都容忍。应该是适当时期要容忍,过了一段时期要进行控制,这样才能生效,这样才能使我们学校的校风、学风,还有职工的工作作风有所提高。政治思想工作绝不是仅仅对学生,老实说,我们教职工思想工作要大大加强,加强的办法绝不是少数政工干部的事。所以我们整个学校要有很大的改变。

美国斯坦福大学的做法是,一个青年教师管几个学生,成为导师,管两年,三年级以后放松,让他们慢慢习惯学校的生活,让他成为集体中的一员,这样做的效果,校风很好。我们现在没有形成好的校风。我们的教风、职工的工作作风最大的一条是不深入到群众中去,我们要改变。应该是我们爱护这个学校,这和爱护国家的前途是一样的。自己成为一员,自觉形成这个学校的风气,成了习惯了,出去以后影响就更大了。

大学生有他自己独立的见解。中学生依靠老师,而大学生就要从依靠老师变成不依靠老师,要尊重自己而且尊重别人。这样才是我们所需要的学生干部。

  我讲了许多,总之,我们的指导思想要有所改变,跟着有些措施也要有所改变,最后的形成还要靠大家的努力,这和我们教改一样,每个教师努力来充实它,让它健康发展。我相信我们的学校能办好。大家要团结起来,使学生出去后能真正成为建设新上海的优秀人才。

教学改革和实行聘任制[*]

两三年来,我们国家各方面都在进行改革。在改革的过程中,已经逐步地指出高等学校必须要改革。党中央去年发了一个教育体制改革的决定,这里面已经反映了很多东西,怎么实现,是我们大家的责任。我们对各方面的意见酝酿了相当长的时间,也有了一些细小的改革,现在是到了应该逐步执行的阶段了。

一、关于聘任制的问题

聘任制的精神就是公职人员不能再吃大锅饭,应该各司其事、各尽所能地进行工作。现在,各个方面都大大超编,各个部门都在用各种办法解决这个问题,并把它提到政治体制改革的高度,政治体制改革中最重要的一条就是人员任用的改革,再不走这一条路,就会给国家整个改革造成很多困难。在学校里,当然是聘任制的问题。这个工作,我们采取比较稳妥的渐进的态度,现在正在酝酿,今年9月,逐步具体化。我们准备成立两个委员会来开展这个工作,一个是聘任委员会,一个是仲裁委员会。在这种委员会里完全用无记名投票方式来进行工作,希望每个委员单独行使他的权力,做到真正公平合理。以后,我们还要公布这两个委员会的名单

---

[*] 1986年7月12日在上海工业大学全校教师干部大会上的讲话(根据录音整理)。

和工作程序。我们要尊重国家的规定,对教师来讲有一个叫专业职务聘任制,规定了教授、副教授、讲师、助教的工作及其要求等等。根据这个文件,一定要非常认真地做好此项工作。

还有一个工作量问题。过去一直讲工作量,造成了纷纷要求增加教学时数的现象。我这个教研组有几个人,就一定要有多少学时,学时少了,就没有办法;增加了学时,就可以把所有的人容纳下来。要把这种繁琐的苏联式的工作量制度全部废除掉,否则,教学计划无法修订。我这是第五次声明废除了。现在,学校里有编制,有个总的工资额,超出工资额得自己想办法,这是中央、国务院提出的一个新措施。给一个工资总额,以后要人多,每人就少拿一点,看来,学校是没有办法吃大锅饭了。国家改革最关键的问题就是解决大锅饭问题,希望大家能发挥自己所长,充分贡献力量,同心同德,办好学校。多余的人让他们做学校或者国家所需要做的其他工作,绝不让他失业,该退休的退休,病的、老的,我们养着。退休后,我们需要的能做工作的人,还是可以返聘的,我们决不会忘了这些老同志30年来的贡献。对于科技人员,我们国家是缺的,不是多的,富有经验的科技人员,我们还是要照顾的。学校现在离休、退休的老干部、老同志逐步多起来了,要建立一个部门来照顾他们,让他们有一个学习的机会,照顾他们的生活,安排他们的活动,并不是退休了就不管了,这方面必须强调。

实行聘任制的主要目的就是不要再吃大锅饭,这是国家的总方针。可是,还是社会主义社会,铁饭碗还是有的,国家还是很重视这个铁饭碗,铁饭碗非要不行。但是,你要工作,过去是国家包下来,包到后来很多人只端饭碗不工作了,这个不行,除非你有病,那是另外一回事。

关于聘任制度有几条:一是审慎的;二是按国家规定办;三是破除大锅饭,保留铁饭碗。我们要通过群众来做这个工作,不是领导来决定。希望大家齐心合力地做好这个工作,使我们的工作人员能创新地做好应做的工作。

二、关于教学改革问题

学校的改革最重要的是教学改革,这个问题曾经谈过,也有一些改变。比如,创造了一个短学期制。现在有些意见,意见必然会有,因为它是一个新的事物。学校决心要改成短学期制,学生意见很大,因为两学期制时,他可以优哉游哉学一下;三学期制,可对不起了,老要考试,样样都要考。教师则嫌短学期制的学时数太少了,等等。我们是两面受夹,任何事情都是两面夹攻,你要稳步前进地改,不改革的人就夹攻你,嫌你走得慢的人也夹攻你,总是如此。我们走逐步渐进的路,方向明确,不能走得太快。

短学期制,只是创造了一个能够改革的新框架,不是框框。新的框架如同给你一个新瓶,瓶不一样,装的酒也应不一样。哪里晓得,不少同志还是把老的旧酒装在新瓶里头,因此,老的酒里有的问题,它都有。同学们并不晓得新的框架里的酒有问题,他以为是新框架造成的问题。所以,现在是新瓶装旧酒的问题,把旧酒问题解决了,才能真正看清新框架的优越性。我们知道,实行短学期制后,学生不敢马虎了。一马虎,一晃,十个星期过去了,就要考试了,过去先玩它个八个星期,反正后半个学期有的是时间追,聪明的孩子不在乎。这只是外表的效果,不是本质的效果,所学课程全部实行考试,使学生感到学校给他学的东西大概都是必要的。过去,有种课叫考查课,学生一听,这门课是考查,坐在那儿也是走神。他说,这有什么关系,反正管不了我。当然,我们不主张学生在被管辖之下进行学习,我们主张启发学生学习的自觉性。不过,过渡期也是要的。

怎样改变这个旧酒呢?实际上。旧酒的问题,我们曾经不断指明过。前不久举行的教学经验交流会已经点明了一些问题,就是教师在讲课时与学生缺乏思想交流,你讲你的,他听他的,这样讲课的效果就很差。他们两位外国人(加拿大拉尔逊大学邹仲平教授、Beamer博士)上课时就有思想交流。美国北伊利诺伊大学教授史密斯·罗伯特来我校讲学时讲了一个故事。他说,第一堂课我没有讲什么,提了三个问题要学生回答。一课堂三十多个人静静地看着你,等着你答复,我就瞪着眼睛等着,一句话也不说,等着,看着。最后,有一个年轻人憋不住了,站起来答复了一个问题,我就大大嘉奖。他说,这个问题实际上回答错了,但为了鼓励他们回答。以后,有了第一个就有第二个站起来回答。这一堂课开头15分钟是鸦雀无声,后面30分钟就热闹得很。从那以后,他掌握了全班的情绪,讲课不断地提问题。他们认为,学生跟先生交换思想是一个非常重要的教学方式。他们教完课后,全班学生都认识,对每个学生性格、优缺点了解得清清楚楚。我问Beamer,你在加拿大怎么样?她说,她每一年教150个学生,教完后每个学生都认识,一直到毕业后若干年,还有人认识她是他的老师,以后老师变成了交往的朋友。这样的人,不光国外有,国内也有,课教完后学生全部认识,而且一辈子在往来,这些学生会受你的影响。

教师首先得与学生交朋友,课堂上一定要交流思想,一定要看学生的反应。有人张着嘴,瞪着眼,那肯定是这堂课没有讲明白。怎么办?重讲一次?那不行。让他们提问题,再讨论。一讨论,没有讲明白的问题就清楚了。

有的教师也很努力,也注重了学生的问题,结果他怎么样呢?去找指导员说,我班上有个同学怎么怎么有问题,你要好好去联系联系,而他自己则不管。教师要教书育人,只是把课讲明白,不算是一个好教师。思想教育,教师也要负责,思想教育在课堂里要进行,每个教师都要为人师表,这个要求略微高了一点。以后,在全校要树立这样的典型,传播他们的经验,这样的教师还是不少的。过去行政上没有重视这个问题,以后要重视。教师要成为学生的真正老师,要负起责任来。

我们的学生有很多不正确的思想。譬如说,讲"实惠"。一个人总得有个生活目标,为"实惠"而生活太不值钱了。他跟你讲"实惠",什么教育都是白教,最好给他一张文凭,在学校玩上四年,出去能当个小官,甚至出洋,那最"实惠"了。一个正确的世界观,要有一个人生的标准,有一个价值标准,有一个道德标准。党中央在教育体制改革决定的文件里有一句话,我们的教育方针是为提高全民族的文化素质。什么叫文化素质?很值得讨论。文化素质包括价值观念、道德标准、国内外文化的初步知识。如果没有这种品质,我们培养出来的人一定会走向反面。提高青年一代的文化素质,我们学校所有人都有责任,不光是教师,还有行政领导和职工。

教改要深入,不是几个学期的问题,怎样来贯彻短学期制呢?我们现在有几个办法要同时进行。

第一,课时不能膨胀,学时还要压缩。

现在课程的基本形式都是50年代搞的。认为教学主要是依靠教师,一切东西都要放在课堂上讲,学生才能学会,因此学时数是多的。第一个教学计划出来的时候,四年总学时是4 500。后来,我反对,官司一直打到总理那里,最后总理说,降一点,我就有了上方宝剑,降了!隔了一年以后,学生反映学校学习太忙,负担重得不得了,超学时。清华过去都是不发讲义的,都是教师讲,学生记,学生复习笔记,复习参考书,所以教师没有超学时,学生超了。党中央提出克服超学时现象,课时只好缩到3 800。还是不行,每年超学时,中央每年下一个命令,总理曾经在清华蹲点三天查看学生学习、生活情况,的确不得了,学生周学时达60学时,不然完成不了。所以,提出了几条,第一步,要精简教学大纲,精简教学内容;第二步,加强教学法研究;第三步,教学计划总学时减到3 000,有些课删掉。我当时去了三次苏联,调查他们的教学计划是如何执行的。后来,我们又修订教学计划,发明了一个叫考查,现在学时数大都停留在2 400~2 500,全国差不多。

第二，修订新的教学大纲。

那时，我研究教会学生自学，课堂上少讲一点，贯彻自学方针，很多学生可以自学，例子很多。自学不是放任自流、不管，而是要有领导、有指导地自学，其本人也会寻找正确的自学方法。去年，我们强调加强自学指导，可是没有引起教师的重视，因为我们没有广泛地宣传。今年，要进一步加强自学指导。把大纲分成两部分，一部分有教学进度表，上多少课，讲什么由表中看出，另外再加一张表，课外学什么，哪本书，第几页。讲的部分清清楚楚，明明白白；不讲的部分，教会学生自学，将来两部分都考，自学部分考试不要太多，逐步提高。现在，学生课外时间都做习题，不少学生认为做作业就是复习，做完作业就完了。其实不然，做作业前应先复习一下，上课内容弄懂后再做，这样要快得多。学生的课堂时数不能膨胀，课外学时有指导地使用，学时少产生了两种倾向，一种叫压缩饼干，全压缩了；另一种不压缩，嘴巴讲得快一点，照本宣读，对学生一点好处也没有。要让学生有点权，但学生要尊重教师。

第三，广泛实行听课制。

听课制在国际上是普遍实行的。过去，不论教学领导、行政领导，对哪位教师课讲得好坏都得听学生反映，学生说好就好，说坏即坏。不能只让学生来评价教师，这是30年来的习惯，要废除这个东西。要发展听课制，国际上教学领导主要是听课。将来校、系、教研室、教务处领导都要广泛听课，听到你不觉得在监督你就好了。我们将指定有经验的教师听课，每月听四堂课，每位教师都有人听过他的课，事先不告诉，坐在课堂后面，听后填写一张听课记录表，表上有10个或20个方面的内容，只要在上面勾一下就行了，填后表格存在系里，学生考试完后每人发一张同样的表，让他按20个左右的项目打钩，听完一学期课后，学生总能反映一些情况。这两部分内容通过计算机归纳起来，这是对教师讲授方面的评价。好的教师我们要去发掘，要研究他为什么好，不好的要调查，是否有误会，有误解。发动群众来考核，这一点中国老师比外国老师应该好，中国老师大多数是勤勤恳恳的。推行听课制度是为了促进工作，不是以这个搞惩罚，希望大家拥护这个制度。教师对学生应该严一点，但要严得合理，不合理的严我也不赞成。现在有的教师很有本事，捧得学生赞成你，拥护你。还有这种情况，考试复习讲重点，使学生知道大概要考什么，甚至有的题目解答也给了，这是不正常的，严格说来是师生共同作弊。

第四，选修课的问题。

并不是所有的课程都是骨干课，选修课可选可不选，其中包括很多的专业课。选课可规定百分之多少是非本专业的课，甚至还有多少是人文科学的、经济类的，使学生学习的视野扩大。过去专业分得过细，比如上海市的机械工业绝大多数是中小型的，而我们的专业设置是对大厂的，学铸工就是铸工，可到小厂工作要样样懂，只懂铸工就不行。因此，要求专业面大一点，要逐步改，先从选修课开始，可以将选修课分散一点，松一点，有的可以轮班上，单年开这门课，双年开那门课。另外，选修课的科目还要扩大一些，现在太少。有同学反映，我们是必修的选修课，那还叫什么选修课。我反对这一做法。选修课就是选修课，围绕某一专业方向一定要选的两门或三门，三门中哪一门是本专业必须要学的，是可以的，不能是全修的选修课。我知道有个专业规定了五门课全是必修的选修课，这是对选修课完全不理解，要改变这种观念，教改过程中要把选修课怎么安排弄清楚，选修课一星期内可以退选，但要有一定手续。对于那些成绩较差的学生，可以选修一些比较容易的课程。人的天分是不太一样，经历也不一样，天下没有一个刻板的东西，稍微松一点，让他选容易通过的课，这不是解决了吗？

对优秀生怎么办？有两种办法：有多余学习精力的，给他上进条件。一个叫"双学科学士学位制度"，学生到二年级结束时，功课的确很好，有余力，允许他加选管理等专业的课程，40个学分左右。

其中,有一部分安排在暑期内进行,占一半;其他的分在两个学年内修完,毕业时,符合条件者授予双学科学士学位。另一个叫"辅修专业制度",如主修电机系的,可以辅修自动化系的某个专业,辅修专业学分为20个学分,取满辅修专业规定的学分时在毕业证书上加盖"辅修××专业"字样。

第五,从下学期开始实行英语分级教学。

一个学生入学时外语要经过考试,决定他就读哪一级,这门课在同一时间开,可以跨级学,每一级学完后要进行考试,将来有的学生可以在一年级时读完校六级,也有的拖到三年级或四年级还在读校五级、校六级。教学改革要贯彻因材施教的精神。

三、教改和学科改革的主要方向

我们现在还受这种思想指导着,这个人没有学过的,就不可能自己学会,要听课。老实讲,很多人的大部分知识,在大学里并没有学过,在座的,在大学里教的课,当年在学校里也没学过。所以,不是学了再教、再能用的。我这一辈子换了16个专业,根据需要来学,来用,完全可以做到。所以,这个框框必须改革,不然我们国家就不可能进步。有很多课现在还没有,但需要人,怎么办呢? 更新发展一个专业,但还未形成,那你就不干了么? 这怎么行呢? 所以,要抛弃这个思想,要根据国家的需要,不断学习,不断前进;也应该教育学生懂得这个道理。

教改的方向很明确,要逐步实现,我们的远景怎么样? 现在,学校有两种学科,一种是比较强的传统学科,如冶金、机械、电机;还有一种是刚设立的如计算机、管理等,要发展。这两部分采取不同的办法来加强,整个学校要培养适应上海现代化建设需要的人才。工程技术现代化、管理现代化,关键是一个计算机。所以,以后要大力加强计算机。三年来,已经作了努力,引进了一些人员,增添了一些设备,以后还得增加,招生人数也要逐年增加。计算机系的同志们得要有点魄力来办这件事。

各系都要进行技术改造,尤其是传统的系要加强新技术的引进。新技术的关键是计算机,没有计算机化,什么新技术都没有。以后,除了个别人外,全都要学计算机。讲师晋升副教授就要过两个关,一个外语关,一个计算机关,一定要通过,不然,达不到现代化的要求。这是一条腿。

第二条腿是电机、自动化系也要引进计算机,当然,他们很容易结合。以后,课程要逐步应用计算机,实验室也要逐步应用计算机。要发展通信工程、信息技术、仪表的自动化与计算机。这又是一条腿。

化学化工方面,拟成立一个智能化学分析研究室(所)。

最后一个方面就是管理,管理要逐步发展到计算机管理。计算机要渗透到所有学科里头去,这是改造传统学科的方针,要逐步实现,有的需要自己摸索前进。我们的眼光应该看得远一点,敢于面对现实破框框,这是关系到教学改革的大问题。

四、学生工作问题

要改革学生工作体制,要建立新的体制,用另一种思想来搞学生工作。有两个指导思想,一个指导思想是要学生自己管理自己。过去学生工作是学校包办的,这个等于小孩子学走路,老扶着走,怕他摔跤。我们上海工业大学的毕业生一定要会组织工作。他毕业后到企业去,应懂得怎样做群众工作。要有这个能力的训练,当然,我们不会一下子放开,让他们自己管,还会有人围一个圈保护保护,这是需要的,逐步放手,让学生自己管理自己。第二个指导思想是,逐步地让教师参加学生的政治思想教育工作。教师是学生学习的榜样,我相信,大多数教师是很值得现在的年轻人学习的。

学生自己管自己,是多方面的,学生会要给予更多的权力。学生会的干部要脱产,只准服务一年,一年一换,人人都能得到培养和训练。校学生会的干部晚一年毕业,毕业的班次不变,最后一年是学校的工作人员,毕业后留校,跟他讲好,人数并不需要多少,具体多少,我们再商量。学生会应该管理他们自己的事情,如食堂、运动会、文娱活动,还有一些生活方面的事情,学校给他们帮助、指导。学生的刊物允许他们自己办,可是有几条,不许违反四项基本原则,他们应该珍惜学校给予的自由和权利,来之不易。

暑期里应该进一步做很多工作。放假,只是上课停了,育人的工作没有停,应该做很多工作。最重要的工作是访问教师。我们应该创造一个和谐的、欣欣向荣的局面,不是师生分割,师生是一体的。因此,第一桩事要访问教师,解除师生之间的隔阂,不解除不行。

第二条是让学生进行社会实践。这件事前年做了一次,有好的效果。现在,很多学生是独生子女,是小宝贝,这些宝贝没有吃过苦,要稍微让他们吃点他们受得了的苦。骑自行车外出的要考一下,不会骑的不要让他们骑,骑车累一点,我想应该是行的,小事情免不了是会有的,应该有预料,也得跟他父母讲清楚,但是,必须要让他们经受社会的锻炼,学会待人接物,学会了解国情和民情,与工农打成一片。让学生们有一个责任感,让他们受到社会的锻炼,正确认识我们的国家、社会。在旅行中要开展访贫问苦,还要访问我们的校友,要有组织地出去。

第三条,组织一批学生勤工俭学。

第四条,补课。下半年我们要组织补课,要帮助学习有困难的学生赶上去。

思想工作现在绝大多数是指导员负担的,指导员多数也是一个青年人,他们做的工作是很辛苦的,我们应该动员一部分老师来做这项工作,党员老师带头做思想工作。要把观念改过来,过去做思想工作是我管你,我卡你,这个不行。学生见政治指导员怕,怕在哪里呢？怕在毕业分配。老实说，没有毕业分配这一条，谁也不听政治指导员的话。思想工作主要是引导，是以身作则，做榜样，关心学生的困难。你找他说，我今天来跟你做思想工作的话，那这个人根本不听你的。做思想工作的人必须懂得心理学，在对方能接受的条件下，才能做好。可是，我们大量的指导员并没有学过心理学，这是需要改进的。

政治思想教育要改革，党中央、国家教委很重视这个问题。现在，社会思潮很快会反映到学校里来，造成了很多问题。上海突出的就是求"实惠"，还有一个出洋，这并不是坏事，出洋反映了很多实际情况，这是一个社会思潮，是一个社会心理学的问题，怎么样解决？有很多实际问题。思想是社会实际的反映。上次，上海市团委主办的《青年报》讨论了考试作弊问题，那是很厉害的，上海没有一个学校是幸免的，全国也没有一个学校是幸免的。这个问题讨论得很激烈，最后要总结了，团市委书记找我，问我有什么意见，我就讲了一通。我的意见很简单，这是社会实际在学生身上的反映。你可以作假，我也可以作假，慢慢地，作弊之风就盛行了。不能怪这批年轻人，整个社会改变才行，不抓整个社会，光抓这个，那是舍本逐末，没有用。思想永远是社会实际的反映，要认识这个问题。思想工作要加强，不能削弱，一定要动员更多的人来做，人人有责，连职工在内，共同的责任是教育好下一代。这个教育并不是排斥学生，给他定很多框框，是引导，让他有个模仿的榜样，让他觉得这个学校与众不同。

五、行政体制改革

行政体制改革是办好一个学校的基础。行政人员是学校的一条腿，教师是另一条腿，不能忽视。

现在，我们正在摸索一套新的管理办法。一条是调动群众的积极性，大家来管，不是校长、书记说了算。当然，我们说话分量重一点,因为还有国家的许多政策,我们了解得多一点,应该有这个发言权,可是我们不能搞独断独行。权力要下放,过去下放给系主任,这是不够的。系主任只是一个阶层,系主任变成一个系的校长、党委书记,这也不好。权力要逐步下放给群众,每个人都是这个学校的主人。

第二条是所有做行政工作的职工都要各有所事,各有其权,分层负责,这是第二个原则。他不能越权,也不能放权,不能把矛盾上交。

第三条原则是民主管理,一定要实行民主管理。

第四条原则是办所有事,都要有一定的线路,这个在全国还没有实现,可是,很多先进的工业国家都实现了线路图。美国政府出版了那么厚的一本书,叫"办事的线路图",他们各个学校都有,我们现在要实施这个。先把我们现在的行政部门整理一下,不能再多了。行政部门不是安排人的,现在对一个人的任命,叫安排,因人设庙,不行,应该因事设人、因事设庙。将来有许多庙,每个庙要订一批章程,这个章程就是你管的几件事情,要清楚。每桩事怎么办?通过什么线路?谁批?批的原则是什么?这叫规程。每个办事的人要按规程办事。不在这个规定里面的事怎么办?你提个意见找上级批,处长觉得有些东西实在难办了,那可以找到校长,这不叫矛盾上交。特殊问题发生多了,到明年修改章程时,把特殊的问题也寻一套办法,这样,逐年改进。过去定了,没有能够执行,定的时候想得头头是道,做的时候,完全不按这一套办理。咱们不搞那种繁文缛节,可要有章程,按章办事。章程要公布于全校,人人都可按章办事,越出这个,问罪;不按这个办,徇私了,不行!这是一个方面。

第二个方面要发动群众参加管理。大的原则,每个部门上面有个委员会。委员会一年改选一次,或两年改选一次,将来要逐步建立很多委员会,例如图书管理委员会、聘任委员会、仲裁委员会等等。这些委员会的产生各不一样,有的由学校指定,有的由各系选代表参加,初步估计,得有十几个委员会。我们不希望每个人参加好几个委员会,这样可以扩大更多的群众面。有的委员会现在已经有了,要根据这样的原则重新建立,要补充新人。这样一来,人人来办学校,不光是党委书记、校长办学校,我们只保留一个否决权,因为我们要执行国家政策。否决时,我另作解释。行政事务一般我们不介入,大家来管。我们希望用一年的时间来完成这件事情。

　　管理体制改革,干部怎么办？缺职的干部,我们用新的一种办法聘任或委任,走群众路线。如现在缺个总务处长,校长书记会议作了决定,公开招聘。这个,工大从来没有过吧？任何人都可以应聘,讲你应聘的优越条件和你的想法。以后组织一个委员会来评定这些人,对于申请人,我们保密。我们这个学校一步步往前走,越来越涉及学术领域,过去当一个机关办,现在要当一个研究室或者当一个学校来办,就是总务处长也要有一个较高的知识结构,这并不是说其他职工就不欢迎。希望大家踊跃推荐,踊跃报名。将来,我们就用这个办法选干部,不用过去的办法,这也是一个彻底的改革,使所有的人都成为学校的主人。

发展战略研究和系统工程[*]

任一系统的任一方面的发展战略研究,都以系统工程为其主要的理论基础。系统工程是根据40年代第二次世界大战中具体战役的战略研究开始发展开拓的,50年代又通过大型技术研究的组织领导中不断实践而逐步成熟,并推广至各种管理科学。系统有各种层次,有全球的、地区的、国家的、省区的、县市的和村镇的等,每一层次的发展战略研究的方面很多,有军事的、政治的、经济的、人口的、科学技术的和教育文化的等,当然也有综合各个方面的全面发展战略的研究。系统既有不同层次,则每一特定的系统必有它的"上级系统",又有它的"兄弟系统",还有它的分支系统,亦即"子系统"。有时在习惯上,人们把某一层次的地区中的某一特定方面,也称为某一系统,如某省某市的教育系统和财经系统等。对这样的系统而言,它有两类上级系统,即全国的教育系统和财经系统,和本省本市的省市级的全面领导系统,有时称这些上级系统对本系统的管理为"双重领导"。

系统之间的关系

世界上一切事物之间,都有错综复杂的关系,我们为了便于研

---

[*] 原载《群言》1986年第12期。

究这些事物的特定的方面,划分出某一种特定的系统,这是不得已而为之的手段。我们既要把这一系统和有关环境(即组成这个环境的其他系统)划分开来,同时又必须把这个系统和其他系统的相互关系研究清楚,这是系统工程方法的重要环节。不然,划分出来的系统完全被孤立了,其研究的结果必然脱离实际而毫无价值。

系统之间的关系多种多样,非常复杂。有相互促进的互利关系,有互为因果的关系,有一方有利、另一方无害的关系,有相互制约的关系,还有相互斗争、势不两立的关系。但是,从系统工程的习惯看,只有对本系统的发展有利和没利两种关系,那种既不有利又不没利的关系,就可以略去不计,不当它是什么关系了。一切关系的有利没利,都是有条件的。在某种条件下,某种关系对本系统的发展有利;换一种条件,同一关系可以转变为没利。也可以把关系从没利转变为有利。系统工程研究中最根本的内容之一,就是识别这些关系和它们的条件,并创造条件,使这些关系都呈现有利的一面,促进本系统朝人们所希望的目标加速发展。这也就是发展战略研究的内容之一。在我国加速实现"四化"建设的目标下,党中央特别强调改革开放来加强有利于我国经济建设的国际关系,并且力争国际和平环境来保持这种国际关系,就是符合于系统工程的发展战略的伟大决策。又例如,国内某一地区某一省市的发展战略,常常由这一地区和邻近地区或有关地区之间的交通条件所决定,这就是这些系统之间的关系之一。我们常听人讲,某地交通闭塞,这就形成了这个地区开发的不利条件。例如赣南、陕北、陕甘川三角地区、滇西地区等经济发展缓慢的原因,就是交通不利的条件形成的。反之,像长江流域、沿海口岸地区的经济发展比较迅速,也是交通条件较好这一关系所促成的。所以,地区发展中交通是外部关系中的重要方面。如果在连云港的发展战略中不考虑研究陇海铁路沿线各省市进出口运输的需要，而不发展连云港和各省市和地区的关系，那是不可思议的。再以崇明岛的发展战略研究而言，如果只看崇明岛本身的条件和只考虑崇明岛对于上海有鱼和新鲜蔬菜的副食品供应的关系，那么崇明岛的前途是有限的。但当你看到崇明岛的地理位置，看到它和长江流域各省市的航运关系和前途，则很容易看到崇明岛有优越的深水港条件，它对长江流域各省市的进出口航线起着咽喉作用，它是华东沿海各港口中的一个重要中心环节，它有优越的转口条件，长江流域内各省市的进出口物资，都可不再通过拥挤的上海港而直接在崇明岛转口。这样一考虑，崇明岛的发展战略应该以长江和近海航运业为主，配合航运业，也可以发展中小型造船业、修船业和旅游服务业等。崇明岛对于长江和东中国海的关系，很像鹿特丹（世界闻名的大港）对于莱茵河和北海的关系，崇明岛完全有条件建设成为东方的鹿特丹。

企业也是一个系统，办企业也应采用系统工程的指导思想，因此，企业管理也有一个"关系"问题。在旧的企业管理体制中，条条块块割断了企业和企业之间的关系，也割断了企业与原材料之间的关系，更割断了企业与市场的关系。每一个企业都是关门办生产，搞大而全，致使不少贵重的必要而又不常用的设备长年闲置，而又不和其他企业协作使用，等于浪费资金。还有其他各种一望而知的弊端。党的十一届三中全会以来，逐步加强了各种横向联系，加强了市场机制的作用，就是从"关系"这个观点上进行的改革。当然，这些改革只是开始，人为的干扰还是很大的，还有许多关系没有理顺和建立。

从上面的讨论看，研究系统与系统之间或系统与环境之间的关系，是研究该系统的发展战略所必不可少的。这一点常常受到人们的忽视，所以，在本讲中作为第一部分提出来，无非是希望人们对此有足够的重视。

系统的内涵因素

某一系统的发展战略研究中最根本的当然是它的内涵的因素（有时称为元素）。不同性质的系统,有完全不相同的内涵因素,这些因素是决定系统的发展方向和发展速度的基础。在以后的几讲中,将对我国的几个主要方面的发展战略进行探讨。在这一讲里,我把重点放在研究省市或地区性的发展战略的问题上,研究一下对地区性问题应该考虑的若干种内涵因素（或元素）和它们的特点。

一、人口。人是任何地区系统发展活动的最重要的内涵因素。人既能生产又必须消费,前者是系统发展的因素,后者则是系统滞后的因素。前者是动力,是推动发展的;后者是惯性,是使系统发展速度减慢的因素。系统中的每个人都要从事衣食住行的消费,其消费总量基本上和人口总数成正比。但人的生产总量并不和人口成正比。人口中有一部分老弱病残和幼儿,他们并不能生产,同时人口中文化水平不同,其生产潜力也很不相同,所以,生产总量应该和全区人口的总质量成正比。为了提高人口质量,就要重视文化教育和体育卫生。因此,研究地区的发展战略时,首先应该重视不同发展阶段中的文化教育和体育卫生的投资和发展。

没有一个发展中的地区不感觉到人口质量问题的紧迫性,无论你事先有没有规划考虑,这个问题都会出现。在江苏沙洲、福建漳州,以及其他发展中的地区,都已到了迫在眉睫的程度,逼着领导抓小学、中学,有的还逼着办大学。像这些乡镇企业逐步发展、逐步提高的地区中,需要有一批大专程度的人才从事管理、规划、设计、生产工作。国家不可能把大量的大专人才分配到那里去,地区领导被迫自己办大专,来满足本地区的要求。这是发展中的潮流,是谁也堵不住的。沙洲工学院和漳州大学的产生,就是这种潮流的表现。事先没有计划而被迫从事,当然不如事先有规划来进行。所以，在地区规划中，提高人口素质的文化、教育、体育、卫生规划，是地区发展战略研究中的一个极端重要的方面。没有人口质量的发展战略研究，等于是无米之炊，画饼充饥，是一种无法实现的战略。

我们还必须指出，我们这里讲的人口质量，指的是一般人民的文化水平和教育水平，并不是指少数的所谓"人才"。少数"人才"在一般地区发展中也是少量需要的，但是，他们可以从邻近地区中通过人才流动来引进。我们指的是大多数人的质量。老实说，在一个文盲遍地的地区中，派去10个或20个诺贝尔奖金获得者，也不一定能解决这个地区的发展问题。对于发展中国家而言，要的是好的中小学和合格的大学生，这比一个爱因斯坦还重要。

二、资源。资源包括矿产、农产、林产、水产、牧产等一切自然资源。资源是地区发展的重要因素，但不是必要的因素。日本矿产资源贫乏，但日本依靠人的资源来加工生产产品后，和国外交换工业原料来发展经济，在当前世界上交通运输发达的条件下，同样行得通。像上海市本身也很缺乏原料资源，它用工业加工产品和邻近地区交换工业原料，同样也能发展成为我国的重要工业城市。当然，这样做要有很多条件，其中的交通运输发达，以及人口的文化教育素质两者最为重要。当然，如果自然资源丰富，像辽宁省那样，发展起来要方便得多。

资源的精心调查，对地区的发展战略规划十分重要。资源有易于开采使用和难于开采使用之分，还有贵重的和一般廉价的之分。一般应该首先安排利用那种易于开采又较昂贵的资源，即开采经济效益高的，然后再涉及其他资源。

应该重视邻近地区可以开发利用的资源。本地区为了发展自己的经济，可以协助邻近地区开发资源，运来为发展本地区的生产服务，这是两利的关系。关键问题是解决必要的交通问题。

调查自然资源永远是一个地区的重要工作，而且是长期的工作。不然,这种规划和发展战略是建立在心中无数的基础上的,经常形成抱着金饭碗要饭的局面。

三、资金。发展战略的研究中,最困难的是资金的筹划和使用问题。资金的筹集,不外是从外系统引进和从本系统积累两类。前者一定是要两利的,即有一部分的利润必须外流,在精心经营下,是完全可以办到的。当然,本系统的积累应是健康筹集资金的主流。因此,资金的使用应该非常重视资金使用中的利润积累。资金中有一部分是用来满足人民衣食住行等生活需要的。没有生活愉快而又无后顾之忧的人民,就不可能从生产中取得最大最快的利润积累。资金中的较大部分应该用于再生产投资。在重视积累的原则下,投资应该优先投给利润高、投资少、回收周期短的项目,这样就能收到积累快的效果。在资金不足的条件下,那种投资大、周期长的大项目,一般不利于资金积累,应该尽量不投或缓投。以水电投资为例,设计开发某一大型河流的水电建设,就可以有两个方案。其一是先在主流上修建一大型水电枢纽。12年建成,投资200亿,建成后三年回收全部投资。另一种方案是分十个中小型水电枢纽,在各个支流上投资修建,每个工程量小,投资平均每个20亿元,三年建成,三年回收。第一年建一个,六年后回收资金,以后每三年回收20亿元,15年回收四次,共80亿元。第三年再建第二个,第七年回收全部投资,到第十五年可以回收 $3\frac{2}{3}$ 次,共72亿元。依此类推,到第十二年时,有十个中小型水电站,发电量相同,但到第十五年,累积回收资金可以达500亿元,不像第一方案那样只能回收200亿元。其优劣是显而易见的。实际上,至多只要连续投资六年,第七年时,可以用第一电站回收的资金来修第七电站。以后逐年不仅不需要再投资,而且每年还有剩余的资金累积。所以,在利用资金中,搞大型的长周期的投资很不合算,我们提倡中小型的、短期的、滚雪球型的投资。

投资发展生产一定要讲生产效益。那种不讲生产效益的投资,只能越投越穷。

四、交通和水电。交通和水电是地区发展的命脉。发展生产就要考虑原材料的运进和产品的运出。尤其是发展果品生产的地区,果品运输就是一个在研究发展战略时应引起足够重视的问题。几年前,烟台地区的苹果和今年广西地区的香蕉都因没有考虑运输问题而受到很大损失。

交通这个问题近年来大有改善,但由于生产发展较快和欠账太多,不论水运、公路、铁路和空运都严重失调。其中尤以内陆水运最为严重,千里大江,船只寥寥无几。和密西西比河上繁忙的航运相比,差距太大。

水和电都是生产的基础。华北城市和乡镇无不严重缺水,全国许多地区水质污染。这些都是每个地区研究发展规划时不可忽视的问题。水的问题和地区的绿化植被有密切关系,所以绿化植被在大半个中国的地区内都应是研究发展战略时应予重点考虑的问题。

电力在各地区都严重不足,停三用四或停四用三的地区很多。实际上有许多地区的生产设备由于严重缺电而闲置着,等于把开工率打个对折。电力问题不解决而进行投资建设新工厂,使电力问题更严重,这是舍本逐末的规划。根据先进工业国家的经验,电力建设应该领先于其他工业。有了富裕的电力,才能推动民用电器的发展,使民用电器工业得到充分发展的条件,通过它发展生产,回收资金,改善人民的生活条件,形成良性循环。

还有其他一些内涵因素,在大多数情况下是属于次要的门类,不再详议。

地区发展战略研究

我们在调查研究的基础上,综合上述的内涵因素和外联关系,寻找该地区的发展战略,制定近期和远期的发展规划。其近期部分应该能实际执行,其远期部分在将来可以根据新的情况,新的条件,进行修订后逐步执行。

寻找某一地区的发展战略中最关键的一步,就是决定模式和决定目标。

战略模式因地而异,如上述崇明岛的模式不是出口加工区的模式,而是鹿特丹式的河口海港模式。它以发展长江和沿海航运业为中心,发展中小型造船业、修船业和旅游服务业等。当然并不是说,其他工农业水产业都不发展了,只是说重点应该放在港口和转口设施的建设而已。

山区有山区的模式,沿海港口有沿海港口的模式,苏南平原是轻工基地的模式,有的地区可以环绕某一大型重工业发展特殊模式,也可以有以旅游业为主的模式。例如,美国首都华盛顿只有政府机关、博物馆、美术馆和图书馆,以及为旅游和各种会议服务的商业和服务业,没有工业,没有高楼大厦。这也是一种发展模式。

决定模式是地区发展战略最重要的一步。

模式决定后,再决定发展的近期和远期目标。这主要是充分发挥有利条件的作用,降低不利因素的作用,这是一个运用资金的艺术。目标的决定也常常决定成败。目标高了,鼓舞人心,但达不到时,人们的心理上打击过重,常常影响进一步前进的方向和步调。因此,决定目标,是一个细心筹划的过程,既要先进又要稳妥,这样才能既保持了目标,也保持了模式。

有了模式,有了目标,就可以运用内涵因素和外联条件来进行规划,实现这些目标。在这些规划中,还可以根据具体情况,逐步修正,以求达到既先进又稳妥的最优设计。

当然,在具体设计时还应该留有余地,因为一切事物的发展都反映了一定的随机性,不可预料的因素在社会经济发展中是很多的。这种余地就是为了对付这些异常的因素。

这里只谈了一些定性的问题,有不少战略研究是可以定量进行的,如第二次世界大战时的战略反攻计划就有很可靠的定量分析和定量决策。本讲时间有限,就不涉及定量问题了。

最后,在发展战略研究中,应特别重视各种因素和关系的信息。只有在大量信息的支持下,才能得到较为实际的结论。

《上海科技翻译》发刊词*

　　《上海科技翻译》经过一年多的筹备,终于跟广大读者见面了。它创办于我国人民以改革创新、开拓前进之时,诞生于内外交流频繁、科技信息密集之地——国际港口城市上海,它得到各级领导及广大科技外语工作者的广泛支持,真可谓天时、地利、人和三者俱备。

　　当代技术发展的趋势是向知识密集型转化,信息量急骤增长,传递速度加快。这对科技翻译工作者提出了更高的要求:要求他们高瞻远瞩,综观各方,博采百家,及时、准确、可靠地提供信息;要求他们熟谙各种科技文献的语言形式,不断提高文字水平,以及具有丰富的现代科技知识。《上海科技翻译》的出版,将为广大科技外语工作者提供探讨翻译规律、交流翻译经验、讨论翻译问题的园地,它将成为他们取长补短、更新知识、提高翻译水平的良师益友。

　　在我国庞大的翻译队伍中,非专业的翻译工作者(其中主要是科技人员)是一支不可忽视的力量,在已出版的各类书刊中,他们的译作占有重要的地位。《上海科技翻译》为适应他们的需要,要在外语进修、提高阅读和翻译能力等各方面为他们提供适当的材料。此外,随着对外开放的广泛与深入,直接用外语作书面或口头

---

* 原载《上海科技翻译》1986年第1期。

交际日显重要。1985年10月上海开了个国际非线性力学会议。会前，我们在国内外广泛征集论文，论文要求用英文书写。全国各地力学工作者踊跃应征，寄来大量论稿。但是，可惜的是我国科技人员中相当一部分的英文水平还不太高，一些很有开拓性的论题或创造性的成果陷入令人费解、支离破碎的文字堆中。我们只好请一些人花了很大精力来作文字整理。科技文体的遣词造句、表达程式和语言习惯等看来都是值得我们科技外语界的同志们来认真对待的。

培养科技翻译新生力量，壮大科技翻译队伍，是当前一项重要任务。现在，在从事科技文献翻译和技术引进的翻译工作者中，绝大多数是中青年。历史的重任已落在他们的身上。其中，佼佼者不乏其人。《上海科技翻译》要热忱欢迎他们的来稿，充分发挥他们的聪明才智，使刊物办得更有生气。同时希望老一辈翻译家关心和支持这本刊物，以使优良的译德、译风得以发扬，使精湛的翻译技巧和丰富的译事经验得以传授。

为了适应信息量密集和迅速增加的形势，机器翻译的开发和研究将是翻译界的重大课题。为此，本刊也应鼓励发表这一方面的论文和讨论。

祝我国科技翻译事业兴旺发达。

后　　记

《钱伟长文选》(1—6卷),在上海大学出版社2004年出版的《钱伟长文选》(1—5卷)175篇的基础上,增补了钱伟长院士从1949年到2008年六十多年间的重要文章和讲话稿105篇,共计280篇。这些文章和讲话稿绝大部分都曾经公开发表或出版过。

文选里的著作集中反映了钱伟长院士对祖国的科学教育事业、国家现代化建设事业的真知灼见和热诚实践,对国家和民族在社会、经济、科技、文化发展乃至于祖国的和平统一等诸方面的专注和投入,其中有许多文章是他前瞻性的思考与探索的结晶。文章的字里行间洋溢着他和中国共产党肝胆相照之情,充分体现了他的拳拳爱国之心以及丰富的学识和坦荡的胸怀。这些文章或讲话,涉及到哲学、历史学、文学、自然科学、工程技术、区域经济、城市建设、管理学、中文信息学以及教育学等方方面面,尤其是他和青年学子谈人生观、价值观,谈治学方法,谈成才,谈开拓创新的不少文章,值得广大读者慢慢品味和学习。

当前,在坚持以马列主义、毛泽东思想、邓小平理论、"三个代表"重要思想和科学发展观以及党的路线、方针、政策为主要内容的伟大实践中,在纪念钱伟长院士诞辰一百周年的日子里,出版和学习钱伟长院士的文选,对于上海大学乃至全国的广大科技、教育工作者来说,具有很强的借鉴意义和现实指导价值。

后记

为便于广大读者阅读,我们按时间顺序对这些文章和讲话稿作了编排,本卷收录了1984—1986年间的45篇文章和讲话稿。对于个别文章和讲话稿,我们作了少量的文字修改。由于时间仓促,难免漏收一些重要的文章,敬请广大读者谅解。

本书编委会

2012年9月5日